阳春市革命老区发展史

阳春市革命老区发展史编委会　编

SPM 南方出版传媒·广东人民出版社
·广州·

图书在版编目（CIP）数据

阳春市革命老区发展史 / 阳春市革命老区发展史编委会编. —广州：广东人民出版社，2020.7

（全国革命老区县发展史丛书·广东卷）

ISBN 978-7-218-13946-3

Ⅰ. ①阳… Ⅱ. ①阳… Ⅲ. ①阳春—地方史 Ⅳ. ①K296.54

中国版本图书馆 CIP 数据核字（2019）第 237575 号

YANGCHUN SHI GEMING LAOQU FAZHANSHI

阳春市革命老区发展史

阳春市革命老区发展史编委会　编

版权所有　翻印必究

出　版　人：肖风华

责任编辑：谢　尚
责任校对：沈展云
装帧设计：张力平
责任技编：吴彦斌　周星奎

出版发行：广东人民出版社
地　　址：广州市海珠区新港西路 204 号 2 号楼（邮政编码：510300）
电　　话：(020) 85716809（总编室）
传　　真：(020) 85716872
网　　址：http://www.gdpph.com
印　　刷：广州市浩诚印刷有限公司
开　　本：715mm×995mm　1/16
印　　张：23.625　　插　页：14　　字　数：305 千
版　　次：2020 年 7 月第 1 版
印　　次：2020 年 7 月第 1 次印刷
定　　价：90.00 元

如发现印装质量问题，影响阅读，请与出版社（020－85716808）联系调换。
售书热线：(020) 85716826

广东省编纂《革命老区县发展史》丛书
指导小组

组　长：陈开枝（广东省老区建设促进会会长）

副组长：林华景（广东省老区建设促进会常务副会长）

宋宗约（广东省农业农村厅二级巡视员、广东省老区建设促进会副会长）

刘文炎（广东省老区建设促进会副会长）

郑木胜（广东省老区建设促进会副会长）

姚泽源（广东省老区建设促进会副会长兼秘书长）

谭世勋（广东省老区建设促进会副会长）

廖纪坤（广东省农业农村厅总经济师）

办公室

主　任：姚泽源（兼）

副主任：韦　浩（广东省农业农村厅扶贫协作与老区建设处处长）

柯绍华（广东省老区建设促进会副秘书长）

伍依丽（广东省老区建设促进会副秘书长）

《阳春市革命老区发展史》编纂委员会

编纂委员会

总 顾 问：陈　平（阳江市政协副主席、中共阳春市委书记）

顾　　问：罗汉杰（中共阳春市委副书记、市长）

主　　任：林贤锋（中共阳春市委副书记）

副 主 任：黄忠宏（阳春市副市长）

　　　　　叶均盛（阳春市老促会会长）

主　　编：叶均盛（阳春市老促会会长）

副 主 编：谢　艺（阳春市党史办主任）

执行主编：陈建华（阳春市文联原主席）

委　　员：王昌声　朱　威　刘思文　刘　聪　李洪谋

　　　　　张锦勇　严　军　陈佐雄　陈建华　柯明波

　　　　　钟　毅　郭丽娟　翁奕基　谢　艺　梁爱平

　　　　　梁家洪　黄昌明　崔肇荫　黄少华　曾中杰

　　　　　赖洪锦　薛昭谋

审定委员会

主　　任：黄华记（阳春市委常委、组织部部长）

委　　员：赖均来（阳春市人大常委会原副主任）

　　　　　梁方柱（阳春市人大常委会原副主任）

　　　　　张　耀（阳春市委党史研究室原副主任）

陈锡庆（阳春市委党校常务副校长）

张　文（阳春市档案局史志股股长）

蔡少尤（中国作家协会会员、阳春市文艺评论家
　　　　协会副主席）

办公室

主　任：黄昌明（阳春市老促会常务副会长）

成　员：李云基（阳春市老促会副会长兼秘书长）

　　　　覃启灿（阳春市老促会副会长）

　　　　黄世严（阳春市老促会副会长）

　　　　黄国伦（阳春市老促会办公室主任）

　　　　吴英诺（阳春市老促会办公室副秘书长）

参加编纂人员

王　威　龙　敢　冯进朝　李孔蓉　陈湘淮

张　文　吴明葵　张　志　严春梅　林　敏

苗翠翠　周建辉　林城锐　郑兆娇　柯明波

唐祥穗　龚建宏　黄春梓　谭忠行　蓝雪茹

在举国欢庆新中国成立 70 周年前夕，中国老区建设促进会王健会长请我为《全国革命老区县发展史》丛书作序，作为一名在老区战斗过并得到老区人民生死相助的老兵，回首往事，心潮澎湃，感慨万千，深感义不容辞，欣然应允。

中国革命老区，是以毛泽东为代表的中国共产党人在领导人民推翻帝国主义、封建主义和官僚资本主义三座大山，争取民族独立和人民解放伟大斗争中建立的革命根据地，在这片红色的土地上，诞生了无数可歌可泣的革命英雄儿女，为后人树起了一座不朽的丰碑，她是新中国的摇篮，是党和军队的根。

在艰苦卓绝的战争年代，老区人民把自己的命运与中华民族的命运紧紧地联系在一起，与中国共产党和人民军队的命运紧紧地联系在一起，他们生死相依，患难与共。我曾亲历过战争年代，并得到过老区红哥红嫂的救助，切身感受到发生在身边的一幕幕撼天动地的革命故事，在那极其艰难的条件下，老区人民倾其所有、破家支前，不怕艰难困苦，不怕流血牺牲。"最后一碗米送去做军粮，最后一尺布送去做军装，最后一件老棉袄盖在担架上，最后一个亲骨肉送去上战场"，这是当时伟大的老区人民为建立新中国做出巨大牺牲的真实写照，它将永远镌刻在中国共产党、中国人民解放军、中华人民共和国的历史丰碑上。他们的光辉业绩永载史册，他们的革命精神必将影响一代又一代的革命新人，造就一代又一代的民族脊梁。

在社会主义革命和建设时期，革命老区和老区人民响应党的号召，面对落后的面貌、脆弱的经济、恶劣的生态环境，他们本色不变，精神不丢，自力更生，艰苦奋斗，干一行爱一行。始终坚持"革命理想高于天"，自觉做共产主义远大理想的坚定信仰者和忠实实践者，勇于向恶劣的自然环境和贫穷落后宣战，他们在各条战线上为国建功立业，用平凡的双手创造了一个又一个不平凡的奇迹，彰显了老区人的崇高精神和人格力量。

在改革开放的伟大进程中，老区人民解放思想，勇于创新，发奋图强，攻坚克难，老区的经济社会建设取得了辉煌成就。特别是在改变中国的面貌、中华民族的面貌、中国人民的面貌、中国共产党的面貌的伟大实践中发挥了至关重要的作用。老区人民既是改革开放的参与者，也是改革开放的推动者。

艰苦练意志，危难见精神。老区人民在近百年的革命战争、社会主义建设和改革开放的伟大实践中，孕育形成了伟大的老区精神：爱党信党、坚定不移的理想信念；舍生忘死、无私奉献的博大胸怀；不屈不挠、敢于胜利的英雄气概；自强不息、艰苦奋斗的顽强斗志；求真务实、开拓创新的科学态度；鱼水情深、生死相依的光荣传统。这是党和人民宝贵的精神财富、丰厚的政治资源，是凝心聚力、振奋民族精神的重要法宝，也是社会主义核心价值观的重要内容。

中国老区建设促进会怀着强烈的政治责任感和历史使命感，组织全国各地老促会人员克服困难，尽心竭力编纂《全国革命老区县发展史》丛书，记录老区的光辉历史和辉煌成就，传承红色基因，弘扬老区精神，是功在当代、利及千秋的一件大事。手捧这部丛书的部分书稿，读着书中的故事，倍感亲切，深感这部丛书具有资政、育人、存史的社会功能，有着重要的时代和历史价值。它是不忘初心、牢记使命的源头活水，是赞颂共产党、讴歌老区人民的一部精品力作，是弘扬老区精神、传承红色记忆的丰厚载体，是一项继承优秀传统文化、弘扬革命文化、发展社会主义先进文化，坚定"四个自信"的宏大文化工程。它必将成为一种文化品牌，为各界人士了解老区宣传老区支持老区提供一部有价值的研究史料。希望读者朋友们能从中了解并牢记这些为党和民族的利益不断奉献的老区人民，从中得到教益，汲取人生奋斗的精神动力。

新时代赋予新使命，新起点开启新征程。让我们更加紧密地团结在以习近平同志为核心的党中央周围，坚持以习近平新时代中国特色社会主义思想为指导，增强"四个意识"，坚定"四个自信"，做到"两个维护"，弘扬老区精神，铭记苦难辉煌。为实现"两个一百年"奋斗目标，实现中华民族伟大复兴的中国梦作出新的更大的贡献！

遆沽田

2019 年 4 月 11 日

2017 年 6 月，中国老区建设促进会组织全国各地老促会启动编纂《全国革命老区县发展史》丛书，按照"建立中国共产党、成立中华人民共和国、推进改革开放和中国特色社会主义事业"三大里程碑的历史脉络，系统书写革命老区百年历史，深入挖掘革命老区红色文化资源，这对于充实丰富中国革命史籍宝库、在新时代传承红色基因、弘扬革命精神、强固根本，对于激励人们在新的历史条件下夺取中国特色社会主义伟大胜利，实现中华民族伟大复兴的中国梦具有重要意义。

丛书编纂以习近平新时代中国特色社会主义思想为指导，以《中国共产党历史》《中国共产党的九十年》等重要文献为基本依据，以党的领导为核心，以老区人民为主体，以老区发展为主线，体现历史进程特征，突出时代发展特色，坚持辩证唯物主义和历史唯物主义相统一、历史真实性与内容可读性相统一的原则，书写革命老区从站起来、富起来到强起来的光辉革命史、不懈奋斗史、辉煌成就史，把老区人民的伟大贡献、伟大创造、伟大成就、伟大精神充分展示出来，形成一部具有厚重历史特征和鲜明时代特色的精品力作。这是一部培根铸魂、守正创新，既为历史立言，又为时代服务，字里行间流淌着红色血脉、催生着革命激情的传世之作。丛书的编纂出版将成为讴歌党讴歌人民讴歌时代、传播红色文化、为革命老区和老区人民树碑立传的重要载体。

丛书按照编年体与纪事本末体相结合、以编年体为主的编写体例确定框架结构；运用时经事纬、点面结合的方式记述史实；坚持人事结合、以事带人的原则处理人与事的关系；采取夹叙夹议、叙论结合以叙为主的方法展开内容。做到了史料与史论、历史与现实、政治与学术统一，文献性、学术性、知识性相兼容。

为编纂好《全国革命老区县发展史》丛书，打造红色文化品牌，中国老区建设促进会认真组织积极协调，提出政治立场鲜明、史料真实准确、思想论述深刻、历史维度厚重、时代特色突出、编写体例规范、篇目布局合理、审读把关严格、出版制作精良的编纂出版总要求，力求达到革命史籍精品的精神高度、思想深度、知识广度、语言力度，增强丛书的权威性和社会影响力。各省（区、市）、市（州、盟）、县（市、区、旗）老促会的同志，以强烈的使命感、责任感和紧迫感，勇于担当，积极作为，认真实施，组织由老促会成员、专家学者等参加的十余万人编纂队伍。编纂工作主体责任在县，省、市组织协调、有力指导、审读把关。各方面人员以高度负责的精神和科学严谨的态度，满腔热情地投入工作，为丛书编纂出版做出了重要贡献。丛书编纂工作还得到了党和国家有关部委、地方各级党委政府及有关部门的大力支持和积极参与，社会各界也给予了热情帮助。中共中央政治局原委员、中央军委原副主席、原国务委员兼国防部长迟浩田上将，对老区人民怀有深厚感情，对革命老区建设发展十分关注，欣然为《全国革命老区县发展史》丛书作总序。

丛书由总册和 1599 部分册（每个革命老区县编纂 1 部分册）组成，共 1600 册。鉴于丛书所记述的史实内容多、时间跨度长和编纂时间紧，不妥之处，敬请批评指正。

中国老区建设促进会

● 阳春地标 ●

中共阳春市委、阳春市人民政府

阳春市东湖革命烈士纪念碑

中共广南分委、广南军分委、中共阳春县委、阳春县人民民主政府纪念园

广东人民抗日解放军第六团成立旧址

● 党的建设 ●

春城街道城云社区
党群工作站

"春苗班"学员参
加面试动员会现场

1996年拆建后的中
共金堡乡支部旧址

● "双拥"工作 ●

阳春双拥主题公园

部队官兵在水灾中帮助群众转移

● 工业 ●

阳春新钢铁有限公司
全景

阳春市新兴铸管厂

广东凌霄泵业股份有
限公司生产车间一角

● 交通 ●

阳春境内有罗阳高速、汕湛高速和在建的中阳高速（图为高速公路）

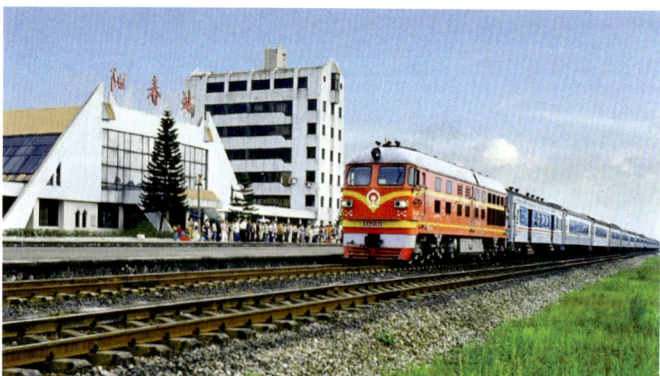

阳春境内有三茂铁路（图为阳春火车站）

全市 309 个行政村全部实现公路硬底化、村村通公共汽车(图为乡村公路)

● 电力 ●

大河水力电站

变电站

阳春八甲抽水蓄能电
站建设现场

阳春小水电站一景

阳春老区光伏发电成为贫困村脱贫的支柱产业（图为光伏发电一角）

● 农业 ●

阳春市是全国粮食生产大县，耕地面积89.7万亩，粮食作物全年播种面积92.6万亩（含复种），粮食总产量31.2万吨。农业机械化不断提高，水稻机耕率达95%（图为水稻收割现场）

马水桔是广东阳春市传统名产水果，深受国内外人士的喜爱，被称为广东四大名桔之一，名扬港澳及东南亚市场（图为阳春马水桔）

阳春市潭水镇花卉生产基地，花卉苗木种植面积30.3万亩（图为花卉生产基地）

春砂仁是我国四大南药之一，在医药市场上享有盛誉，驰名中外。2004年3月中国经济林协会授予广东省阳春市"中国春砂仁之乡"称号（小圆图为阳春春砂仁）

阳春市2005年被中国经济林协会命名为"中国蚕桑之乡"，桑园种植面积8.9万亩，是广东省十大蚕桑生产基地县（市）之一（小图为蚕桑生产）

阳春市是中国猪苗之乡、广东省生猪大县，年母猪、生猪存栏量74.08万头（图为阳春生猪生产）

● 林业 ●

狠抓绿色发展，着力优化环境，生态保护不断加强。全市林业用地面积 373.8 万亩，其中省级以上生态公益林 148.27 万亩，森林覆盖率 67.7%。人工造林以松、杉为主，全市人工造林面积 213 万亩（图为阳春市生态区）

人工林

● 水利 ●

阳春大河水库总面积438平方千米，水库库容量3.3亿立方米，是集防洪、发电、灌溉、供水和改善航运条件于一体的水利枢纽，充分发挥防洪抗旱减灾的社会效益和发电的经济效益（图为阳春大河水库一角）

西山陂水库建于1958年，以灌溉、发电为主，为陂面、河西、马水三个镇（街道）解决15万亩农田生产用水和群众生活用水（图为西山陂水库电站）

农业基础设施不断完善，建成高标准基本农田 15.05 万亩（图为支斗毛渠）

结合城市防洪、排洪、发电于一体的春州拦河坝（图为春州拦河坝）

● 农贸市场 ●

农贸市场遍布阳春市区和各镇，成为农副产品的集散地，为繁荣农村经济提供便捷平台（图为位于河西街道的农贸综合批发市场）

农贸市场

农贸市场

● 文化体育 ●

《番薯县令》是阳春本土题材优秀粤剧，获广东省第十届"五个一工程"奖，于2018年受邀晋京在梅兰芳大剧院演出（图为宣传简介和演员合影）

群众体育健身逐步得到提高，体育在提高人民整体素质、促进社会主义精神文明和物质文明建设方面发挥着越来越显著的作用（图为群众健身运动）

为推进足球运动在阳春市中小学的开展，广东省青少年足球俱乐部、阳春市业余体校、阳春市足球协会合作开办富力足球学校阳春青训中心，现有在训学员 70 多人，为足球运动在阳春市中小学的开展奠定了坚实的基础

2018 年 5 月 11 日至 12 日，世界杯蹼泳锦标赛在美国迈阿密举行，18 岁的阳春选手胡瑶瑶荣获女子 4×100 米蹼泳接力冠军、女子个人 50 米潜泳亚军、女子个人 50 米蹼泳亚军、女子个人 100 米蹼泳季军的优异成绩

2019 年 3 月 30 日，在德国汉堡举行的跆拳道公开赛上，19 岁的阳春籍运动员郭清勇夺女子 49 公斤级冠军。这是广东跆拳道队两年来第二位夺得世界冠军的运动员，也是阳春市跆拳道历史上第一位世界冠军

017

● 教育 ●

阳春市第一中学校园占地面积约 576 亩。始建于 1919 年，前身是阳春县立中学。1953 年更名为阳春县第一中学，1978 年被评定为县重点中学，1998 年 3 月被省评为广东省一级学校，广东省现代化信息技术实验学校，是阳江地区窗口学校（图为阳春市第一中学）

华南师范大学附属阳春学校于 2017 年建设，2018 年建成，规划用地面积 300 亩，总建筑面积约为 160000 平方米，办学规模 6500 人。其中幼儿园 25 个班，小学 60 个班，初中 45 个班，高中 21 个班（图为华南师范大学附属阳春学校）

阳春市民族希望学校由广东金发科技股份公司董事长袁志敏先生捐资 3000 万元和地方财政拨款 3000 万元兴建而成。于 2010 年 9 月动工，2011 年 9 月开学投入使用。占地面积 77772.59 平方米，建筑面积 33516 平方米。开设 72 个教学班，3815 个学生，其中初中 1900 人、小学 1915 人（图为阳春市民族希望学校）

阳春市府机关幼儿园创办于 1956 年，是阳春市委、市政府直属的一所全民所有制幼儿园。该园由总园和分园组成，占地面积 7000 多平方米，建筑面积 4500 多平方米，有 16 个教学班，在园幼儿600 多人（图为阳春市府机关幼儿园）

● 卫生 ●

阳春市人民医院始建于 1933 年，是阳春市唯一的三级综合性医院，是全市的医疗、教学、科研、保健中心和 120 急救中心（图为阳春市人民医院）

阳春市妇幼保健院创建于 1986 年，又名阳春市第二人民医院、阳春市计划生育服务中心、妇产医院、儿童医院，是一所集医疗、保健、教学、科研于一体的二级甲等医院，是南方医科大学珠江医院、广东省妇幼保健院、广东省第二人民医院等三甲医院的技术合作医院（图为阳春市妇幼保健院）

春湾镇中心卫生院始建于 1956 年，为加快中心卫生院升级建设，春湾镇中心卫生院 2018 年升级为阳春市第三人民医院（图为春湾镇中心卫生院）

目前全市 309 个行政村和 28 个居委会均建立乡村卫生站，承担直接为广大农民提供医疗卫生服务的重任，在农村防病治病第一线发挥着不可替代的作用，是为广大农民提供基本医疗、预防保健服务的不可或缺的重要力量（图为蟠龙村卫生站）

● 城市建设 ●

阳春城区一角

春城漠阳江夜景

阳春大道

环境优雅的住宅区

阳春市城区污水处理厂于 2011 年建设，投资 7000 万元，设计规模为日处理污水 4 万立方米。（图为城区污水处理厂）

● 新农村建设 ●

春湾镇高村自然村是革命老区村，在新农村建设中，大力实施乡村振兴战略，努力营造良好宜居环境，成为阳春市新农村建设典范

革命老区村新貌

新农村建设——乡村新貌

新农村建设——乡村新貌

● 旅游 ●

阳春市拥有喀斯特地貌、高山草原、田园风光、温泉瀑布、湖泊水库等众多生态旅游资源，2007年被授予"中国优秀旅游城市"称号（图为中国优秀旅游城市标志）

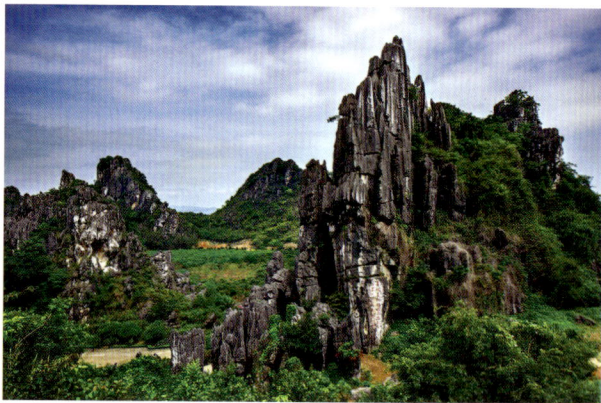

国家地质公园——春湾石林由"百页剑门""马头峰"等6座石山峰峦组成，景点有马头峰、骆驼峰、莲蓬峰、蛤蚧石、观音拜月石、仙人过坳石、百页剑门等景点（图为阳春春湾石林）

国家地质公园——阳春凌霄岩是省级风景名胜区，被誉为"南国第一洞府"。洞内钟乳石千姿百态，神奇变幻，加上彩灯装点，更显得五彩缤纷，惟妙惟肖（图为阳春凌霄岩）

位于马水、潭水两镇交界的马兰石林群峰，是中国大陆最南端的喀斯特地貌区，景区内奇峰林立，田园阡陌，是全市最美景点之一（图为马兰风光）

鸡笼顶山顶有大面积高山草甸、小平原、小山包、小盆地、小湖泊、小流泉、小湿地，有蟾蛤石、"阳元石""阴元石""双乳峰"等，为山中一绝（图为阳春鸡笼顶风光）

白水瀑布位于广东省阳春市八甲镇鹅凰嶂的双髻顶峰下，海拔585米，垂直落差225米，10千米外见其形，5千米内闻其声

鱼王石是阳春八景之一"漠阳古韵"的一个景点，高100多米，拔地挺立，像一条冲天而起的黄鱼和一条颇具灵气的鳌鱼，屹立于漠阳江（图为阳春鱼王石）

隆海山庄位于林田村交界处，以体验山水田园风光，享受天然氧吧，休闲度假为主题，有农家乐特色餐饮以及观花、摘果、环山绿道、登山探险、水上撑竹排等活动（图为阳春农家乐——隆海山庄）

东湖国际大酒店

　　阳春取意"漠水之阳,四季如春"。阳春市(广东省辖县级市,阳江市代管)有4054.7平方千米的辽阔土地,是广东省第二大面积的县(市)。有400多万亩山地,100多万亩耕地,是一个典型山区县,拥有革命老区村的有15个镇(街)。

　　1949年前,阳春贫穷落后,农业不发达。没有水利设施,靠河、溪水自排自灌。水稻产量低,亩产100—200斤。十旱九无收。交通不便。交通方面全县仅有阳江至岗美、阳春至三甲、阳春至春湾130千米的沙土公路,大多地方走的都是羊肠小道,群众只能一步一步地赤脚走在高低不平的小路和山间小道上。山过山、坳过坳,货物靠肩挑,商业运输靠船运,林木也是砍下来扎成木排顺着漠阳江撑到集散地交易。工业基本为零。仅是漠阳江边"官亭口"有一个火力发电机,装机55匹马力,实际发电35千瓦。农村妇女做衣服,靠自种白麻织布。整个阳春仅有几间土纸厂。

　　在新中国成立前,阳春全县有人口36万,除了春城居住的1000多人,其余大都散居在山区。只有少数地主、富农能住上砖瓦房,国民党县政府也是在砖瓦结构的房子里办公。群众居住的是泥砖瓦房,冬天一到,北风凛冽,靠烤火取暖。耕山人则住在茅棚里,靠上山打柴到县城卖,赚钱谋生。农民靠租地主或公尝水田耕种,大多数依靠在农历三月、六月、十月给本村地主富农打散工为活。贫苦群众为地主富农打长工，到春节仅领三五斗谷维持生活，靠开荒种山芋、木薯、番薯或采野菜充饥，过着吃不饱穿不暖的日子。有病没钱医，靠草药治疗，民间流传口语："有钱将钱挨、无钱将命捱，生死由命。"老百姓在水深火热中挣扎。

只有中国共产党才能救中国。1921年中国共产党诞生后，给中国人民带来了希望。

追溯阳春革命斗争的起源，是在外求学的进步学生，接受了马克思主义的真理，经过党组织的培养，成为革命的种子。曾参加广州起义、省港大罢工运动的阳江籍共产党员谭作舟、吴铎民，1925年12月8日在广州农民运动讲习所第五届学习班毕业，后由国民党中央农民部派回阳江工作。吴铎民作为农民运动特派员被派到阳春，筹备阳春农会。1927年1月，吴铎民与在广州读书回乡度寒假的学生廖绍琏在春城忠烈祠成立济难会开展农民运动，让进步青年了解马克思主义和中国共产党。

1937年7月，广州工委派党员参加广东青年群文化研究社（简称"青年群"或"青年群社"）筹建工作，在阳春成立分社，作为共产党的外围革命组织。中共党员章沛、叶镜澄、刘文昭参加了青年群。

1938年8月，黄云经上级党组织批准，成为在本地加入中国共产党的第一人。随后，发展了林举铨、李华、林启荣、柯世梯、罗杰等人加入党组织。1940年3月，阳春特支在先农乡中心小学建立第一个农村党支部——中共先农乡支部。1946年9月，中共广东区党委从粤北调李信任中共阳春特派员，指导阳春党组织的建设和发展。

1945年3月，广东人民抗日解放军发动群众，宣传抗日主张，开辟新游击区，挺进两阳活动。1945年3月18日，广东人民抗日解放军在阳春先农乡七星岭击溃国民党阳春当局纠集的县自卫队和区联防队的进攻后，在阳春先农乡沙塘岗村宣布成立广东人民抗日解放军第六团，黄云为团长，郑宏璋为政委，陈国璋为政治处主任。从此，两阳人民有了自己的抗日武装队伍。1945年7月，六团在漠南活动的两个连队扩编为独立团。

12月下旬，粤中区临时特委决定成立中共阳春县委，在蟠龙观音山梁金生家召开第一次县委会议，黄云为县委书记。

1948年春，香港分局决定成立包括广东南路、中区及桂东南、桂中南在内的中共粤桂边区委员会，中区各县划入粤桂边区范围。粤桂边区党委属下设分委，为粤桂边区党委广南分委，负责领导云雾山区的茂名、电白、信宜及原中区所属各县的党组织和武装斗争。6月11日，在蟠龙刘屋咀村欧基圣家召开会议，传达香港分局的决定，宣布中共广南分委、广南军分委正式成立，冯燊为书记（兼军分委主席），常务委员是谢创、吴有恒（兼军分委第一副主席）、欧初（兼军分委第二副主席）。

1949年2月漠阳独立大队扩编为广东人民解放军广阳支队第八团，赵荣任团长兼政治委员，把岗美、河口等武装力量划归八团。阳春人民武装斗争蓬勃兴起，广大青年农民踊跃参加革命。在罗杰带领下，一大批青年农民参加"三罗支队"（云浮、罗定、阳春边境）。国民党企图消灭"三罗支队"，1948年7月6日在河塯马头山，"三罗支队"与敌军进行激战，经过5个小时战斗，击毙国民党军32人，"三罗支队"成功突围，司令部助理"德怀队"及机关200人转移到云容村。

建立西山特别区武工队，由抗日解放军六团罗钊担任队长，李东泰、赖仁贵等20多人加入武装队伍。100多名青年农民参加"信西大队"和"茂电信"游击队。

阳春武装队伍的发展壮大，给予国民党军队有力打击。特别是七星岭战斗，打出军威，鼓舞了人民群众，震慑了国民党军警，促使其部分起义投降，建立了一大片革命根据地。

1949年10月，在中共阳春县委的领导下，积极做好迎接解放阳春的准备。接到中央军委电文后，阳春党政军领导吴子仁、陈庚、曹广等在春湾会见右路军第十四军的四十、四十二、三十八师师长廖运周、刘丰、徐其孝，解放军一一九团团长陈陪枫，率指战员由春湾乘船抵春城官亭口登岸，国民党军队望风而逃，阳春县城解放。

10月23日，召开群众大会宣布阳春县全面解放。阳春县人民民主政府更名为阳春县人民政府。

随即，阳春县委、县人民政府发动群众筹备8万多担粮食，用船运到阳江，支援中国人民解放军解放海南岛。

历史沧桑，难以忘怀。1986年，在革命老区第二次评定会议上，原中共阳春特派员李信提出要到三甲山坪寻找自己在1949年10月20日被国民党县长邓飞鹏、警局中队长陈兆云押往中寮坳执行"枪决"的地方看一看。李信说："当时执行的枪手是陈兆云，待邓飞鹏往西岸逃走时，他向地上开了两枪，对我做了个假枪毙，释放了我。国民党大势已去，人民有了出头日。今日所见革命老区欣欣向荣，甚感欣慰。"

新中国的成立，阳春人民翻身解放，历史翻开了新的一页。

1950年进入社会主义革命和建设探索发展时期，建立区乡政权，基层党组织迅速发展，开展清匪反霸，土地改革，人民群众的积极性空前高涨。

阳春好儿女踊跃参加中国人民志愿军，跨过鸭绿江，抗美援朝。

1951年12月，中共阳春县委决定一区蟠龙乡和扶民乡为土地改革试点，拉开了土改序幕。土改后，从互助组到合作社到人民公社，阳春人民不懈努力，农业稳步发展，工业从零开始，建起了钢铁厂、农机厂、矿山等中小型企业。

大力兴办水利，造福人民，中小型水库星罗棋布。西山陂建成，使河西走廊 15 万亩旱地成为水田。

县域教育状况不断改善。教育事业从扫盲开始，到每个行政村都办起了学校，偏远山区的小孩也圆了读书梦。

改革开放的春风吹进阳春，沿着建设中国特色社会主义道路前进，阳春大地到处生机勃勃。生产力加速发展，经济社会发展呈现又好又快态势。

特别是党的十八大以来，进入建设中国特色社会主义的新时代。阳春的共产党人不忘初心，牢记使命，砥砺前行。市委、市政府十分关注老区建设，整个阳春大地，教育、科学、文化、卫生事业呈现新气象，工业交通呈现新面貌，城镇化水平大大提高，新农村建设欣欣向荣，美丽乡村不断建成，老区发展锦上添花。

《阳春市革命老区发展史》以尊重历史为基点，以浓墨重彩之笔点赞革命前辈的丰功伟绩，记载阳春老区人民自强不息的奋斗精神。旨在激励后人，不忘历史，不忘老区，在习近平新时代中国特色社会主义思想指引下，更加阔步前进，走向辉煌！

《阳春市革命老区发展史》编委会

1

第一章

区域和革命老区概况

基本情况

　　阳春市位于广东省西南部。北靠云雾山脉，东靠天露山脉，西南靠鹅凰嶂。土地面积4054.7平方千米。2017年辖15个镇，2个街道办，309个行政村和28个居委会。2017年末户籍人口120.9万人，常住人口88.7万人，其中城区常住人口35万人。有老区村150个，老区村自然村1612个。全年粮食播种面积92.55万亩，粮食产量31.2万吨。森林面积449.7万亩，森林覆盖率67.7%。

　　2017年全市生产总值409.2亿元，固定资产投资120.3亿元，社会消费品零售总额240.8亿元，外贸进出口总额15.2亿元，实际利用外资232.6万美元，地方公共财政预算收入11.3亿元，城镇常住居民人均可支配收入25486元，农村常住居民人均可支配收入14707元。

　　阳春是第一批国家星火计划农村信息技术示范基地、中国国家地质公园、中国优秀旅游城市、全国科普示范市、全国政务工作先进单位、全国政务公开示范点、中国孔雀石之乡、中国民间文化艺术之乡、中国马水桔之乡、中国春砂仁之乡、中国蚕桑之乡、中国猪苗之乡、广东省信息发展示范市、广东省卫生城市、广东省文明城市、广东省文化先进市、广东省双拥模范市、广东省林业生态县、广东省民俗民间艺术（根雕雅石）之乡、广东省戏剧之乡。

革命老区概况

哪里有压迫，哪里就会有反抗；哪里有斗争，哪里就会有武装队伍。在中国共产党的领导下，阳春人民积极投身推翻三座大山的伟大斗争，阳春革命老区经历了形成、壮大、发展三个时期。

一、历次评定革命老区镇、老区村情况

中国共产党及其领导的人民武装在第二次国内战争、抗日战争、解放战争时期的根据地或游击战争根据地，统称老区。根据中央、省委有关文件精神，评定老区的基本依据是：有党组织或有在党领导下的游击队、武工队进行革命斗争；有农会、民兵组织发动群众进行减租减息斗争和其他革命斗争；有人民政权或在党的领导下建立了革命的"两面"政权；有群众参军参战、支援部队，建立了革命武装，为革命的胜利作出重大牺牲和贡献，并坚持一年以上的村庄。

阳春县委、县政府十分重视评定革命老区工作。根据上级要求和相关政策，认真把握，精准评定。分别于1957年、1986年、1992年三次评定革命老区。

（一）1957年评定革命老区工作，成立革命老区评定领导小组，县政府领导任组长，县老区办、民政局等有关负责人为领导小组成员，设办公室配备专职工作人员。邀请在阳春从事过革命和参加过战斗的一批老领导、老战士回阳春参加评定会议。原广

东人民抗日解放军第六团团长、原中共阳春县委书记、阳春县人民民主政府县长黄云，原广东人民抗日解放军第六团政治委员郑宏璋，原中国人民解放军粤中纵队第二支队司令员郑锦波，原中共广南分委书记冯焱，原中共广南分委常委吴有恒，原中共广南分委常委欧初，原中共阳春特派员李信，原中共阳春县委书记吴子仁，原阳春县人民民主政府副县长陈庚、陈枫等，和在阳春工作的、原广东人民抗日解放军第六团中的营、连、排长及武工队队长，部分老游击战士参加会议。① 经过热烈讨论，评议意见达到统一。1957年第一次会议确定阳春抗日老区村12个。

（二）1986年第二次评定，邀请部分老同志参加会议。阳春县委、县政府请老同志在人民大会堂作革命斗争报告，将亲身经历的烽火岁月，与大家回忆，使中国革命和阳春革命斗争史深入人心，使后人积极支持帮助发展经济，改善革命老区人民生活。第二次评定全县有47个抗日老区村庄。

（三）1992年第三次评定会议，根据广东省民政厅《关于开展评划解放战争游击根据地和确定老区乡镇、老区县工作方案》（粤民办字〔1991〕18号）的通知精神，由县政府主管农村、农业工作的副县长负责组织。原老区评定小组成员进行评审，各镇负责老区工作的领导、阳春原县长陈运福和部分老游击战士参加会议。全县评定为老区的有1612条自然村。评定"五老"：老党员4人、老地下交通员4人、老游击战士48人、堡垒户330户、老苏区干部一批。评定小组将情况向几位老领导汇报并征求意见。经过一年多时间反复征求意见，基本得到认可。这次评定做到实事求是，尊重历史，务求准确，然后由阳春县人民

---

① 以上职务为其新中国成立前职务，其具体职务参看附录三"革命人物"。

政府向阳江市人民政府报告。经阳江市人民政府批复，全市有15个老区镇（其中抗日老区镇6个），1612个老区自然村（其中有47个抗日老区村），革命烈士134名（其中土地革命时期烈士3名、抗日战争烈士6名、解放战争烈士125名，堡垒户260多户）。

二、十五个有革命老区村的镇

阳春有15个有革命老区村的镇：春城、岗美、合水、春湾、河口、河塱、陂面、松柏、圭岗、永宁、八甲、石望、三甲、双滘、马水。

三、革命老区村

（一）春城镇

1. 七星：平山坡★①、沙田垌★、鹤垌★、围仔★、那魁★、白坟★、三岗山★、长寨★、善田★、鸭寮岗★、龙塘★、沙塘岗★、山口★、板桥岭★、荔枝林、里冲、田心寨、大岗脚、黎迫坑、瓜田、坡仔、军田、大坳、白坭、旧寨、水坑。

2. 蟠龙：新寨★、黄京社★、观音山★、大滑★、刘屋咀★、鹊垌★、龙颈★、白坟★、大坪★、旱坪★、沉冲★、麻山、龙塘、响石、大旱、乌石迳、清湾田、大水、白鸠冲、麻旱、长更垌、新村、田朗。

3. 金坪：朗仔★、黄塘★、大寨★、岗坳★、孔塘、荔枝根、果园、圩仔寨、迳口、速沙坑、塘泊垌、门楼坡、川巷、军屯、新塘、金坪。

4. 高朗：雷塘、地豆岗、新村、梨仔朗、榕树头、油麻山、

---

① 带★的为抗战时期的老区村，其他均为解放战争时期的老区村。

荔枝岗、石龙角、金盘村、大坑、凤尾、河运岗、高果、饭果岗、塘尾寨、平湾、石湾、白鹤朗。

5. 新云：马鞍山、马一、新寨、黄竹、牛路头、单竹巷、新屋、虾塘、红新、塘表、羊孖洞、河角、罗白坡、河坡寨、龙溪村、高冲、梅子坑、禾塘寨旧村、福田、涩垌、坳仔、禾地岗、旗头。

6. 扶民：新寨、旧寨、文塘、高田、下垌、河塘、山角、沙罗根、麻吉楼、必冲、大水、陈屋寨、余屋寨、福村、曲河、白花坪、铺仔河。

7. 林田：公山、黄沙、石连塘、迳仔、坡仔、双树、旱田仔、蒌园、滋田角、沙底、秋风朗、新屋、山坪、林田寨、康洞。

8. 头堡：寮背、荔枝塘、背岗、新车、塘基底、水围坑、北寅、大垌角、新村、岗坳、茄子园、永安、桥头、垌塘、朝阳寨、枧仔、北寨、大田山、新寨、陂面、门楼更、稔垌、那梧、勒竹塘、单坡、干湖、坡仔、冲口、和平、学塘岗、灯心塘、双坡、那红朗。

9. 黎湖：禾地坡、沙井、木头湖、坡仔、犁头岗、井头寨、新井头、上篱溪、下篱溪、下新、石脚、沙园、村仔、茅坡园、茅湖、大坡寨、黄蟮窝、桥石、新桥石、饭果岗、岗背、葵园、新朗角、沙坡、朗角、砖窑、新茅坡、新饭果岗。

10. 更古坑：大岭脚、水坑、大田寨、烟岗、圭岗头、塘坡、旧塘、坪地、岭脚、新屋、新安、旧寨、塘角、鸭窝、木鱼塘、洞心田、楼仔寨、涩田龙、格塘、上石板岗。

11. 三湖：鸡母朗、断河寨、三湖寨、尖咀地、老严寨、田头屋、村仔、新井寨、龙阳岩、三湖圩、黄泥湖、湖角、边湖、野鸭田、三湖间、三岗仔、黄村坡、茶园、聚湖村、圹仔口、独石仔、石山园、石坡、建塘寨、出汶塘、湖面、新村、塘寮寨。

12. 三丰：大坑、三坡、河尾、父祖山、同原垌、岗边、龙塘尾、猪脚凼、田沥头、老虎窟、中岗仔、牛凼湾、洞仔、龙村、乌桕塘、鹊塘、樟木根、山仔龙、伞洞、新寨、新村、新建。

13. 岗脊：大木桥、龙窟、龙溪、连塘、大坑口、坡咀、山角、田头屋。

14. 城北：水冲。

15. 石上：坡仔、新屋、李子湖、坡狗凼、大坦坡、寨仔、西边坡、独屋仔、清水塘、冲口。

16. 升平：高坡。

17. 合岗：鸡岭坡。

（二）岗美镇

1. 麦垌：田寮★、上洒★、新村★、黄坭田、麦垌寨、塘底龙、独屋仔、下三、大坑、蒲壳光、红花根。

2. 轮源：苏麻、屋背田、黄朗、牛扼仔、欧山、古城、田寨、高洞、南蛇朗、麦面、永新。

3. 黄村：下登枧★、西元、勿寨、白沙、鲇塘、渡头、旧寨、菜园尾、棉寨、山根、屋背坡、吉枧、观河。

4. 轮水：上寨、沙元、塘寮、高水垌、新寨、大墩、新兴、轮水圩、林屋塘、新安。

5. 轮塘：屋面塘★、堂梨根★、马安岗、篱竹塘、网根、岭仔寨、屋背坪、新坪、长山坡、高朗、牛肚朗、新圩仔、山枝朗。

6. 轮岗：鸡湾、梅子根、岗腰、腰面、槐塘、大基、高荔、高龙、盘屋。

7. 那排：那庆、排后、高塘、沙洋、山心、单竹埗、新安、牛路、合水、石挞。

8. 隆岗：隆岗村、苏村、大光、军田、更仔、朗坡、双楼、福村。

9. 岗北：银塘村、银寨、河村、古屋、那马、大圩、油铺、永安、竹园。

10. 岗南：留安、新寨、料洞、岭仔、冲口、崩川、榕树寨、独竹。

11. 埠涫：花一、中寨、花二、卫一、卫二、向一、向二、潭一、潭二、腰楼。

12. 荔朗：黎朗、鱼凼坡、荔枝根、石朗、朗脊、朗仔、坡仔。

13. 新圩：坟面光、麻料、佛子坳、番介山、雷檬塘、那龙、长腰岭、山角、州仔朗、沙沥、地塘岗、仃龙湾、山仔、车头、那坪、上文田、下文田。

14. 河邦：河政朗、朗头、河步、新屋、大坡、颜赛、黄屋村、中心朗、潭邦。

15. 那漠：朝其、走马坡、牛角龙、黄沙塘、那漠、灵山、茶口、雷冲、枧底湾、那山、白土。

16. 潭簕：坤光、蒲溪、急鸡坡、塘元、向北、地塘岭、铺仔寨、牛鼻崩、大地坪、大地、潭梅。

17. 那旦：龙溪、上石、下石、新屋、大坳、上冲、下冲、横冲、周村、蒲坦、岗尾山、上塘、下塘、大岩、那旦圩、五一、五二、牛根树、旧一、旧二、大路岩、和平、福来、新坡、上良、下良、上汶、下汶。

18. 新埠：牛围、沙角、塘尾、新风。

（三）合水镇

1. 瓦盎：瓦盎★、那软★。

2. 大洞水：大洞水★、咸虾岭★、继石★、大凼村、黄沙村、下朗村。

3. 河山：深水洞、围塘、大石塘、水塘、塘尾、秧地、黎头、山咀、高槳、河塘、下山、田垌屋、羊屎田。

4. 高河：土桥、山坪、水汶、新官寨、寨仔、瓦窑塘、岭脚山、朗仔垌、大田面、塘屋、谷邦、那留。

5. 茶河：教场地、沙元、元眼根、上山口、下山口、满堂寨、文头根、茶运、坎仔河、大田厂、古丁坡、河洲、河墩三、钟屋。

6. 留垌：涩山、龙岗、黎仔坪、大水坑、塘仔面、独屋仔、朱屋、新屋、饭甑塘、网山、上迳、花园坪、塘北、上联、大寨、水寨、新塘、旧寨、竹根头、大塘、龙田、山表、新寨。

7. 军迳：岗边、平窑、迳口、塘边、山仔、白泥。

8. 平东：横岭咀、石根寨、石湖、朝南寨、山冲、涩角、新旱、花寨、上那帐、下那帐、麻双、洞尾、山口、背岭、干河、窑头寨、上新村、下新村、坡仔、樟木根、黄湾、石盘寨、地豆水。

9. 新南：鱼塘、上连塘、下连塘、水塘、留坡、白木坡、涩田尾、塘角、山田、猪鹿山。

10. 竹园：岗仔、坭墩洞。

11. 平南：圩子河、上低洞、下低洞、新屋、四间、下塘湖、庐斗塘、上塘湖、杉根、上坳头、下坳头、白云坡、石头岗、双塘、热水湖、岗腰、旱寨、咸鱼塘。

12. 高塘：园岗暴、坡田、大屋、独树、河朗园、陂朗、水口寨、良岗寨、高塘村、大河朗、茅田、托盘田、九子田、新庆田、凤凰咀、油麻地、那欧。

13. 平西：龙田朗、高车头、湖尾、车坡、朝阳。

14. 平中：网山、新村坑、圣塘寨、太平山、山坳、大陂头、高田寨。

15. 营讯：长坑、新风、那角坑、南岗、结坑、牛尾岗、滩沼、深坡、坑口、东风、灯心塘。

16. 平北：塘寨、麻塘角、白寨、木朗、石角、塘面、祖楼、石落寨、西瓜坡。

17. 军塘：新围。

18. 潭震：新云。

（四）春湾镇

1. 马师田：马师田★、墩顶★、益塘、犁头朗。

2. 刘屋寨：珠沙塘、刘屋寨、黄羌坡、吉塘、车头、新建、新村、中步。

3. 龙田：龙窟、大坑、竹元村、茅田、三丫塘、东胜、牛屎坑、潭雷。

4. 那星：中厂、新寨、新屋、石安寨、益塘、大墩、那星、水枧岗、河仔口、朗角、荔枝园、新安、蛤窝、长塘口、中寨、牛栏冲、麻油地、福塘岗、重古墩、竹排步、金狮猫、蕉麻坑、石湖塘。

5. 清水塘：那禾塘、红沙塘、横岗寨、龙运岗、线鸡坑、拱桥头、新塘、新村岗。

6. 大洞：塘表、大洞、厚山、新屋寨、横岗寨、龙仔头、那煲、那祥、新成村、云色、陂角、洞表、豆坪、新建、沙底、石窟、水鸡盎、白石寨、松根、石仔头、九仔坑、狮岗。

7. 自由：新庆、潭龙、农会、桥头、那角、黄洞、车头山、凤凰村、大塘、吊马朗、本村、放牛坡、三洞坡、蓬塘、石陂、新安村、新龙圩、犁头厂、施公盎、三坑、杭迳、高村。

8. 井坑：江楼、井坑、山坪、大榕树、白马村、湖尾村、连塘侧、军田、鸡笼山、崩坑、新立村、大田头、潭章。

9. 幸福：木楼、牛迳、麻焦、石门、水浸、山猪塘、新陂、南洞、自门、三间、塘坑。

10．车田：塘面寨、云霍、石窿、新黄岗、交岗、那察、车田、新建、麻塘。

11．新村：大石田、新寨仔、石田朗、岗坳塘、新村寨、北世、闸尾田、高朗、榄根、森木田、省洞。

12．城峒：平地、麻络、白石洞、新塘、荔枝岗、涩坑、岗庄、洞心、六豆地、田洞、禾地岗、龙池、那六、松元、山角、塘仔面、岗尾、潭王、灰寨、新屋仔、地塘屋、仙岗、方寨、迳口、中间寨。

13．前进：红旗、马仔陂。

14．卫国：岗仔头、朗熟、菜朗、枫木枰、新立村、枧头寨、大九、二茶、大坑尾、山迳寨仔。

15．山中间：大坳、严蕉峒、牛迳、格水、山中间、白花塘、马古坳、到浸、麻朗、蓝厂、办厂。

16．欧洞：欧洞、车仔朗、钟焦峒。

17．大岗坪：天井、茅洞、孔洞、大岗坪、耀岗、沙罗坑、寨仔、根竹仔、大坪、水仲忽、塘仔、大龙脊、大牛围、新蓝湖。

18．三乡：规模洞、仙洞、禾合洞。

（五）河口镇

1．金堡：大塘★、金堡圩★、上东坑、下东坑、油铺、赖屋、白云洞、掘冲、鸡头咀、五九、西冲、湾岭、洞尾、长塘、茅蓬、新屋、浸牛塘、望崖楼、席草塘。

2．上双：洞角★、路面★、平石、良坑、龚屋、根竹角、坡头、河岩、湾龙、军车、旧屋、杨屋、厘竹、桥头、三片、中合、山塘、云龙、背岗、国塘。

3．石河：石迳★、白石、枫树园、富贵塘、孔屋、叶家寨、李屋、张屋、河角、马陂塘、兴一、兴二、洞尾塘、河背、永安、客滩、邓屋、新坡仔、旧青山、涧水、美一、美二、岭排、刘新屋、大山脚、河拓面、杉山、榄树坪、刘屋。

4. 龙门：福龙、黄元、仙一、仙二、仙三、龙光、崇庆、黄竹塘、连塘、福胜、横洞、东一、东二、长毛田、地塘岭、安宁、永丰、居民、西冲口、大洞田、清湖坡、松柏岗、拱桥、中间垌、新寨、下墩、卫东。

5. 蝉石：楼仔、旧村、下迳、寨仔、沙坡、眉罗塘、水口寨、油麻地、新寨仔、大园、坡仔、黄沙塘、西湖寨、大坡、炳帐、涩田、车田、山其朗、牛地。

6. 梅垌：老虎朗、坡茅、冲口、新屋、大明、沙一、沙二、羊古坑、朗尾、上寨、中山、永安、新联。

7. 下双：下车田、上车田、冬瓜湖、黄塘根、斗门、江南、中方、中朗、渡船头、纸耀田、南冲、维新、正合、长合、河角、简田岗、李屋寨、厂下、坡仔寨。

8. 河南：大坡、红豆朗、马头、屋背垌、白坟仔、运岗仔、上塘、学寨一、学寨二、寨仔、新屋、坡脊、黄京朗、高潭、下塘坡、木头坡、京冲朗。

9. 曲水：迳口、田洞、上朗、铺仔、中朗、下朗、同胜、常胜。

10. 清溪：茅田、河木塘、高冠岭、青皮朗、禾仓园、塘寮寨、林塘朗、上林塘。

11. 河口：鸡岗坡、蝴蝶坡、三江坳、水蕉尾。

12. 茶滩：急滩、茶埗、天窝。

13. 黄薑：允庄、寨仔、新盛、新龙、田心、鸡六门、上马坟、泊刀地、下马坟。

14. 河东：高岭、山茶根。

（六）河㙟镇

1. 云帘：教马、石脚、石龙、冷坑、瑶坑、高陂、岗咀、飞凤岗、茅田、洒底面、三排。

2. 凌霄：鱼梁坑、石巷、木碌迳、岗尾、落水岗、门楼塘、圩岩、大村、石脚。

3. 石忽：西村、虎头岗、官屋地、新寨、大寨、中村、岗坳、三窿。

4. 阳三：新村、大岩、黎坡。

5. 大竹：麦田、高朗、水汶、大头岗、到流、竹坪、大竹、塘坑、蛤塘、森木坑。

6. 大塘：大塘。

7. 罗阳：迳口、横岗、山角。

8. 新阳：大路坑、安塘、石根、白屋、涩寨、白水洞、横岗、洞心、塘墩、石咀、龙窝。

9. 河塱：大喊、崩岗、围河、塘文村、石核、大塘面、竹角、山头岭。

10. 社塘：社塘。

11. 中和：罗银寨、石根、新村、栗子岗、长岗山、山口岗、连塘尾、西岸。

12. 中联：石山函、龙头寨、大石山、青尾山、望天堂、田头屋、大新塘、大头湾、大园。

（七）陂面镇

1. 南星：瓦窑岗、水汶龙、方田、和坑、水井坡、塘仔面、咸虾塘、大塘面、凤朗。

2. 新民：河仔岩、双朗塘、坡仔、周岗尾、新圩、水流冲。

3. 上塘：水汶、上塘、下塘、马脚、高基、牛步岗。

4. 南河：白霄塘、篱竹角、荣仔、那雄、新坡、新楼。

5. 联民：井汶、坡头元、坡塘、大坡、蔗头地、田心到。

6. 大同：白高洞、元宝岗、连塘口。

7. 上河：新丰。

8. 那座：那座、白米塘、大窝、白坟、龙塘、刣猪田、禾叉塘。

9. 潭寮：古宠、潭寮、牛山角、坡头、元胡、会众岗。

（八）松柏镇

1. 云容：塘头、南蛇、白水角、塘尾坑、菱角塘、田龙寨、冲根、古碌坑、泊竹洼、河角、大塘、桥头。

2. 松竹：根竹塘、茅田、架枧、蜜蜂塘、石井、新村、松朗、塘坑。

3. 石岗：新屋、永庆、新村、老鸦翼、马岗、猪母冲。

4. 青山：山背、茅坡、大一岗、早禾岗、车田、水角、安落岗、新红、沙地岗。

5. 新联：旧寨、瓦窑塘、独角仔、黄坭塘、双底、深埒、长盛、潭湾、大间、双贯、马路、新村。

6. 松柏：大良山、河步口、樟木底、围光、东风、新寨、松岗、地塘岗、旧圩、横岗。

7. 沙朗：石咀、洞心、沙朗、那梭、白马地脚。

8. 新团：当铺、大结塘、大塘寨、南向、大间、山尾、蔗糖、二间仔、新村、塘仔坑。

9. 双王：梅子坪、石头塘、木榨、河龙、石冲、白鹤、坳仔、流桐、小鱼花、大陂角、独田坑、双王、黄京坪。

10. 北河：佛子塘、鸪山村、龙窝。

11. 新朗：大陂村、新建、新冲。

12. 冲洞：新村、新庆。

13. 大车：新安、新祥、新村、永安、长盛。

14. 新光：新寨、新居、新风。

（九）圭岗镇

1. 那柳：茅田、七博、河兰口、根竹朗、前进、新村、地塘坎、樟木根、梨子坳、白石塘、崩塘、大坑、过路塘。

2. 山根：简头、白米垌、大坑、庞洞。

3. 吉洞：羊梅坑、沙木洞、早禾洞、茅坪坡、观音岗、竹根仔。

4. 都面：墩仔、卢王坑、大田顶、根竹岗、都面、大沙地、大冲坑、三斗种。

5. 小水：东坑、更口岗、桥头、坑仔、大许洞、洒口、大佃岭。

6. 网步：石头咀、木厂、大石头、塘面、新岗、黄榄坑、坑背塘、长田、寨头、下新屋、网尾。

7. 庙门：铺仔、新屋。

8. 南山：小水坑、涩塘寨、上新屋。

9. 上洞：蓝屋寨。

10. 山塘：上迳、塘梅、山塘、焙岭。

11. 大朗：排步、云雾、二洞、石灰窑、国元坑、秋风坪。

（十）永宁镇

1. 棠梨：石古洞、坑角、岭脚、三家村、寨头、水口头、洞心、榕木子、石屋、根子铺、对面河、大坑、中洞、高朗。

2. 庙龙：铜罗挽、爱国、寨脚、寨尾、中间洞、红星、大田岗、山坪、上洒、大朗、白南、大田头、榕木、白南顶、垌头、对对寨。

3. 双南：水尾、长坡、大田、西坑、山径、坑口、挽角、和昌、大洞、洞头、中洞、沙罗坑、婆坑、金鸡、半岭、洒头、水井塘、存龙。

4. 新沙：柯木、大坑、挽子、石塘、秧地、张寨、李坡、中洞、黄应、横屋、龙塘、白石、大龙、新塘、长挽、新屋、横杭、黄坭田、西坑、大东。

5. 新合：石寨、蕉根、龙塘脚、和昌、对面河、塘面、班高洞、黄沙坑、杨枚、路底、挽角、路面、洞尾、茅坪、三山屋、新田、岗尾。

6. 湖垌：长期、山排、垌头、二合、高朗、相连、相合、石峡、铁小垌、垌心、黄坪、龙径、旱脚。

7. 沙田：石桥头、石坝园、头目冲、上债、茶角、千秋劲、割麻坑、荆竹、排头、田心、山角、张公龙、岗尾、河坡、河背、小洞、大田挽、坝尾、沙田寨、坑门、三石、河朗、田坑、人浓坑。

8. 新江：到流、大田头、高望、九子冲、九比田、坎头呷、铜罗湾、河角、竹山脚、车子田、大庙冈、坡尾、上田、大屋、坪田。

（十一）八甲镇

1. 峰高：粉子岗、木山、马了、新屋、林木、石鸡、河岩、大墩、小墩、白坟、王羌、三务、马尾、马头。

2. 合路：荒塘山、竹头山、公坪、马坟、合路、牛栏、放谷岗、罗秀田、上下木力。

3. 黄那：足水头、黄狮岭、大坪、洒脚、莫村、黄榄根、西岸、日昌、高坡。

4. 官河：巷塘村、坑仔村、下坝村、落禾田。

5. 长塘：茅子坪、宅口、石坑、田冲、印洞、王沙、保和、呈冲、长塘、河背、水尾、冷坑、下水、落禾。

（十二）石望镇

1. 交岗：分水坳、到冲。

2. 交明：下中村。

3．和民：新寨、长岐岗、大田山、灯心塘、岗仔巷。

（十三）三甲镇

长沙：湾角村、榕树角、回头龙、坑尾、荆竹洞、大塘洞、大茅、大塘角、坎底、涩洞、大洞、黎标坑、大朗村、长滩、大田坡、大寨、涩角、担水更、首洞、佛子坑、洞头、马暗、石头洞、阳光洞、大田面。

（十四）双滘镇

坡柳：上滩村、下滩村、长冲村、白坭仔、牛温村、田洞村、牛头村、坳坑村、陂头洼、对面山、塘角村、中间寨、坡洞村、大洞村。

（十五）马水镇

岗水：辣岭、道厚、新田、陂头坡、鱼洲。

第二章

阳春党组织的建立与根据地的形成

（1924 年—1945 年 8 月）

第
一
节 **阳春党组织建立前共产党人的活动**

一、阳春进步学生受马克思主义影响走上革命道路

1919 年五四运动以后，以谭平山、杨匏安、阮啸仙等为代表的具有初步共产主义思想的革命知识分子，在马克思主义思想指导下，到工人群众和革命青年中去，宣传马克思主义。1921 年 3 月，广州的共产党早期组织建立。7 月，中国共产党建立。8 月，中共广东支部建立。1923 年 6 月，中国共产党第三次全国代表大会在广州召开，为国共合作作了思想上、理论上、策略上的准备。1924 年 1 月 20 日，在中国共产党人的帮助下，中国国民党第一次全国代表大会在广州召开。大会通过了由共产党人起草的以反帝反封建为主要内容的《中国国民党第一次全国代表大会宣言》，确立了"联俄、联共、扶助农工"三大政策，重新解释三民主义（民族、民权、民生），接受共产党员和社会主义青年团员以个人身份加入国民党。这次大会实现了第一次国共合作，宣告了民族民主革命统一战线正式建立。在广州读书的几名阳春籍青年学生先后参加了中国社会主义青年团并转为中国共产党党员。

严中孚，1905 年出生于阳春县第三区交简乡（今石望镇交明村）下中村的一个农民家庭。青年时在广东省肇庆第七中学读初中，接受民主革命思想影响，积极投身学生运动。1923 年 9 月，严中孚以优异成绩考入省立第一中学读高中。到广州学校后继续

接受马克思主义思想影响，积极参加各项学生运动，由于思想进步，参加各项学生运动积极，被选为省立第一中学学生会主席。

1925 年，严中孚秘密参加了中国共产主义青年团，同年转为中国共产党党员。为了团结在广州地区读书的阳春、阳江籍学生，严中孚还与阳江籍同学、中共党员陈勋荣共同发起成立"两阳革命青年社"（中共外围群众组织），在广州市思厚街（今越华路）第二中学校内召开成立大会，选举陈勋荣为社长，严中孚为副社长，廖绍琏为常委兼组织委员，梁澄林为常委兼宣传委员，谭学行、姚毓玓为常委。"两阳革命青年社"定期集中社员学习马列主义理论，成立初期有 20 多人，一个月后发展到 50 人。经过一年时间的课余学习培训，严中孚先后发展阳春籍学生廖绍琏、梁澄林、颜永富、莫益志、严式泮等加入共产主义青年团。1927 年，严中孚与陈勋荣介绍廖绍琏、颜永富、梁澄林 3 人加入中国共产党。"两阳革命青年社"常委还准备返乡组织分社。

1926 年夏，严中孚于省立第一中学高中毕业。按党组织给予的任务，在广州从事工人运动，负责铁路、纺织工会工作，并为党筹集经费。为了掩护秘密机关工作，党组织介绍毛巾厂女工霍惠贞（中共党员）与严中孚结婚，居住在广州市南关石基里 25 号霍家，由霍惠贞担任秘密交通员。

1927 年 4 月 12 日，蒋介石叛变革命，李济深在广州进行"清党"大屠杀。8 月上旬的一天中午，严中孚在家等候到医院检查怀孕期健康的妻子霍惠贞。国民党军警获叛徒告密突然包围霍家，严中孚迅速关门，持枪上二楼，烧毁组织名单和秘密文件，设置危险信号。国民党军警沿四壁爬墙进屋，严中孚开枪抵抗，终因寡不敌众被捕。严中孚遭受酷刑，坚贞不屈，大义凛然，保护了广州党组织领导工人运动和"两阳革命青年社"的秘密。8 月 13 日，严中孚被杀害于红花岗，年仅 22 岁。妻子霍惠贞从医院返家途中遥见楼上危险信号，弃家避走，后来在"两阳革命青年社"成员的安排下，持着严中孚父亲寄信给她丈夫的一个信封，按照所署地址寻找到阳春县交简乡下中村严家，在婆婆家中过了数月后，产下严中孚烈士的遗腹子。

霍惠贞是一名忠贞的共产党员，她一直居住在严家，把严中孚烈士的后代抚养成人。新中国成立后，阳春县人民政府在第一次烈士军属代表会议上授予霍惠贞"革命母亲"的荣誉称号。

陈必灿，1907年生于阳春县岗美镇那漠走马坡自然村。几岁时随父母到阳江生活，读书成绩一直很优异，在阳江一中就读后考上广州大学。1925年在广州读书时参加了中国共产党。1926年，在广州读书的两阳籍进步学生成立"两阳革命青年社"，陈必灿被派回阳江从事党务工作和工人运动。曾任国民党一区党部常委。1927年4月15日在阳江被捕，1928年9月5日在广州红花岗英勇就义。陈必灿在狱中遗书："嗟乎！人谁不死，所差者轻重早迟耳。今儿先天下之忧而忧，且为谋多数人之幸福而死，生不负于有生之时，死能名于已死之后，此则儿虽死实为不死，两大人无子实为有子，幸何如之。"陈必灿烈士的遗书如同悲壮的战歌，激励着漠阳儿女前赴后继、奋勇前进，最终取得革命的胜利。

1927年12月11日，中共广东省委发动广州起义，"两阳革命青年社"许多成员参加起义。廖绍琏和阳春籍的同学颜永富、梁澄林、莫益志、严式泮5人编为一个宣传组，廖绍琏任组长，在广州市的大街小巷进行宣传活动。

1927年12月12日，在广州起义的第二天，广州工农民主政府——广州公社宣布成立。廖绍琏带领宣传组几位学生前往参加成立大会，在前往西瓜园的途中，发现国民党省党部干事谭耀明（阳春县扶民福村人），几位学生把谭耀明制服后捆绑起来，交给工人纠察队就地处决。颜永富与谭耀明在搏斗中，被谭耀明用匕首刺了一刀腹部，受了重伤。宣传组几位学生借了一匹马，派梁澄林护送颜永富回到阳春县松柏乡大塘村颜家。颜永富由于伤势过重不治牺牲。

1927 年 12 月 13 日，广州起义失败，起义军撤离广州。廖绍琏乘船赴香港，再转船经肇庆，历经月余，1928 年 1 月中旬回到阳江城参加党组织活动。1929 年 7 月，中共阳江县组织遭到破坏，廖绍琏与徐高爵到香港找中共广东省委。暂未联系上，后回家乡阳春县河口从事地下革命工作。

林丛郁是阳春县第三区阳三乡社塘村人（今属河墩镇）。18 岁进入春湾圩菁苹小学读高小，后升入肇庆中学，积极投身爱国学生运动，接受新民主主义革命思想，被推选为肇庆中学学生会会长和肇、罗、阳地区学生会会长，带领学生上街查处日货，揭露北洋军阀政府的卖国行为。1922 年夏，林丛郁赴广州，考进广东公法学校（后并入广东大学）。1923 年 6 月 17 日，粤区社会主义青年团的外围组织"新学生社"成立，林丛郁加入该社并积极参加革命活动。"新学生社"选举常务委员 8 人，林丛郁为执行委员，负责宣传部工作。"新学生社"社员由 110 人发展到 2000 人。1924 年 8 月，林丛郁担任广东省平民教育委员会实施部总干事，带薪念书，半工半读。1925 年春，经谭寿林介绍转为中国共产党党员。

1925 年 10 月 31 日，广州国民政府决定举行南征，调派国民革命军第四军为南征军。中共广东区委调派区委委员张善铭为第四军政治部主任，抽调林丛郁为政治部秘书，随军兼任国民党广东省党部南路特委委员。

1926 年冬，林丛郁带领南路各县代表出席国民党广东省第二次代表大会，会后调任第四军第二十五师政治部秘书，随军北伐，参加了著名的河南省上蔡战役。回师南下参加"八一"南昌起义。任起义军第十一军第二十五师政治部秘书。第二十五师由朱德军长统率南下潮汕，三河坝战斗后，林丛郁奉命转党组织关系到江西省樟树镇王均部队做秘密工作。

1927年12月，林丛郁持党组织介绍信回广州，至韶关时获悉广州起义失败，自己也被国民党政府列名通缉，遂潜返家乡阳春，隐居于三窿岩洞达半年之久，与党组织失去联系。1928年10月，林丛郁到香港，任岭东中学教师，一边教书一边找党组织。后来与原南昌起义第十一军第二十五师党代表、中共广东省军委书记李硕勋在香港相遇，遂恢复党组织关系。1931年7月，李硕勋受党组织委派到海南岛开展工作，林丛郁因肺病不能随行。李硕勋在海口被捕遇害，此后林丛郁又失去与党组织的联系。

林丛郁在香港岭东中学任教时与原"新学生社"社员韦敬群结婚，婚后偕妻子回广西。林丛郁到广西后改名为林增华，担任教师。蒋桂战争爆发后，原第四军旧部人员认出林增华即林丛郁，遂推荐给李宗仁予以起用。林增华在广西历任一七五师、一八五师、四十六军政治部主任，抗日战争开始后驻守合浦。1939年5月，国民党军统特务破获中共合浦县地下组织，逮捕了合浦县委领导成员三人。林增华以派兵押送为名，在押送途中把中共合浦县委三位领导人放走。事后被国民党军统特务知道，林增华被军部以涉嫌通共免去军职，改任广西绥靖公署参议、广西省政府参议。

抗日战争胜利后，林增华失去工作，夫妻到广州闲居。1946年，经同乡陈鸿藻推荐工作，林增华先后任广东省统计处专员、广东省公路局第三运输处柳州分处副处长。1949年2月，往香港任达成中学教师。

广东解放后，林增华返肇庆，由共产党友人谭天度安排，于1949年11月出任肇庆专员公署公安处秘书。1950年4月，转肇庆师范任教师。机关审查干部，因林增华曾任国民党军职，1951

年 2 月被送官窑官山农场劳动改造，1956 年释放。经中共广东省委统战部安排，1957 年 3 月到广东省文史研究馆任干事，后改为研究员。1986 年 7 月 7 日病逝于广州。

罗扬清（又名罗齐），1895 年生于阳春县第三区青山乡龙运岗村（今春湾镇清水塘村）。1924 年 1 月，国民党第一次全国代表大会召开，罗扬清信仰孙中山的三民主义和"联俄、联共、扶助农工"三大政策，由郑寿华介绍参加中国国民党。在学校左、右派学生争论中，罗扬清思想转向左派。1924 年秋，由黄菊圃介绍参加中国社会主义青年团，同年底转为中国共产党党员。

1925 年 10 月 31 日，广州国民政府决定举行南征，调派国民革命第四军为南征军，第四军军长李济深为南征军总指挥，讨伐反对国民政府的南路八属联军邓本殷、申保藩。第四军组建政治部，中共广东区委调派区委委员张善铭为第四军政治部主任，抽调罗扬清为第四军政治部党务科长。12 月初，第四军政治部派罗扬清担任两阳（阳江、阳春）恩（恩平）绥靖委员，负责绥靖地方治安和党务工作。1926 年，国民党阳春县党部筹备委员会成立 6 个区党部和 80 个区分部，发展国民党党员 1000 多人。1927 年 3 月召开第一次党代会，选举产生了县党部第一届执监委员。

南征军节节胜利，先后收复两阳、高州、梅菉，年底全部收复南路。1926 年 1 月，国民革命军第十一师、第十二师进驻琼崖。中共广东区委指示阳江、高州、南路、琼崖等地的共产党员，把握有利时机，在公开建立各地国民党组织的同时，秘密建立共产党地方组织，开展工农群众运动。

1926 年 7 月，罗扬清离职回广东大学参加毕业考试。第四军两个师奉命北伐，另一个师及军部留守广东，罗扬清继续担任第四军政治部后方留守处主任，并秘密担任第四军的中共政治指导员。负责第十、十一、十二师及叶挺独立团的中国共产党的组织工作，直接由两广区军委书记周恩来领导，为反帝反北洋军阀作出贡献。1927年4月15日，李济深在广州"清党"，大批共产党员和国民党左派分子遭到杀害。罗扬清与共产党组织失去联系，曾一度到广西，在广西省立第一中学教书，改名为罗文川。后回乡任县立第一小学、第三区小学（春湾小学）教师、校长，菁莘中学校长。抗日战争时期，在春湾经商，直到阳春解放。在经商期间，还暗中以枪支弹药、粮食支援共产党三罗游击队，为解放事业作出了贡献。1960年在家病逝。

二、早期共产党人的活动

1925年12月8日，阳江县籍共产党员谭作舟、吴铎民在广州农民运动讲习所第五期学习班毕业，由国民党中央农民部派回阳江工作。谭作舟为两阳农民运动办事处主任，吴铎民为农民运动特派员；吴铎民后被派到阳春，筹备阳春农会。吴铎民到阳春后驻在西门外忠烈祠，开展农民运动工作。

1927年1月，吴铎民与在广州读书回乡度寒假的廖绍琏同到阳春城，与国民党阳春县县长李伯振接洽，获得允准，选择春城西门外忠烈祠作为阳春县农民运动办事处办公地址，开展工作。同时，成立济难会，由县长李伯振带头捐款，发动社会各界群众捐献现金和物资，支援省港大罢工回到广州的失业工人。运动正轰轰烈烈时，1927年4月，国民党广州当局派出军警到阳春城，按广州农民运动讲习所名册把吴铎民捕去，与谭作舟等16人一起押往广州河南南石头监狱。12月广州起义失败后，全部被杀害。阳春人民受到吴铎民组织农民讲习所学习的影响，思想也得到进步，对吴铎民被杀害感到悲痛。革命火种是不会灭的，他们化悲痛为力量，把吴铎民同志所传播的马克思主义真理继续在阳春传播。

抗日救亡运动的兴起

一、抗战爆发与阳春党小组的建立

1931 年"九一八"事变后，广大爱国青年学生要求"停止内战，一致抗日"。阳春县籍一批具有抗日救国革命思想的青年学生也心向共产党，寻找共产党的组织，希望到共产党中央所在的革命圣地陕北延安去。较有代表性的是在广州大中中学读高中的刘文昭，在广东省立第一职业学校读土木工程科的郑宏璋，在阳江城两阳中学读高中的黄云（黄昌熺）。

在广州学生抗日示威游行中，刘文昭积极参加抗日救亡宣传工作。1936 年，容兆麟介绍刘文昭参加中国青年同盟。6 月，中国青年同盟改为中国青年抗日同盟，12 月解散。中共广州市委决定把盟员发展为中共地下党员，刘文昭由叶镜澄介绍加入中国共产党。

1937 年 7 月，广州市工委派党员参与广东青年群文化研究社（简称"青年群"或"青年群社"）的筹建，并决定在阳江、阳春成立分社。青年群社名义上由国民党广东省党部主办，实际为共产党员掌握的外围革命组织。大中中学学生、中共党员章沛、叶镜澄、刘文昭都参加了青年群。经过刘文昭教育影响，阳春籍学生林举铨、李华（李丽华）也参加了青年群的活动。日军飞机疯狂轰炸广州以后，各地旅省学生纷纷还乡。10 月，中共广州市外县工作委员会派出 8 名党员分别到阳春、阳江、吴川、廉江 4 个县开展建党工作。章沛、叶镜澄到阳春，黄文康（王传舆）、容兆麟到阳江，任务有三：一是开展抗日群众运动，组织抗敌后援会宣传工作团；二是组建青年群分社；三是发展地下党组织。章沛、叶镜澄持"广东省抗敌后援会"的介绍信，来到国民党阳春县党部，就任阳春县抗敌后援会干事，掩护开展工作，受中共广州市外县工作委员会的领导，由胡明（李琼英）联系。

10 月 16 日，章沛、叶镜澄、刘文昭三人成立中共阳春小组（简称"阳春党小组"），章沛为组长。

二、抗日团体的建立及救亡运动

1937 年 10 月，阳春县抗敌御侮救亡委员会成立，县长叶凤生兼主任，章沛为干事。章沛、叶镜澄、刘文昭在国民党县党部楼下抗敌后援会办公室旁边一间房子里，设置青年群阳春分社（筹备）办公室，与林举铨、李华、黄云等筹建青年群阳春分社。

阳春党小组和筹备青年群阳春分社的骨干经过研究，确定以青年学生、中小学教师和社会青年为入社对象，首先到阳春县立中学（简称"阳春中学"）开展工作。章沛、林举铨利用课余时间教学生唱《动员》《团结》《义勇军进行曲》等抗日歌曲，找积极分子谈话，吸引附城的小学教师和社会青年到青年群阳春分社（筹备）办公室活动。1938 年 1 月，有 46 人要求加入青年群阳春分社。

阳春党小组就青年群阳春分社的社长人选事宜，与骨干分子进行反复商讨，广泛听取意见。阳春连续几任县长都是外地人，与国民党县党部、县政府的旧官员有矛盾，争权夺利，消极抗日。新任国民党县党部设计委员刘传教，1935 年从英国爱丁堡大学获法学硕士归国，于 1936 年出任阳春中学校长，宣扬西方资产阶级民主思想，反对封建专制，支持青年学生开展抗日宣传活动，爱护青年。经过研究，决定推举刘传教为青年群阳春分社社长，争取刘传教支持抗日群众运动。

1938 年 1 月 15 日，广东省青年群阳春分社在国民党阳春县党部礼堂召开成立大会，推举刘传教为社长，章沛为干事长，刘文昭、叶镜澄为干事。分社设立总务股、宣教股，社员分成小组，每星期集中一次活动，讨论时事，研究工作。阳春党小组通过青年群阳春分社开展抗日救亡工作。3 月，青年群阳春分社联合阳春各界发表《为响应反侵略运动宣言》，在宣言上签名的有社长刘传教领衔的青年群阳春分社首批社员 46 人、同情者 200 余人。刘传教经常为青年群阳春分社对付来自守旧士绅和国民党县政府、县党部方面的刁难。青年群阳春分社以阳春中学学生为主，吸收中小学教师、社会青年参加，很快发展到 200 余人。在潭水、岗尾、三甲、石菉等圩镇也成立支社，在第五、第六区成立了救亡支会。青年群阳春分社设话剧组、音乐组、体育组、壁报组。刘传教支持阳春中学学生走出社会宣传抗日，捐款给青年群阳春分社抗日宣传工作团作经费，购买幕布、乐器、服装、道具。阳春山区封建思想浓厚，当时粤剧团的女旦由男人扮演，大姑娘演话剧被认为是违反妇道的大事。刘传教的女儿刘经懿和亲戚陈孟韫带头参加演剧队和歌咏队。1938 年春节前后，阳春县城的抗日宣传搞得有声有色，宣传墙报一期接一期贴到大街墙壁上，歌咏队在中学、小学大唱抗日歌曲，宣传队在河堤官亭口、县民众会场等地公开演出话剧《放下你的鞭子》《烙痕》，演唱救亡歌曲和公开演讲，增强了观众对日本侵略军罪行的了解和仇恨。春节过后，刘传教带领章沛、刘文昭、林举铨、李华、汤立忠、刘经懿、陈孟韫等 30 余人组成的抗日宣传工作团到潭水、三甲等地进行宣传，影响很大。1937 年 8 月 24 日，国民党县党部的机关报《阳春日报》复刊，青年群阳春分社骨干刘文昭、林举铨、郑宏璋、曾昭常先后担任编辑。黄云、郑英昌也曾代理编辑工作。阳春党小组和青年群阳春分社一度掌握《阳春日报》作为抗日宣传的阵地。

三、抗战初期阳春党组织的发展

章沛在筹建青年群阳春分社和开展抗日宣传工作中，注意发现和培养发展党员对象。黄云对中国共产党坚持抗日斗争和抗日民族统一战线政策表示钦佩和拥护，要求章沛介绍他去延安。章沛希望黄云继续在本地做好青年群的工作，因为抗日战争形势不断发展，到处都需要人发动群众开展抗日救亡工作。

刘文昭经常陪同章沛到春城西门街林举铨家，与林举铨、李华和黄云一起聚会，谈时事，谈政治理想。章沛通过胡明寄来一批马列主义著作，给青年群阳春分社骨干传阅。艾思奇著的《大众哲学》等书籍让阳春抗日革命知识青年懂得了社会发展规律的初步知识，起到了启蒙作用。黄云等对学习时事、政治表现出如饥似渴的热情，自己出资托章沛往广州买到《辩证法唯物论教程》，列宁的《国家与革命》《政治经济学》，还有生活书店出版的《新哲学大纲》《逻辑与逻辑学》，邹韬奋著的《萍踪寄语》和《萍踪忆语》。对青年群阳春分社骨干影响最深的是抗日战争的新闻、中国共产党的抗日政策和八路军的抗日行动，还有毛泽东的著作《论持久战》。

黄云、李华、林举铨经过1937年冬至1938年春4个月的青年群阳春分社抗日宣传活动的锻炼，章沛和刘文昭认为其3人已具备入党条件。章沛进一步送《论政党》给黄云秘密阅读，让黄云学习有关党的性质、组织原则、民主集中制和党的纪律等基础知识。

1938 年春节后，叶镜澄离开阳春。5 月，章沛在《阳春日报》专栏《古城掘怪录》中发表文章《华尸塚》，指出春城第二号大地主曾佩周拒绝购买抗日公债，对抗日消极，是"活死人"。章沛又写通讯在省《青年群报》发表，报道青年群阳春分社抗日救亡宣传活动，点名批评"县长叶凤生暮气沉沉"。曾佩周对章沛十分愤怒，又因其与外孙女刘经懿在宣传工作团中关系密切，就向女婿刘传敉施加压力，刘传敉怒拔手枪威胁章沛。章沛遂撤离阳春回广州，临行前向刘文昭布置共同介绍黄云加入中国共产党，并交代刘文昭与省青年群联系。章沛途经阳江城，向黄文康介绍阳春的工作情况，把刘文昭的党员关系交给黄文康，并向黄文康通报了培养介绍黄云加入中国共产党的情况。

1938 年 8 月，黄云被批准加入中国共产党，刘文昭带黄云到阳春北门城楼宣誓入党，黄云成为在阳春发展的第一个中共党员。黄云停止高中学业，和刘文昭一起开展青年群阳春分社的工作。11 月，刘文昭、黄云介绍林举铨加入中国共产党，刘文昭介绍李丽华加入中国共产党。阳春党小组重建，刘文昭任组长。1939 年 1 月，黄云介绍阳春中学学生林启荣加入中国共产党，同年夏，刘文昭介绍附城小学老师柯世梯、黄云介绍阳春中学学生罗杰加入中国共产党。

第三节 抗战相持阶段党组织的建立与发展

一、日机轰炸阳春

阳春地处粤西山区，交通不便。抗战时期，日本侵略军没有从陆路直接侵入阳春，主要采取空袭形式，多次派轰炸机侵入阳春上空，狂轰滥炸，造成了重大的人员伤亡和财产损失。

日军飞机轰炸阳春，不仅给阳春造成了重大人员伤亡，而且也造成了重大财产损失。据统计，抗战时期阳春财产损失合共国币 2615917 元（1937 年 7 月币值，下同）。其中社会财产损失（直接损失和间接损失）1102558 元；居民财产损失（直接损失）1513359 元，主要包括房屋建筑、耕畜、粮食、服饰、财物、生产工具、器具、现款等。

抗战期间，受战事影响，无数民众无家可归，流离失所，沦为灾民。日军飞机轰炸阳春，严重破坏和干扰了社会经济发展和人民生活，给阳春人民带来了深重灾难。

二、中共阳春县特别支部的建立

1938 年 10 月，日军大举进犯广东。10 月 18 日，当广州即将沦陷时，中共广东省委决定，将省委机关迁往粤北，成立中共西南特别委员会（简称"西南特委"）、东江特别委员会和东南特别委员会，在全省范围发展党组织，开展抗日游击战争。10 月 20

日，中共西南特委成立，罗范群任书记，冯燊任副书记，下辖新会、台山、开平、恩平、阳江、阳春、鹤山、高明等县党组织。西南特委的建立，加强了党对粤中各县的领导。西南特委委员、宣传部部长杜俊君（邓健今）兼管两阳工作。

11 月，阳江、阳春的党组织合并，成立中共两阳特别支部，黄文康任书记，陈奇略、刘文昭、林克、陈榆为委员。特别支部机关设在江城中山公园民生阁。

在抗日战争即将转入相持阶段之际，中共中央召开了六届六中全会，确定了党在抗战时期相持阶段的任务。1939 年 1 月 1 日，广东省委为部署发展全省的抗日游击战争，在韶关召开第四次执委扩大会议。会议根据中共中央六届六中全会精神和全省抗日战争形势，确立了党组织的工作方针：党组织应在抗战过程中积极培育自己的力量，准备在抗战最后阶段能在华南战场起决定作用。会议确定党组织任务是：（1）广泛发展敌后游击战争，配合正规军打击敌人；（2）扩大动员组织群众；（3）建立统一战线精诚团结的范例；（4）建立强大的党的基础。会后，省委要求尽力建立和健全各地特委机关。同月，省委决定将西南特委改为中共中区特别委员会（简称"中区特委"），罗范群任书记，冯燊任副书记，下辖新会、鹤山、开平、台山、恩平、阳江、阳春、南海、顺德、中山、番禺等地党组织。

2 月，中区特委委员、宣传部长杜俊君到两阳检查指导工作，刘文昭到阳江城南恩小学向杜俊君汇报抗日群众运动和发展党员的工作。阳春中学是一所初级中学，参加青年群阳春分社宣传活动的积极分子有 30 余人，但大多数年龄在 13 岁至 17 岁之间，小学教师年龄较大，一批青年群阳春分社积极分子的家庭社会关系又较为复杂，刘文昭表示对进一步发展党员有顾虑。杜俊君向刘文昭传达省委和中区特委的指示，根据当前抗日战争形势要求，党中央在 1938 年上半年已经提出反对关门主义倾向，提出抗日民族革命战争中要掌握领导权，要大量发展党员。杜俊君指示阳春党小组要积极在青年群阳春分社的中学生、青年教师和社会青年中发展党员。

3 月，中区特委派张靖宇到阳江任中共两阳特派员，负责阳江、阳春党组织的工作。4 月，为了适应抗战形势的发展和开展武装斗争的需要，统一两阳地区的领导，中区特委成立中共两阳工委，张靖宇任书记，陈奇略任副书记，林元熙任组织委员，陈玉泉任宣传委员，林明通任统战委员。陈奇略分工专管阳春党组织工作。中共两阳工委下设阳江县特别支部、阳春县特别支部，领导机关设在阳江城林元熙家。

两阳工委成立后，为了加强党员的思想教育，提高党员的政治理论水平，党组织派林骏树、陈奇略参加中区特委举办的党员骨干学习班。张靖宇在林元熙家先后举办了两期党员训练班，参加学习的党员有 20 人，由张靖宇和中区特委派来的黄志昭讲课，学习"抗日民族统一战线""党的建设""群众工作"等课目，阳春党员刘文昭参加了学习班。

4 月，因日本飞机轰炸阳江，两阳中学从阳江城南郊的髻山迁到阳春城上课。中共两阳中学支部随校迁到阳春。同月，中共阳春县特别支部（简称"阳春特支"）和中共春城支部同时建立，阳春特支下辖中共春城支部和中共两阳中学支部，陈奇略兼任阳春特支书记、中共春城支部和中共两阳中学支部书记。刘文昭、林良荣、黄云、陈萼任阳春特支委员。阳春特支在国民党阳春县党部内的刘文昭宿舍召开组织分工会议，林良荣负责发展两阳中学党组织，刘文昭负责发展春城党组织。会议分析了阳春县的情况，认为阳春是个封建保垒，原任县长叶凤生、继任县长董载泰都是刮地皮的贪官污吏，刘传敦虽支持抗日，但与董载泰来往密切，两阳中学校长黄思汉、训育主任冯思伟都是国民党保守派，不想参与地方政事。为此，阳春特支确定策略，利用刘传敩，孤立打击国民党CC派，争取保守派；执行中区特委关于"抗日民族革命战争中要掌握领导权，要大量发展党员，反对关门主义倾向"的指示精神，以青年群阳春分社为核心，继续开展两阳中学、阳春中学的学生抗日救亡运动，从运动中培养积极分子，发展党组织。

9月，因日本飞机轰炸阳春，两阳中学从春城迁往阳春县松柏乡的严氏宗祠上课，陈奇略以两阳中学高中三年级学生身份随校前往，仍负责阳春党的工作。林举铨任春城党支部书记，刘文昭、李华为支部委员。两阳中学在阳春期间，党员已发展到20多人，党组织调整两阳中学党支部领导成员，林良荣任中共两阳中学支部书记，黄登高任副书记。陈奇略继续兼任阳春特支书记，并直接领导中共两阳中学支部。同月，中共两阳工委为了便于与阳春特支的联系，抽调党员关永、关勤、张维3人到松柏乡，在两阳中学校舍旁边开设洗衣店作掩护，建立交通联络站。阳春特支继续深入贯彻中区特委的指示，大力发展党的组织，培养、吸收青年学生和城乡知识青年加入中国共产党。

其时，林举铨在国民党阳春县党部动员委员会工作，与上层人士有过接触，为人缜密寡言，适宜做统一战线工作。有鉴于此，9月下旬，经中区特委批准，林举铨公开加入国民党，到国民党阳春县党部工作，以后只和县党组织领导人单线联系。11月，党组织安排林举铨到曲江县马坝参加中共广东省委举办的训练班学习。1940年1月，陈奇略、林良荣、陈葶均毕业离校返阳江，两阳中学党支部书记由黄登高接任。

三、抗日救亡工作的开展

1939 年 5 月，两阳党组织决定组织"两阳赴新鹤前线慰问团"，到新会圭峰山等地前线向国民党军进行慰问，阳春特支通过青年群发动青年隆重纪念五四运动 20 周年，在春城河堤官亭口搭"义卖献金台"，义卖纸花筹款慰问抗日前线将士。中共两阳工委发动各界群众代表联合组成 20 多人的两阳赴前线慰问团，其中阳春 16 人，阳江 5 人。慰问团由国民党派徐永恒任团长，中共党组织派黄云任副团长。慰问团内秘密成立党支部，黄云任书记。慰问团先到三埠参加了新鹤前线阵亡将士追悼大会，接着到公益埠、单水口、大泽、圭峰山前线慰问抗日战士。慰问归来，黄云分别在阳江、阳春两地集会汇报。当时汪精卫派亲信到四邑搞投降活动，慰问团通过慰问向群众宣传，鼓舞士气，教育群众，反击妥协投降逆流，坚定抗日到底的信心。慰问团党支部发展庞瑞芳加入中国共产党。

同月，阳春县抗日动员委员会（简称"动委会"）成立，县长董载泰兼主任委员，国民党县党部书记长曾国钧和各职业团体负责人、驻军长官等为委员，区、乡镇、保均设动员委员会。7月，学校放假，动委会组织暑期战时工作队到县内各地进行抗日宣传，通过考试选录队员。刘文昭通知黄云等参加考试，均被选录。李华在阳春县妇女会工作，林举铨在动委会办公室工作。战时工作队以阳春中学、两阳中学的学生为主，分为 3 个队。一个队以黄云为队长，往石菉、水口、庞洞、三甲等地；另一个队以黄登高为队长，往合水、春湾等地；第三队以黄仕兴（中共党员）为队长，往阳春中部各地。战时工作队到圩镇农村唱抗日歌曲，作演讲宣传，演出抗日小话剧《死里求生》《张家店》，到农民家庭访问，宣传抗日。

8 月，黄云接上级通知到开平县赤坎参加中区特委举办的干部学习班，为时 1 个月。学习班由罗范群宣讲党的抗日民族统一战线政策；中区特委组织部部长陈春霖讲述工人运动、党的建设、党员气节、地下斗争策略；中区特委妇女部部长谭本基讲解群众运动；中区特委武装部部长冯杨武讲授游击战争。学习结束后，黄云返回战时工作队。

9 月，战时工作队中的学生要回校上课，动委会另外组织一个 20 余人的战时工作团（简称"战工团"），黄云任团长，林举铨任指导员，继续到农村巡回宣传。两阳中学学生林启荣、阳春中学女学生鲁焰（鲁焕英）停学，留在战工团。经黄云介绍，春城党支部吸收鲁焰加入中国共产党。中共两阳工委又派阳江女党员梁文坚、庞瑞芳到战工团。这样，战工团就有了 6 名共产党员。10 月，中共阳春战工团小组成立，组长黄云。林举铨留在抗日动员委员会，黄云带领团员下乡。春城党支部曾设想利用战工团既搞抗日宣传，又扎根农村开展建党工作。但国民党阳春当局对这些放弃学业搞抗日宣传的青年加强了防备，动委会为此规定了战工团在各地的工作时间，如到三甲庞洞乡规定一个星期左右，战工团既要组织演出宣传，又要到学校、农村访问，接触农民时间并不多，实际上不可能在农村开展建党工作。战工团在各处匆匆走一遍，未能和农民建立起深厚的感情，更谈不上发展农民入党。黄云向党组织提出，战工团在宣传抗日方面可以起作用，但这种跑面不驻点的活动方式难以实现发展农村党组织的设想，不能搞好农村扎根建党工作，建议调整工作思路，另想办法扎根农村开展建党工作。

第四节 党组织的巩固与发展和根据地的形成

一、在农村发展中共党员

1939 年冬至 1940 年春，国民党顽固派在全国掀起了第一次反共高潮。

当国民党顽固派加紧反共活动时，中共两阳工委根据上级指示和阳江、阳春的实际情况，对如何应对反共活动已有所准备。1939 年 5 月，中共两阳工委在江城模范小学召开第一次扩大会议，研究国民党反共逆流到来的形势，确定把工作重点转移到农村，在农村扎根，发展党组织，积聚革命力量。阳春特支贯彻两阳工委的决定，迅速抓紧在青年群阳春分社、阳春中学和春城南面农村先农乡、岗尾乡、轮溪乡发展党员。此后，阳春党组织在农村得到巩固和发展。

先农乡的郑宏璋，1932 年秋考入广东省立第一职业学校土木工程科读书，寻找共产党组织未遇。1934 年 3 月返乡，曾在多所小学任教师。1938 年 2 月在先农乡中心小学屯堡分校教书，1939 年任分校校长。郑宏璋和朱尚绚、周道庄、邓泰升、李学汪等人组织了一个读书会，经常集中学习马列主义理论，讨论抗日战争时事形势，抨击国民党的当权政要消极抗战，并相约共同寻找共产党组织。7 月暑期，朱尚绚到春城参加教师暑期训练班，柯世梯、林举铨介绍朱尚绚参加中国共产党。8 月，林举铨介绍郑宏璋参加中国共产党。

至 9 月，阳春特支还先后在先农乡、轮溪小学发展曾昭常、周道庄（后脱党）、邓泰升、李学汪加入中国共产党。

二、应对反共逆流，保存党的力量

1940 年 1 月，国民党阳春县当局加强对全县乡保政权、地方团队、学校的控制。县党部规定乡保政权人员轮流进入地方干训所受训，学校校长、教师在暑假、寒假都要到县里参加一次轮训班学习。在轮训班上规定填表加入国民党，在政治上"限共"，使共产党员难以借社会职业开展活动。国民党顽固派首先将矛头对准阳春抗日群众团体，强迫青年群阳春分社社员填表加入三民主义青年团（简称"三青团"）。

4 月 29 日，青年群阳春分社社长刘传教宣布解散青年群阳春分社。按国民党阳春县党部命令，青年群阳春分社社员要参加三青团。阳春特支决定放弃青年群社，执行党把工作重点转移到农村的决定，安排党员和组织青年群社积极分子到农村去，其中大多数人以教师职业作掩护，为开展抗日武装斗争作准备。

7 月 1 日，在国民党解散抗日群众团体的险恶环境下，刘文昭通知在春城的党员到福田车站（已在 1939 年 9 月因毁坏公路停止使用）的废车库内，召开党员会议。到会的有刘文昭、林举铨、李华、黄云、李希果、林启荣、曾昭常、汤立骅、罗杰、曾克爱、谢焕巧、陈凤仙 12 人。会议由刘文昭主持，林举铨讲抗日战争形势，黄云宣讲共产党员的修养。会议强调党员要加强革命理论学习，注意思想修养，增强党性，坚定革命意志，坚持革命气节。这是阳春党组织第一次纪念党的生日活动，也是结束青年群、战工团等公开抗日群众工作后的一次集会。会议认为，召开这样多人的会议是很危险的，以后暂停召集支部会议，改为支部联系人和党员单线联系，进行隐蔽的地下工作。

7月，动委会宣布解散战工团，国民党限制青年群社积极分子中的"异党活动"，劝告青年学生"不要误入歧途"。青年群社社员陈国福加入国民党就被委任为蟠扶乡乡长。《阳春日报》在1940年12月"奉令"停刊。

10月，国民党阳春县党部成立三青团阳春县筹备处。1941年6月，正式成立三青团阳春分团部，刘传教任干事长。刘传教派干事将原青年群社社员名册抄录转入三青团的名册，连已经30多岁的郑宏璋亦当作青年抄录入内。校长刘传教在阳春中学要学生集体填表参加三青团，受到学生的抵制。在国民党统治力量薄弱的松柏乡两阳中学，因学生反抗学校当局强迫填表加入三青团，学校当局开除一批学生出校。两阳中学党支部通过学生自治会，号召全体学生罢课，捣毁学校布告箱和校长、教师饭桌，包围质问校长、主任，要求学校当局撤销对学生无理开除的处分，学校被迫答应了学生自治会的要求。1941年底，阳春县三青团团员仅有43人。对于国民党强迫青年群社社员和中学生加入三青团，阳春分委按照中区特委指示，不公开反对，采取灵活的拖延办法抵制，可转学逃避。填了表的催得不紧就不交，推脱不掉的，可按中共中央指示"被迫加入敌人团体则加入之"的精神办理，以免暴露自己，但不准参加任何活动。经请示中区特委批准，邓学辉参加三青团和国民党。邓学辉任三青团区队长和县三青团干事，掌握三青团内部情况。1943年7月，邓学辉把三青团阳春分团部的国民党反共秘密文件提供给阳春分委领导人，因红色面目过于暴露，党组织于8月把邓学辉调到高明县（今佛山市高明区）参加广东人民抗日解放军。林举铨、李希果则继续在国民党县党部、三青团阳春分团部担任秘书，李华继续在国民党妇委会，执行党的秘密统战工作任务。

三、"两翼齐飞"战略的形成与工作重点的转移

阳春北部是云雾山脉，西部从北往南的西山山脉经三甲、八甲、龙门、金堡至阳江横山、塘口、闸坡，形成连片山区；东部是天露山脉，北起新兴经恩平大田、坳底，阳春茶园、那乌、蟠龙、先农，至阳江大八，恩平清湾，是连片的漠（阳江）东山区；春湾北连云雾山脉，西通罗定、广西，是阳江、阳春漠阳江流域的后方。

1939 年 7 月和 11 月，张靖宇到阳春调查研究，制定"两翼齐飞"战略："撤离县城，向东西两翼发展：东翼由南鹏直进田畔、大八、珠环，一路去恩平清湾，一路到阳春蟠龙、先农，向北进入春湾后方；西翼由闸坡沿海到沙扒、儒洞，转向织箦斜出横山，再到八甲、西山，然后进入春湾后方。两翼齐飞，形成进退、攻守机动回旋之势，进可以攻，退可以守。"这个计划得到中区特委的同意，为后期广东人民抗日解放军挺进两阳打下了基础。张靖宇派刘文昭到潭水开辟根据地，派廖绍琏到横山、金堡开辟根据地。

1940 年 2 月，两阳工委在阳江笏朝朗仔村召开第二次扩大会议。会议由张靖宇主持，出席人员有陈玉泉、林明通、林克、陈国璋、林良荣、许式邦、曾素伟、刘文昭、廖绍琏等 10 多人。会议传达中区特委指示精神，为应对国民党顽固派掀起的第一次反共高潮的复杂局面，决定把阳江、阳春两县党的工作从城市转移到农村，把领导机关转移到农村，在农村扎根，长期积蓄力量，增强战斗力，在抗战过程中逐步起决定作用。工委研究了两阳的地理形势，会后分头派出党员深入农村扎根，特别对那些已暴露的党员及早安排，一旦日军入侵两阳，立即发动群众，在漠阳江流域的东山和西山开展游击战争。

同月，两阳工委调整阳春特支领导成员，陈奇略继续兼任特支书记，支委刘文昭、黄云、郑宏璋、陈国璋。陈奇略因事不到任，由林克代理书记。林克在先农乡屯堡小学（校址在长寨陈氏宗祠）当教员，特支机关设在屯堡小学。

2月24日，阳春特支以青年群阳春分社的名义，在春城西门街开办青年书店作为地下交通站，负责城内和先农乡特支机关之间的秘密交通联络，李宗望为负责人，阳江党员许绍明为管理员。书店公开出售一般书籍，向党员和积极分子秘密发售、传阅进步书刊。

3月，阳春特支贯彻两阳工委第二次扩大会议精神，将黄云、梁文坚调离战工团，黄云到蟠扶乡中心小学任教师，梁文坚到先农乡中心小学任教师。

四、党的基层组织在反共逆流中发展

——中共春城妇女支部的建立。在1938年至1940年的抗日救亡宣传运动中，女青年李华、鲁焰、曾克爱、谢焕巧、陈凤仙等先后加入中国共产党。1940年2月，阳春特支建立中共春城妇女支部，李华为书记，庞瑞芳、鲁焰为委员。三八妇女节到来，妇女支部党员在春城街头出版墙报纪念妇女节。5月，党组织安排李华搞统战工作，由鲁焰担任妇女支部书记。

妇女党支部由李华以妇女会的名义，借春城的小学课室开办夜校，发动进步女学生当夜校教员，吸收贫民妇女和地主家的婢女入夜校识字班学习，两期共招收学员80人。在识字班宣传抗日，激起妇女们的抗日爱国心。

抗日战争时期，主要矛盾是抵抗日本侵略，争取民族解放。但是，爱国女青年参加抗日群众运动和参加共产党，首先要冲破封建婚姻枷锁。当时的阳春，小孩在3至10多岁，大多就已凭

"父母之命，媒妁之言"换年庚、做文定，订下婚事，男方家庭往往在姑娘十四五岁时就催娶亲，严重束缚女青年的抗日爱国行动。女青年一旦成婚，在公婆、丈夫管束下，更难走出家庭参加抗日活动。如果女青年参加了共产党，被迫结婚后就有脱离组织或泄漏组织秘密的危险。因此，女党员大多经历了反对封建婚姻的斗争。鲁焰在幼年时就被订了婚约，男方对其参加战工团停学从事抗日宣传意见很大。鲁焰提出解除婚约，急得母亲哭哭啼啼，闹得很激烈。鲁焰离家出走，守寡的母亲哭着要上吊。党组织派人说服了鲁焰母亲，才为鲁焰解除了婚约。黄云的母亲要为独生儿子订婚，早日娶媳妇，也引起过母子矛盾。党组织派人出面，介绍女党员、师范学生关尤励（游咏芝）给黄家，两位青年同意，就公开订婚。女党员看到鲁焰公开在《阳春日报》登报解除婚约，就都先后效法，在《阳春日报》登出一纸声明，旧婚约立即解除。阳春特支认为党员纷纷反对封建婚姻，会引起社会震动，暴露党的组织，于是作出决定，女党员为了冲破封建婚姻枷锁参加革命，可以解除婚约，男党员则要顾全大局，接受盲婚（包办婚姻），以利于从事党的秘密工作。林启荣服从组织决定，让家庭给他娶回一位文盲妻子。

鲁焰解除封建婚约获得自由，许多男女党员联系工作都到鲁家食宿，鲁焰把当教师的工资全部用于接待来往的党员，还发展大嫂张泽群加入中国共产党。

——中共先农乡支部的建立。中共两阳工委第二次扩大会议后，阳春特支决定把工作重点从城市转移到农村。党的工作方针和工作方法的根本转变，使阳春党组织在农村扎下根，建立了牢固的农村据点，为后来在农村开展武装斗争，建立抗日游击根据地打下了良好基础。

1940 年 2 月 11 日（农历正月初四），郑宏璋、周道庄在先农乡中心小学（设在先农庙）秘密举办建党学习班。先农乡围仔村农民周道桓，沙田垌村农民邓水生、邓伙来，岗尾乡农民李宗檄等，以春节探亲为名进入先农庙，关起庙门，进行为时 3 天的学习，填表宣誓加入中国共产党。岗尾乡李宗望小学毕业后考入阳春中学，因家穷无钱入学，被迫到岗尾乡思与小学做杂工。李学汪、李宗檄发展李宗望加入中国共产党。3 月，阳春特支在先农乡中心小学建立第一个农村党支部——中共先农乡支部，书记周道庄。同时建立岗尾党小组。

1940 年下半年至 1941 年，先农乡党支部发展中心小学工人韦克，三岗山村青年学生黄其邦，围仔村农民周金庆、周道谋，长寨村农民陈孔受、陈孔扬等加入中国共产党；在岗尾乡发展农民李宗浪、陈朝燊加入中国共产党。1941 年秋，陈庚（陈绳宪）初中毕业，被安排到先农乡中心小学工作，1942 年秋转到屯堡小学工作。1942 年春，先农乡党支部发展板桥岭村青年农民陈朝积加入中国共产党。

——中共阳春中学支部的建立。中共阳春特支为发展阳春中学的党组织，决定先在教师中发展党员。教师李希果参加青年群，积极进行抗日宣传。1939 年 9 月初，阳春特支吸收李希果加入中国共产党，又把学生党员罗杰介绍给李希果，布置罗杰、李希果二人在阳春中学发展党员。

因日本飞机轰炸，春城无法安定上课，阳春中学在 1939 年下学期迁到三甲乡石咀村刘氏宗祠开学。校长刘传教继续支持以青年群阳春分社社员为核心的学生抗日宣传队，在晚上和星期天到附近农村进行抗日宣传。

1940 年春，李希果由党组织安排做统战工作，不再负责在阳春中学发展党员的工作。3 月，陈国璋到阳春中学，在小树林里为学生陈庚、陈明（陈兆生）监誓加入中国共产党。接着，刘传发、陈丽嫦加入中国共产党。6 月，陈国璋又到阳春中学，召开党员会议建立中共阳春中学支部，邓学辉任书记，罗杰任组织委员，陈明任宣传委员。1941 年，中共阳春中学支部先后吸收范林（范乃旅）、罗增元、黄世权、黎宗权、刘经习、柯圣华、关尤励、谢旋英、游雪（游燕玉）等加入中国共产党，共有党员 17 人。7 月，邓学辉、罗杰毕业离校，陈明任党支部书记。党支部还联系了陈池（陈绳慈）、梁寮（梁德忠）、叶昌乔、林儒逊等积极分子。

五、中共阳春分委的建立

为应对国民党顽固派掀起的第一次反共高潮，1940 年 4 月，中共两阳工委撤销，改为特派员制，张靖宇为两阳特派员。8 月，中共两阳特派员调陈奇略到阳春先农乡屯堡小学以任教为掩护，负责阳春党的领导工作。林克调走，刘文昭到中区特委学习班学习。根据上级决定，中共阳春特支改为中共阳春分委（相当于县委，以下简称阳春分委），书记陈奇略，组织委员郑宏璋，宣传委员陈国璋，3 人均在先农乡屯堡小学以教师职业掩护工作。阳春分委调黄云到先农乡中心小学任教，任中共先农乡支部书记，邓泰升、邓水生、周道庄为支部委员。屯堡小学成为阳春分委机关所在地。

1940 年冬，阳春分委为了更好地掩护工作和密切联系群众，了解民情，宣传抗日和党的方针政策，教育和团结广大群众，在学校内开办大众药物供应所，出售药物，并无偿给群众看病，深受群众欢迎。陈奇略以到阳江采购药物作掩护，向两阳特派员汇报工作和接受指示。陈国璋协助药店工作。郑宏璋发挥懂得中医的专长，课余免费给农民诊病，夜间和假日则以到村庄为农民看病作掩护，开展联络党员和教育建党对象工作。

1941 年 9 月，为加强阳春分委对青年、妇女工作的领导，中共两阳特派员决定，增加黄云为阳春分委青年委员、梁文坚为妇女委员。梁文坚在荔枝林村发展了农民妇女 2 人参加中国共产党。这两名女党员在担柴入城卖的时候携带信件与春城妇女党支部进行联系。郑宏璋、周道庄均担任先农乡副乡长，周道桓任先农乡第五保保长，邓泰升任第六保保长，陈孔扬任第七保保长。阳春分委控制了先农乡第五、第六、第七保的政权和学校，该地区成为阳春可靠的抗日根据地。

为了便于阳春分委的活动，郑宏璋以方便各村学生上学为名，发动各村祖尝集资在龙塘山坡新建屯堡小学校舍。郑宏璋发挥土木工程专科特长，自己设计门楼和教室，陈奇略安排关永承接屯堡小学的基建工程，并担任阳春分委的机要交通员。关永还以泥水师傅身份往来各村承接建屋，往返于阳春、阳江城之间，负责中共两阳特派员与阳春分委之间的通讯工作。为了尽快建成新校舍，郑宏璋亲自说服其兄将自己建屋用的砖瓦、杉木借给学校使用。经多方努力，占地面积约 1000 平方米的新校舍于 1942 年春建成。

六、两阳抗日自卫斗争

1938 年 5 月 30 日，日军侵占阳江东平港外的南鹏岛，在岛上奸淫掳掠。日本三菱公司强迫当地民众开采钨矿，掠夺战略物资。1939 年 5 月，日军攻掠阳江县沿海，日军飞机经常到阳江、阳春空袭，阳春战云密布，阳春县当局在县境南部与阳江接壤的险要之地古良设防御工事。9 月，为防备日军利用公路向阳春进攻，阳春县政府动员民众按规定标准破坏阳春县属春（湾）新（兴）、春（城）三（甲）、春（城）岗（尾）、春（城）合（水）公路，在路面挖掘梅花坑，拆毁桥梁。1940 年 1 月，阳春县当局执行"空室清野，制敌死命"指令，再次破路。按第四战区参谋部规定拆毁阳春县城古城墙和圩镇、农村的城墙碉堡 240 座，至 4 月全部拆完。国民党正规军一五八师、一五四师驻守在两阳、恩平、新兴一带。

1941 年 3 月 3 日，日军入侵阳江城，中共两阳特派员计划组织两阳武装队伍。同日，阳春分委召开会议，决定集中先农乡公所和第五、第六、第七保掌握的 30 人，成立抗日人民武装队伍；在日军侵入阳春时，黄云负责往东山蟠龙建立抗日根据地，郑宏璋负责往西山建立抗日根据地。通知在春湾小学的黄云紧急布置两阳中学党支部注意局势发展，在日军沿漠阳江入侵时率领学生、群众在北部山区开展游击战争。黄云向两阳中学支部书记林启荣布置任务后，立即赶回先农乡屯堡小学听候阳春分委安排工作。阳春中学党支部的党员和学生积极分子从三甲步行回春城，等候组织分配战斗任务。南边两阳边境的中共横山小学支部负责人林元熙、廖绍琏等已组织了 80 人的人民抗日自卫队和 20 余人的政治宣传队，由林元熙、曾国棠分别任政治宣传队队长、副队长，计划在横山、金堡山区开展抗日游击战争。数天后，日军撤离阳江城，国民党阳江县政府机关人员及军警回城，追查组织横山人民抗日自卫队幕后的共产党人。为避免暴露，张靖宇召集阳江县委成员研究，决定解散横山人民抗日自卫队，隐藏枪支弹药；因日军没有进兵阳春，阳春分委撤销部署，黄云仍返春湾小学。9 月，黄云到三甲乡中心小学以教师职业作掩护，负责春西党组织的工作，联系在三甲乡的阳春中学党员和在庞洞乡念七小学教书的邓学辉、范林。

第五节 回击反共逆流的斗争

一、整风学习与审查整顿

1942 年春，中共中央在延安开展整风运动，反对主观主义以整顿学风，反对宗派主义以整顿党风，反对党八股以整顿文风，整风运动的文章、报告陆续在重庆《新华日报》转载。当时阳春党组织实行单线联系，不能召开支部会集体学习，开展批评和自我批评，只能翻印整风文件发给党员个人学习，进行整风。黄云负责翻印整风文件和组织学习，先后印发整风文件 18 篇，通过整风学习，阳春党组织从阳春分委委员郑宏璋、陈国璋、黄云到各支部骨干林启荣、罗杰、陈明、邓学辉、陈庚等，其思想、理论修养都有很大提高。先农乡党支部的党员较多，秘密学习的条件较好，学习得更深入。全县党员 68 人经过整风文件的自我学习，大多数都受到了很大教育，增强了革命坚定性和组织纪律性，为以后开展武装斗争打下良好的思想基础。

1942 年 7 月，中区特委对"两阳事件"（张靖宇工作失职，与阳江党员发生矛盾）调查清楚后，张靖宇受撤销两阳特派员职务的处分。特委调张靖宇回中区，派周天行任中共恩（平）阳（阳江、阳春）特派员。周天行到先农乡屯堡小学，开始对阳春党组织进行审查整顿。周天行采取与党员个别谈话办法，调查研究。这时，阳春党员通过整风学习，思想觉悟有显著的提高，均如实向周天行报告自己的入党经过和工作情况。周天行经过调查研究，向中区特委作了汇报，认为阳春党组织是比较好的，"两阳事件"主要是张靖宇与阳江党员之间发生的问题，阳春分委没有介入，与阳春党员无关。为了加强阳江党组织的领导，中区特委把陈奇略调回阳江协助周天行工作，阳春分委由郑宏璋任代理书记，陈国璋为组织委员，黄云为宣传委员。

周天行与阳春分委一起研究阳春党员的状况，认为党员政治思想水平较低，必须吸取阳江党内事件的教训，加强党的建设教育，提高党员的素质。在周天行直接领导下，1942 年下半年，阳春全体党员开展整风学习，为期半年之久，基本达到预期目的。

阳春党组织通过审查整顿，对一些觉悟不高、违反纪律自动脱离党组织的党员，采取疏远办法，让他们离开党组织。1940 年春，刘文昭根据两阳工委指示，安排柯世梯到石菉乡马兰小学任教师。柯世梯介绍石菉圩青年群分社的负责人王世镛加入中国共产党。党组织期望柯世梯往西山开展工作，成为开辟西翼的领导人。但是，青年群分社被解散，反动逆流到来，柯世梯首先动摇。暑假期间，柯世梯向刘文昭表示要回春城工作，刘文昭要求柯世梯向西山发展党组织，建立抗日根据地。柯世梯说："我不到西山当山大王！"刘文昭向两阳工委的领导汇报。党组织鉴于柯世梯拒绝接受党分配的工作任务，决定开除柯世梯的党籍。在国民党统治区内，共产党处于地下工作的状态，开除党员不能公开宣布，只能由党组织联系人与他脱离关系。后来，柯世梯加入国民党，当上附城镇镇长，柯世梯联系的王世镛也加入国民党，任石菉乡乡长。

1940 年 8 月，张靖宇考虑到刘文昭经常在星期天步行到先农乡和阳春特支几个领导人研究工作，有暴露身份被国民党抓捕的危险，决定派刘文昭到开平县赤坎参加中区特委学习班学习，以后相机退出春城到农村工作。刘文昭在前往赤坎之前向国民党县党部请假，说因家事回潭水高朗村。10 多天后，县党部派人到高朗村催他回阳春日报社，刘妻及家人说刘文昭没有回家，这就引起了国民党当局的怀疑。刘文昭到开平赤坎一个月，从学习班回到阳春后，受到当局追问。刘文昭说阳春日报社每月发给 8 元伙食费待遇太低，便到赤溪县（今台山市赤溪镇）找当县长的叔父安排一个职位。随后，刘文昭离开阳春日报社，到屯堡小学找党组织商量今后工作，郑宏璋按照两阳党组织的策略，要求刘文昭回潭水家乡，寻找靠近西山的小学当教师，扎根农村发展党员，向西山方向发展。刘文昭说他家三代单传，自幼就随父母住在阳春城刘家祠读书，不习惯在农村生活，而且已引起国民党当局的注意，若回潭水教书，有被逮捕的危险。为此，拒绝回潭水工作。

1941 年，在国民党第二次反共高潮中，国民党第十二集团军司令部派参谋处中校参谋李可瑶（阳春籍人）回到阳春招收知识青年到韶关司令部的政工学习班学习，刘文昭报名参加，要求郑宏璋将党的组织关系转到韶关。郑宏璋劝他仍去潭水工作，并说没有关系介绍党籍到韶关。刘文昭脱离党组织，自行到韶关参加国民党第十二集团军政工学习班，仅学习一个月就受不了艰苦的军事训练，离班前往三水县芦苞镇当税收员；半年后又投奔叔父，被安排在税捐处当课长；一年后弃职考入迁移到台山县办学的国民大学读书，大学毕业后回阳春县当中学教师。柯世梯、王世镛、刘文昭等人相继脱党，但没有出卖党组织机密，与互相认识的党员以朋友相处，因此，阳春党组织没有受到破坏。1942 年春，谢焕巧也不接受党组织要求她回家乡石望当教师扎根农村的任务，自动脱离党组织，到韶关琼崖中学读书。党组织联系人对他们作疏远处理（即组织不与其联系，让其自动脱党）。阳春中学党员李家信不遵守组织纪律，经常与有托派嫌疑的教师混在一起，党组织联系人停止与李家信联系。

1941年至1942年间，反共逆流到来，抗战形势处于低潮，阳春党组织有的党员思想上发生动摇，不愿接近党组织，有的党员为个人前途打算，自动与党组织中断联系，有的党员和国民党顽固分子长期划不清界线。阳春分委为了纯洁党组织，加强党的纪律性，对这样一些党员采取主动疏远的措施，是十分必要的。

二、党的组织活动暂时停止

1942年5月26日，因南方工作委员会组织部长被国民党逮捕后叛变，中共粤北省委受破坏，省委书记李大林、组织部长饶卫华等被捕，广东各地党组织十分危险。8月，中共中央南方局和周恩来先后作出指示，除沦陷区、敌占区外，国民党统治区的党组织一律暂时停止活动，何时恢复组织活动，等待中央指示。各地党组织迅速传达贯彻南方局和周恩来的指示，进一步贯彻执行"隐蔽精干，长期埋伏，积蓄力量，以待时机"的十六字方针。1942年冬，周天行到先农乡屯堡小学向阳春分委传达时，按中区特委的布置不传达粤北省委事件，只传达贯彻"十六字"方针和"勤学、勤业、勤交友"的三勤活动指示，党支部、党小组暂时停止组织活动，不发展党员，党员单线联系，党籍在联系人手上不能转移，个人寻找社会职业，广交朋友，待恢复活动时由党组织派人联系。阳春分委负责人郑宏璋继续留在先农乡屯堡小学，单线联系全县党员，保持领导机关的完整和连续。

9月，为了在阳春东山蟠龙建立抗日根据地，周天行派黄云重返蟠扶乡中心小学任教师作掩护，开展党的工作。黄云的同学严仕铭时任蟠扶乡副乡长、蟠扶乡中心小学校长，被称作"秀才""蟠龙王"，威信很高。乡公所与小学相邻，为了避开乡长陈国福的监视，黄云在严仕铭家的牛栏旁边打扫一间杂物室作卧室，与严仕铭同吃、同住、同工作。周天行又抽调阳江县党员陈华森（化名陈树德）和阳春中学毕业的党员陈明到蟠龙沉冲小学当教师，加强蟠龙党的工作。陈华森和严仕铭都是农民出身，教学之余，共同参加犁田、耙田及各种农活，和农民打成一片。严仕铭经过培养教育，入党条件成熟，黄云给阳春分委写了一份介绍严仕铭入党的报告，阳春分委向周天行报告。中区特委考虑到今后在蟠龙山区建立抗日根据地的需要，于1943年2月特别批准严仕铭加入中国共产党。黄云、陈华森、陈明等在蟠龙还结交了一批农民积极分子，在高小学生中建立抗日少年先锋队，培养教育严仕铭的弟弟严仕郁和欧圣聪、钟景宏、陈义珀等一批进步学生，为1945年春广东人民抗日解放军到达阳春建立六团打下良好的群众基础。

1943年寒假期间，林启荣召集几名进步青年在春城平民夜校进行爱国爱家、抗日救亡教育，罗杰、李家信、陈治华、刘昌津、梁寮、陈池等人参加，黄云也与他们讲革命道理。后来，陈治华、刘昌津、梁寮、陈池参加中国共产党。

三、党的组织活动全面恢复

1944年8月，广东省临委、东江军政委员会根据中共中央的指示，决定全面发展敌后游击战争，同时提出全面恢复党的组织活动。1944年冬，中区各级党组织全面开展活动。1945年1月重组中区特别委员会，书记谢创，管辖新会、鹤山、台山、开平、恩平、高明、新兴、阳江、阳春等县的党组织。

1945年5月，阳春分委领导成员和根据地的党员大都已经进入部队，需要重新派遣干部建立和发展地下党组织，恢复春城和农村党员的组织活动。国民党一五八师四六八团团长潘立强坐镇阳春城，造成一片白色恐怖。负责阳春党的工作的谢鸿照不能立足，撤走了，致使党的领导处于空白状态。中区特委根据形势的发展，为了加强两阳党组织的领导，决定成立中共两阳工作委员会，司徒卓为书记兼组织部部长，伍伯坚为委员、宣传部部长兼阳春特派员。

伍伯坚来阳春前，周天行和黄云分别向他介绍阳春县党组织的情况。伍伯坚领到一笔港币、关金券作为经费后，化装成四邑商人先到阳江城，与司徒卓接头，司徒卓通知罗杰来向伍伯坚详细介绍阳春党员的情况和联络暗号。伍伯坚身穿黑胶绸衫，挂着陀表，买了几桶黄糖，由阳江城乘电船直抵阳春城，找到在洗马街东街口的刘义兴杂货店，按事先约好的接头暗号和编造的社会关系，与店主刘传发取得了联系。伍伯坚向刘传发传达党组织指示，两人合伙做生意。伍伯坚把党的经费交给杂货店扩大经营范围，主营大米、黄糖和土纸杂货，刘传发冒着全家生命危险接受任务。伍伯坚以合伙做生意的名义住了下来，刘义兴杂货店成为阳春党组织的领导机关。

伍伯坚依靠刘传发，根据上级党组织掌握的党员名单，以收购土特产的名义到全县各地，逐个审查党员在停止组织活动期间的表现。在阳春的党员中，有在国民党县党部从事上层统战工作的林举铨、李华、李希果，在春城雅铺街永生堂中药店的曾昭常，在阳春中学高中读书的游雪，在河口金堡的廖绍琏和在河口圩大有年店交通站的廖正纪、庞瑞芳，在潭水当小学教师的刘经习，在河朗圩的罗增元，在先农乡沙田垌交通站的邓水生。经过审查，他们都先后恢复组织活动。伍伯坚以收购龙门圩土纸为由到河口圩联系廖绍琏、廖正纪、庞瑞芳，并考察漠南八甲大山的地理特征；以经商为由到河朗圩联系罗增元。还根据上级党组织的指示，到西山那柳茅田村，联系黄云的同学罗开炎，到西山中学联系云浮县的党员陈孔嘉，了解西山自然环境和社会情况，为今后部队开辟游击活动区作准备。

伍伯坚恢复曾昭常的党组织关系后，曾昭常在永生堂布置一个房间给伍伯坚使用。

按照形势发展的要求，最迫切的是要发展党的力量，要在青年学生中发展党员，开展青年运动，带动和发展各方面的工作。阳春党组织在青年中是有基础的，黄云、关尤励在青年学生中有很高威信，很多青年和学生受到黄云等人教育和影响，对党有了一定的认识。伍伯坚到阳春后，从经过黄云、关尤励等人培养教育的优秀分子中吸收党员。1945 年 5 月，刘传发介绍黎新培加入中国共产党。游雪介绍陈池、刘昌津、陈治华等加入中国共产党。7 月底，中共春城中等学校学生工作支部（简称学生支部）成立，黎新培为书记，刘昌津、陈治华为委员，专门从事学生工作，黎新培负责阳春县立简易师范学校（简称阳春师范），陈治华负责宾兴初级农业学校，刘昌津负责阳春中学。

8 月，中区特委为了加强两阳妇女工作，派周敏玲任中共两阳工委妇委书记。周敏玲到达阳春城，先住在刘义兴杂货店，后隐蔽于春城近郊石板岗小学和游雪、柯明镜家，开展妇女工作。

同月，伍伯坚批准成立中共春城工人小组，刘传发为组长，在工人、店员中发展党员，开展工人运动。

同月，刘传发任先农乡第一保、第二保联立国民学校校长，学校在春城南面云灵山下，又称云灵小学。伍伯坚指示刘传发将云灵小学开辟为县党组织领导人的秘密据点，并安排女党员庞瑞芳、陈文卿任教师，秘密开展党的工作。

当时，春城人口不足 3000 人，商店也不多，有一个陌生人到来，全城人都会知道，伍伯坚以商人身份来往阳江、阳春之间，经常与刘传发到茶楼饮茶，伍伯坚在刘义兴杂货店住了一年多，始终没有暴露身份，党的领导机关在刘义兴杂货店站住了脚跟。伍伯坚又在洗马街培强西药房（汤立骅父亲开的药店）设交通站，为部队提供了不少药物。

第六节 抗日武装及根据地的壮大

一、两阳武装斗争的准备

1943 年 5 月，中区特委为了培养武装斗争骨干，为开展两阳武装斗争作准备，从两阳分批抽调党员参加抗日游击部队。第一批抽调阳春党员黄云和阳江党员陈奇略到珠江三角洲参加敌后抗日武装斗争。

7 月，中区特委根据形势的发展和筹备武装斗争的需要，派原中共新兴县委书记谢鸿照夫妇转移到阳春县先农乡，在先农乡中心小学当教师。安排阳江县女党员莫维、黄碧珠、陈佩瑜转移到潭水等地小学当教师，张素荷（张健）到阳春图书馆做管理员。

11 月，中区特委改为特派员制，特派员李国霖，副特派员周天行、郑锦波。

1944 年 3 月，中区特派员抽调阳春县第二批党员曾昭常、张素荷、韦汉扬（韦克）、李宗望 4 人到珠江三角洲参加抗日游击部队。7 月，中区特派员根据形势的发展和筹备武装斗争的需要，任命谢鸿照为中共两阳党组织指导员，负责分批恢复两阳地方党的组织生活，筹备建立两阳人民武装抗日游击队。10 月，中区特派员第三批抽调在两阳中学读高中的党员陈明、陈庚、范林到高明县参加抗日游击部队。

　　大批党员干部和先进青年被抽调到珠江三角洲参加共产党领导的武装部队有两个重要意义，一是增加部队的新鲜血液，加强敌后抗日游击队的骨干力量；二是为成立两阳地区抗日武装部队作军事准备，一旦建立两阳地区武装抗日队伍条件成熟，这些经过战场上锻炼的党员，就可成为武装部队的领导力量。

　　11月，中区特派员第四批抽调在阳春师范附属小学教书的林启荣和在春城时中小学教书的鲁焰到高鹤参加抗日游击部队。两人红色面目过于暴露，有被国民党特务抓捕的危险，党组织通知两人紧急撤出。两人结伴于冬至节后出发，到达恩平县，因到高明县的交通路线出事，不能前行，由恩平县党组织留下安排工作。鲁焰于1945年2月调入广东人民抗日解放军司令部做缮写绘图工作，把从家里带来的"嫁妆钱"（价值600元白银的金戒指）献给部队解决给养困难，部队领导表彰鲁焰的贡献，鲁焰说："我已经嫁给共产党了，嫁妆钱应该交给党。"鲁焰先后在恩平、新兴两县的山区交通站做秘密工作，与谢鸿照装扮成夫妻掩护工作，后因感情深厚，经上级批准成了真夫妻。林启荣到党组织掌握的国民党广阳守备区抗日联防自卫第三大队第三中队担任政训员。1945年春节前夕，第三中队起义。林启荣带领班长郑作源及战士郑兆林、梁茂浓在完成剪电话线任务之后进入恩平县城，被国民党军包围逮捕，受尽酷刑，在押往刑场经过街道时，林启荣高呼"打倒日本帝国主义！""中国共产党万岁！"被国民党军警用木柴塞住嘴巴，鲜血淋漓，英勇就义。

二、发动武装起义，组织抗日队伍

　　1944年10月，两阳党组织根据上级指示，着手组织抗日武装队伍。11月，阳春党组织抽调在南在乡柑子山小学任教的罗杰、蟠龙沉冲小学任教的陈华森和轮溪乡副乡长朱尚绚到先农乡屯堡小学，协助谢鸿照筹备武装起义。

郑宏璋与先农乡邓泰升、周道庄、黄其邦等联系，控制壮丁队40人枪，串联周道泽、邓泰威、陈功（陈昌寿）、郑宏湘、郑雄等人准备参加武装起义，并借假日以上山打猎名义练习枪法，安排邓水生、周道桓长期隐蔽建立交通联络站。朱尚绚在轮溪乡屋面塘村吸收农民朱存加入中国共产党，发动朱尚普、朱秋等10多名积极分子，准备参加武装起义。陈华森、严仕铭在蟠龙教育培养的积极分子欧圣聪、钟景宏、梁传队、严士浓、严仕郁、陈道剑、李胜光、岑伙生、顾德才、张致钿等18人，准备参加武装起义。为筹建漠东抗日游击大队，郑宏璋向谢鸿照推荐黄选盛担任军事负责人。

黄选盛是蟠扶乡田寮村人，是舞狮班的师傅。田寮村在蟠扶乡南端与轮溪乡交界的山沟，是先农乡、轮溪乡往东通向阳江县大八乡、珠环乡和恩平县清湾乡的必经之地。黄选盛为人豪爽仗义，结交三县交界山区的绿林豪客，争取黄选盛领头组织抗日游击队，不但可以掌握到一大批枪支弹药，还可以改造一批被迫参加绿林队伍的人进入抗日队伍，扫清在漠东山区建立抗日根据地的阻力。党组织先由朱尚绚以姐夫身份试探开导黄选盛，接着由郑宏璋、谢鸿照以共产党人的身份与黄选盛见面交谈。黄选盛对共产党的抗日民族统一战线政策衷心拥护，表示坚决接受共产党的领导，作好发动武装起义的人员、枪械的准备。黄选盛发动阳江县捷轮乡农民麦圣昌等20余人和大八乡黄文郁等50余人，拉起一支70余人的队伍，黄选盛负责军事训练和军事指挥，共产党派干部负责政治工作。

谢鸿照带助手罗杰在黄选盛家住了3天，听取黄选盛关于发动捷轮乡、大八乡起义人员，枪械配备情况和边界山区刘国藩股匪动向的情况汇报，并由黄选盛口述，谢鸿照、罗杰两人绘制漠东山区三县边界军事地形图，准备由谢鸿照上交广东中区党组织和武装部队领导。谢鸿照带罗杰经田寮到蟠扶乡上洒村，会见土匪头目刘国藩，双方放手枪于桌上展开谈判，刘国藩向共产党要待遇给养，谢鸿照表明共产党领导的抗日人民武装，是艰苦奋斗、自力更生的队伍，暂时未能提供待遇给养，谈判没有结果。罗杰往阳春北部南在乡联系黄行（黄世权），往平坦乡联系柯圣华、黎宗权，准备迎接武装起义。

1944 年秋冬，阳江党组织负责人陈国璋到阳春南部的金堡和阳江县的织篢、冲口一带，布置组建抗日人民武装队伍的工作，派庞瑞芳建立阳春县河口圩交通站（廖正纪、庞瑞芳夫妻开设的大有年商店），派邓其峰建立阳江县织篢交通站，沟通阳江县冲口、横山与阳春县金堡、先农交通线，随后又派陈天衮打进国民党太平乡任副乡长，控制乡公所武装，并由陈天衮出资在冲口一带山区开办 3 个樟木油厂，秘密集结一批进步青年筹组抗日人民武装队伍。

11 月间，谢鸿照带罗杰、陈华森到阳江太平乡（今阳西县织篢镇）冲口村与陈国璋等会合，加强筹备武装起义的领导。陈天衮发动一批青年积极分子，在阳春县石门乡上双山区开办一个樟木油厂，筹划开辟武装据点。周天行与谢鸿照到旱田村联系在停止活动以前担任阳江县大八区党委书记的程浩光，由程浩光带陈国璋到旧仓与姚立尹接头，布置姚立尹对旧仓乡自卫队进行策反工作。

1945 年 2 月 17 日（农历正月初五），陈国璋带交通员关永从阳江织篢到阳春河口圩大有年店交通站，传达党组织指示，调廖正纪、庞瑞芳夫妇参加武装起义，廖正纪负责抗日游击大队的秘书工作，庞瑞芳负责抗日游击大队妇女工作。2 月 18 日，陈国璋、廖正纪、庞瑞芳、关永到达先农乡屯堡小学，会见郑宏璋，由郑宏璋主持研究起义有关事宜。2月19日，陈国璋、罗杰、廖正纪、庞瑞芳等10余人到黄选盛家，当夜开会研究起义工作。广东人民抗日解放军派出台山部队的梁文华等2人为代表，中共恩平县委派出清湾、坳底等地的代表参加会议，会议推举黄选盛为阳春县抗日游击大队的军事负责人，陈国璋为政治负责人，廖正纪担任秘书。黄选盛汇报了发动起义人员和筹集枪支经费情况。林举铨献出私人持有的驳壳枪2支，黄云母亲出卖田地筹得白银200元，一并托交通员转交黄选盛作护身武器和起义经费。20日，到会骨干分子分头出发赶往各地，带领参队人员携带枪支弹药往田寮村集中，廖正纪、庞瑞芳留在田寮村，协助黄选盛等待各路人员到来举行起义。

2月19日晚，田寮村保长发现黄选盛家有人开会，立即上报给在捷轮乡的阳江县参议员谢仲云。谢仲云于次日派人送密信报告阳春县县长陈启钊，密信送到县府秘书柯世梯家里时，被朱尚绚探亲访友发现，朱尚绚立即赶回轮溪乡派外甥谢克成送信通知黄选盛等转移。黄选盛派侄儿黄士青护送廖正纪、庞瑞芳夫妇转移到蚊子塘扶民小学。

2月20日，由黄选盛发动参加起义的捷轮乡农民麦圣昌等18人来到蟠扶乡上洒村，派麦广水到田寮村报告。陈启钊派县自卫队中队长陈运猷率队会合岗尾圩第六区联防队、轮溪乡自卫班等共100余人，于21日凌晨包围田寮村。国民党兵害怕黄选盛能双手使枪，百发百中，又会武功，不敢入村搜查。黄选盛把枪支、白银收藏在灰粪堆中，烧毁文件。早晨，黄选盛布置麦广水冒充村民赶牛出村犁田，脱离国民党兵包围。国民党官员要黄选盛出村谈判，并派乡长、保长胁迫村民，如果黄选盛不出村谈判，就放火烧村。下午3时，黄选盛为保护村庄及乡亲安全，单身出村谈判，遂被逮捕。黄选盛受尽毒刑，宁死不屈，严守共产党的机密，不吐露武装起义计划和党组织的情况。3 月 3 日，黄选盛被杀害于阳春县城东郊。国民党当局行刑时，畏惧黄选盛武艺，以铁钉贯其脚，鲜血流淌满地。

黄选盛被捕后，谢鸿照、郑宏璋、陈国璋、罗杰、朱尚绚等迅速撤离先农乡，转移到阳江县冲口。谢鸿照在冲口八元堂召开会议，宣布成立两阳武装筹备领导小组，谢鸿照任组长，郑宏璋、陈国璋任副组长；成立党支部，谢鸿照任书记。在阳江县城防空哨任哨长的共产党员杨秉义收购散兵的 12 支步枪原计划送交田寮村起义用，因起义未成，党组织布置杨秉义把枪支掩藏在轿内，用护送贵妇人坐轿的方法，送到织篑圩邓其峰交通站收藏。郑宏璋、朱尚绚等 10 多人转移到阳春县石门乡上双以蒸樟木油为名掩蔽。

三、广东人民抗日解放军第六团的成立

1944 年 10 月 1 日，南（海）、番（禺）、中（山）、顺（德）游击区在中山五桂山区古氏宗祠召开珠江地区游击干部和中山地方党组织负责人大会。会议根据广东省临时工作委员会和东江军政委员会联席会议（土洋会议）精神，为组织部队迅速挺进粤中，宣布成立广东人民抗日游击队中区纵队。10 月 20 日，中区纵队领导机关和主力大队 500 余人组成挺进部队，从中山县五桂山抗日根据地出发，开始挺进粤中。中区纵队的成立和中区主力部队挺进粤中，使粤中地区的抗日武装斗争进入一个新的发展阶段。

11 月 11 日，中共广东省临时工作委员会和东江军政委员会举行联席会议，决定调整珠江、粤中两地部队建制，把广东人民抗日游击队中区纵队分为两支部队，在珠江地区活动的部队称为广东人民抗日游击队珠江纵队（简称珠江纵队）；在粤中地区活

动的部队改称广东人民抗日解放军。原中区纵队挺进粤中主力大队，与新鹤人民抗日游击队、台山人民抗日游击队第四大队、高明人民抗日游击队第三大队等合编为广东人民抗日解放军。经中共中央批准，于1945年1月20日公开发表《广东人民抗日解放军成立通电》，正式宣布成立。29日，广东人民抗日解放军在鹤山县宅梧召开成立大会，梁鸿钧任司令员，罗范群任政治委员，谢立全任副司令员兼参谋长，刘田夫任政治部主任。下辖第一团、第二团、第三团、第四团。

广东人民抗日解放军成立后，部队领导机关和中区特委坚决贯彻中共中央关于广东抗日游击战争应以向西发展为目前主要方向的指示，以及中共广东省临时工作委员会、东江军政委员会确定的"以四邑为基地，逐步向西江、南路推进"的部署，在继续巩固皂幕山一带活动基地的同时，加紧组织部队继续向西发展、进一步扩大粤中抗日游击区。

1月下旬，广东人民抗日解放军采取坚持内线与挺出外线相结合的斗争方针，由部队领导机关率主力第一团，跳出国民党军的包围圈，加紧向西发展，进入新兴、恩平、两阳等县开辟新的抗日游击活动区，进而逐步联系南路，建立粤桂边云雾山区抗日游击根据地。

2月21日，从高明老香山根据地出发的广东人民抗日解放军司令部、政治部率部队400余人西进，拟奔袭新兴顽军。进入新兴县境，途中获悉国民党军已有防备，决定放弃攻打新兴县城计划，改向阳春、阳江进发。途中，部队临时决定在新兴县蕉山村宿营。22日，遭国民党军一五八师四七三团包围。广东人民抗日解放军当即奋起反击，在地形极端不利、军事力量对比悬殊的情况下，指战员英勇战斗，顽强阻击，司令员梁鸿钧等59人牺牲，50多人受伤，70多人被俘，损失轻重武器一大批。部队退出战斗后，兵分两路向恩平、阳江阳春方向前进。经过一个星期的艰苦行军，到达恩平县石马村，两路军会合，再转到恩平清湾，广东人民抗日解放军司令部决定建立广东人民抗日解放军第五团。

25 日，广东人民抗日解放军司令部派连队司务长李宗望，带信给蟠龙严仕铭和在春城的黄云母亲。李宗望行经蟠龙新寨看见村民聚集在河边，不知道是村民在用石灰药鱼，以为有异常情况，不敢入村联系严仕铭，就向春城方向前行，遇见蟠扶乡乡长陈国福。陈国福参加过青年群社活动，认识当时在青年书店工作的李宗望，虚与招呼，李宗望自称贩牛归来，照面而过。陈国福即回蟠扶乡公所打电话报告给陈启钊，陈启钊立即电令龙湖乡乡长严文郁在北寅河北岸驻龙庙乡公所前等候。李宗望经过驻龙庙前即被逮捕，李宗望藏在竹帽里的两封信和 1 支左轮手枪、1 个连队伙食本子被搜出。严文郁立即派乡兵把李宗望押送县政府。严文郁看见其中的一封信是给严仕铭的，马上打电话到蟠扶乡公所，对严仕铭说："龙湖乡抓到一个可疑的人，有两封信，其中一封是黄云给你的，这人要马上解送县政府处理。"严仕铭估计一个小时后，自己就有被捕的危险，于是，立即找到严士浓、梁传队一起离家走往留垌。当日下午 1 点钟，阳春县政府命令陈国福逮捕严仕铭，陈国福立即派乡兵奔往严仕铭家，扑了一个空。严仕铭几天之后在阳江县珠环找到了广东人民抗日解放军。

李宗望被捕后，陈启钊亲自审讯李宗望，用上了"钉竹签""压大扛""坐飞机"等毒刑。李宗望被折磨得一次又一次昏死过去，被冷水一次又一次泼醒过来，但始终紧守党的秘密。4 月 26 日，被杀害于春城东郊。其时，李宗望被酷刑折磨得骨折身残不能走动，由国民党兵架着游街示众。李宗望昂首怒视，沿途高呼革命口号，英勇赴义。

2 月下旬，广东人民抗日解放军进入阳春县东北边缘的茶园乡，击退国民党茶园乡联防队，部队进行短暂休整，司令部决定筹建第六团，任命霍文为团长，黄云为政委，并以司令部警卫连（雄狮队）为基础，在阳春继续发展队伍。霍文因在蕉山战斗负伤未能归队，筹建工作由黄云负责。六团在阳春对群众开展宣传工作，张贴了第一份安民《布告》，《布告》落款是"广东人民抗日解放军第六团团长霍文、政委黄昌熺①"。

3月13日，广东人民抗日解放军进入阳江县东北部的大八乡，派一团和司令部警卫连攻打大八圩国民党顽固派据点，没能攻下。抗日解放军撤离大八，经珠环、太洞进入阳春轮水、先农。在龙门上双的郑宏璋接到交通员送来的情报，连夜赶回先农乡，向广东人民抗日解放军司令部代司令员谢立全、政委罗范群、政治部主任刘田夫汇报两阳党组织筹建抗日人民武装情况和国民党方面情况。

根据地下党的情报，国民党顽固派一五八师远在百里外的新兴县，阳春县城只有一个自卫中队，于是司令部决定3月16日夜袭阳春城。

陈启钊已经接获抗日解放军进入阳春县的消息，暗中调动各区联防队进城，并派出一个班在先农乡雷塘村放哨警戒。

16日晚，抗日解放军尖兵部队在雷塘村东的大路上与国民党班哨遭遇，抗日解放军的向导、先农乡农民韦越被俘（后被枪杀），夜袭计划暴露。司令部分析认为：由于国民党早有准备，而且可以坚守等候新兴县的一五八师前来救援，强攻春城难度增大；即使抗日解放军攻下春城，也必须很快撤离，这样很可能导致地下党组织暴露而在日后被破坏。司令部在权衡利弊之后，当机立断，放弃原计划，将部队撤回先农乡七星岭，继续在各村庄

---

① 黄昌熺即黄云。

掩蔽。

17 日夜，陈启钊集结县自卫大队与合水（二区）、春湾（三区）、潭水（五区）的联防中队及一部分乡自卫队共 300 余人，由北而南抢占七星岭制高点，企图袭击抗日解放军；又派人到阳江县城向两阳挺进第二大队许以重金请兵开到阳春县岗尾圩，会合岗尾（六区）联防队、乡自卫队由南而北夹击抗日解放军。

18 日凌晨，驻在沙田垌村司令部的哨兵发现国民党军已占据七星岭一带的制高点，抗日解放军迅速登上沙田垌后面的山顶，但这里地势低矮，仍然处于不利位置。为了抢占制高点，谢立全立即指挥李德胜中队，从山腰绕道接近国民党军进行反击。在当地向导潘一的引领下，李德胜中队从东面沿稗子坪、长坦坑冲向山顶。抗日解放军持续进攻，终于把国民党军打下山。中队长李德胜勇猛杀敌，不幸在冲锋时胸部中弹牺牲。国民党自卫中队队长陈兆云被抗日解放军子弹打穿下巴，由其部下架着从北面山坡向县城溃退。抗日解放军追击到云灵山下马鞍山村，便撤回七星岭周围的村庄。此次战斗，毙伤国民党军 10 多人。阳春自卫队溃败的消息一传出，县城内那些本来处于惶惶不可终日的人，纷纷逃往外地。

七星岭战斗，是抗日解放军在阳春的第一次战斗。在军事上，英勇善战，击溃国民党顽固派，威震阳春，在政治上共产党、解放军的抗日主张和政策，深得群众拥护。七星岭的枪声使阳春人民知道有中国共产党领导的广东人民抗日解放军这样的革命部队，使黑暗的阳春燃起了火把，使阳春人民看到了光明和希望。

3 月 18 日，趁着七星岭战斗在当地群众中造成的政治影响，广东人民抗日解放军司令部在先农乡沙塘岗村宣布正式成立广东人民抗日解放军第六团，任命黄云为团长，郑宏璋为政委，陈国璋为政治处主任。19、20 日，司令部从雄狮队及一团抽调一批军政干部和一个机枪班、一个步兵班的老战士作骨干，加上来自两阳参军的新战士在先农乡沙塘岗、龙塘等村集结，编成六团两个连。第一连连长陈超，副连长冯锦，政治指导员邓启祥，文化教员陈枫，政治服务员陈明、邓泰威；另一个连称为团直属队（代号金星队，后改为警卫连），连长严仕铭，指导员邓学辉。司令部派参谋室代主任郭大同为六团军事指挥，梁文坚任六团政工队队长。

21日凌晨，国民党两阳挺进第二大队在阳春岗尾（六区）联防队引导下乘夜间从南向北进入先农，企图包围抗日解放军司令部驻地岗腰、梅子根村。国民党军在天亮时开入犁壁坑，企图抢占白石岭，第六团第一连据山岭险要阻击，因缺少弹药只能点射，击毙国民党军排长1人。国民党兵伏在水沟躲藏，抗日解放军战士黄畴负伤，双方成对峙态势。抗日解放军适时开展政治宣传攻势，政治部秘书长谭桂明到前沿阵地喊话，呼吁双方停止战斗，一致抗日。挺进第二大队是蔡廷锴将军旧部谭启秀组建的地方部队，被抗日解放军的政治主张和政策感动，同意停火。司令部派谭桂明与挺进第二大队代表谈判，并把抗日解放军的宣传品交给对方。双方达成口头协议，抗日解放军不进攻阳春城，挺进第二大队退回岗尾圩撤返阳江防地，抗日解放军不予追击。国民党阳春当局企图南北夹击抗日解放军的阴谋破产。

3月下旬，六团接受开辟新区、牵制敌人等任务。司令部派郭大同和郑宏璋率领第一连挺进漠南，与陈国璋、梁文坚在阳江县织篢、冲口、旧仓、桐油等地秘密组织起来蒸樟木油的30多人会合，吸收一批农民积极分子参队，组成第二连，连长陈良，副连长陈朝波，指导员姚立尹，宣传队队长梁文坚。第六团第二连遭国民党反动派的地方团队追袭，转入八甲大山仙家洞，用刀劈木开路，从上双、下双突破国民党军包围，转移回漠东山区休整。

5 月，广东人民抗日解放军司令部举办干部训练班，陈庚带六团 20 多名干部去参加学习，任干部训练班指导员，严仕铭也在干部训练班任过连长。经过学习和战斗考验，郑宏湘、郑雄、陈功、欧圣聪、钟景宏先后在部队参加中国共产党，充实了连队的骨干力量。

6 月底 7 月初，陈国璋接受司令部联络南路的任务，离开六团，带领罗杰在织篢筹备联络南路工作。

四、减租斗争与抗日根据地的建设

蟠扶乡有土地 4000 多亩，家住春城的地主约占 70%，蟠扶乡公尝、地主占 20%，农民仅占 10%。地主向农民收租所用的大秤 83 斤就等于市秤 100 斤，地主收租的大斗又比大秤更大，农民耕一斗种（约 0.8 亩）田，许多都要交双头租（一斗种每年交两担租谷），一担大斗租相当于市秤 130 多斤，最高的相当于 150 多斤，农民耕地主的田地，除了交双头大斗租之外，还要将租谷送到地主家里，农民在高租重债下生活十分贫困。

1943 年，党组织由严仕铭出面，发动蟠龙各村农民向地主进行大斗改市斗交租的减租斗争。严仕铭以副乡长的身份与乡长陈国福和保长薛继谋等商定，利用国民党政府推行度量衡改革的时机，以乡公所的名义，向广东省政府提出书面申请，要求按省政府度量衡改革的法令，一律改用市斗（秤）交收租谷。结果，得到国民党省政府的批准，使减租斗争取得合法依据。春城地主大为恐慌，一方面用金钱收买乡长陈国福，另一方面扬言向广东省法院告状，告蟠扶乡公所"侵犯业主利益"。陈国福受了地主重礼，不支持农民，但也不敢得罪以严仕铭为首的农民势力，对这一场农民和地主的租佃斗争，陈国福按地主的意图，从城里回到蟠龙，扬言用调解的方法解决，遭到农民的反对，就躲到城里不露面了。

严仕铭在陈华森指导下，号召农民坚决以市斗交租，并取消送租谷到地主家的规例，联络积极分子，发动农民互相鼓励，互相监督，与地主抗争到底。农民准备和地主打官司，推选钟廷均、陈聘余、陈超谏、梁运永、吕恩 5 人为代表，随时出席法庭与地主论理。曾佩周让刘传教要求严仕铭带头交租，并劝说农民不要闹事，严仕铭以众怒难犯为由，婉言拒绝。春城地主梁荣勋带两名武装警察到蟠扶乡公所坐镇催租，农民没有理会，梁荣勋就让警察把佃户梁昌培抓来，企图送官处理。梁昌培被警察抓走后，严仕铭派人通报各村，各村农民立即鸣锣聚众，200 多人聚集在塘薄垌桥头拦路包围梁荣勋，异口同声斥责地主不遵守政府法令，反而恃势捉人，非释放梁昌培不可。梁荣勋招架不住，狼狈不堪，让两个警察赶快收回匣子枪，放了梁昌培。两个轿夫都是龙颈村农民，见人多势众，群情激愤，胆子也大起来，不给地主抬轿了。梁荣勋威风扫地，灰溜溜步行回城。

从此，春城地主再也不敢用大斗收租，而且废除了将租谷送到地主家的规例。地主的租谷如要农民运送，运费由地主负担。

蟠龙农民取得大斗改市斗交租斗争的胜利后，阳春分委负责人郑宏璋决定利用国民参政会通过实行二五减租的条文，在有党员的山区各村发动二五减租斗争。

秋收后，先农乡长寨、三岗山、龙塘、土地面、板桥岭、山口、鸭寮岗、那魁、善田、鹤垌、围仔、平山坡、沙塘岗等村农民，向来催收租谷的地主申明，按政府二五减租法令的规定交租。先农乡副乡长郑宏璋、周道庄做农民的后盾，组织起 40 人的武装壮丁队，保护减租农民向地主开展减租斗争。岗尾乡地主李竹秋、叶德标和春城大地主游君寿等到先农乡各村收租，不允许农民减租，农民理直气壮地说："国民政府都提倡二五减租，难道你敢不执行?"地主见有乡公所和壮丁队为佃户撑腰,只好同意减租,有多少收多少。

蟠龙农民由大斗改市斗交租,进一步实行二五减租,交租额已降到原租约的四五成。阳春北部的平坦乡瓦盎、大洞水、咸虾岭、计石、那软等山村和那乌乡的马狮田等山村,漠南地区金旦乡的金堡各村庄,也在 1944 年分别由党员发动农民对地主实行二五减租。

阳春党组织领导农民开展减租斗争,为建立抗日根据地打下了良好的群众基础。

广东人民抗日解放军挺进两阳,在所到的地方开辟了不少游击活动区,漠东游击区有茶园、大小河、那乌、平坦、南在、蟠扶、先农、岗尾、轮溪、新圩等乡;漠南游击区有金旦、石门、潭簕等乡。

——先农乡根据地。先农乡根据地主要村庄有白坟、沙田垌、围仔、长寨、三岗山、龙塘、土地面、板桥岭、善田、鹤垌、鸭寮岗、山口、沙塘岗、那魁、大坑、平山坡等。这些村庄农民经过二五减租斗争,组织了壮丁队。组建六团的时候,大部分党员和一部分青年壮丁队员参加了第一连。那魁郑波嫂家、鹤垌陈计有嫂(李连英)家、三岗山黄其邦母亲家、七星岭大坑潘一家、善田韦坚家是重要的堡垒户和交通联络点。抗日解放军来到先农,各村党员、壮丁队员收集大米、菜蔬,妥善安排抗日解放军的食宿,帮洗晒衣服。刘田夫在蕉山战斗时腿部负伤来到先农,在三岗山村黄其邦母亲家治疗,黄母为刘田夫采药敷伤,发现情况迅速把刘田夫转移到篱竹山掩蔽。经过一个月时间的治疗,刘田夫伤愈归队。

——蟠龙根据地。蟠龙根据地主要村庄有新寨、黄京社、刘屋咀、大滑、观音山、鹊垌、白坟、龙颈、沉冲、旱坪、大坪、大寨（包括门楼坡、川巷、军屯）、黄塘、朗仔、岗坳，还有上洒、下塘坪、发王坪（这3条村现属阳东县大八镇）及阳江县的牛角洞、大朗、矛峒、木头峒。这些村庄经过减租斗争，建立了壮丁队。严仕铭带领积极分子18人参加六团直属队，党组织派严仕铭之弟严仕郁回新寨建立交通站。黄云出资白银100元（时值2000斤稻谷），安排黄京社农民黄金水到下塘坪搭建茅寮，又从阳江县边境招来两户农民共同居住，建立交通站，一直坚持到阳春解放。党组织又安排白坟村农民李传彬在蟠龙南山白鸠冲垦荒种田，李传彬居住的山寮屋成为部队交通员从蟠龙通往扶民、轮溪、先农的交通联络点。黄京社村钟廷均家，新寨严仕郁家，刘屋咀欧念钊家、欧念钦家、欧基胜家，大滑顾德才家，观音山梁运全家，鹊峒梁二姆家，发王坪梁浓家，上洒岑伙生家，大朗李宗茂家，黄塘吕绍恩家，稔峒陈逢昌家，都是坚强的堡垒户和交通联络点。根据地各村庄都接待过广东人民抗日解放军食宿，其中接待一个排以上的有大朗、发王坪、上洒、下塘坪、大滑、岗坳、桑树、木头峒等。观音山、下塘坪的医疗站使许多抗日解放军伤病员康复归队。

——轮溪乡根据地。轮溪乡根据地有田寮、上洒和屋面塘、棠梨根等村庄。田寮、上洒两村，有50户275人。广东人民抗日解放军400多人到田寮村时，黄选盛的遗孀黄五婶、侄儿黄士青宰了家中的两头大猪（400斤肉）接待抗日解放军，把黄选盛收藏下来的两支驳壳枪和经费银元200元交给部队领导。田寮、上洒两村农民把祖尝和地主的租谷2万多斤送给部队作军粮。六团在上洒村设立交通站，负责往春城、先农和恩平县塘底、清湾的交通联络工作，黄其邦、林木、许旺先后担任交通站站长。

屋面塘、棠梨根两村有113户448人。朱尚绚、朱存等领导农民实行二五减租，组织壮丁队。广东人民抗日解放军来到阳春，朱尚绚带领朱侵、朱尚普、朱秋、朱采、朱木水、朱尚敏、许杏堂、许昉等10余人参加六团。两村农民把公尝、地主租谷4万多斤送给部队作军粮，还供给了大批军需物资。部队离开后，两村设立秘密交通站，负责与先农、蟠龙、上洒等地交通站联系。

——瓦盉、大洞水根据地。平坦乡东部山区与恩平县的大田、埚底、岑洞、清湾等抗日根据地相邻。1944年秋，陈明、黎宗权（平坦乡陂朗村人）、柯圣华（平坦乡石盘寨人）进入瓦盉、那软、大洞水、计石、咸虾岭等山村宣传抗日，发动农民进行减租减息斗争。国民党先后派兵进入瓦盉、大洞水等村庄捉壮丁，被瓦盉村李学吉、李宗恒带领的民兵壮丁队10余人和大洞水村盘七、梁水带领的民兵巡逻队28人包围，国民党兵被迫释放了所捉壮丁10余人，从此不敢再入山村捉壮丁，地主也不敢入山收租。广东人民抗日解放军派马健任平坦乡东部山区交通站站长，瓦盉、那软、大洞水、计石、咸虾岭都设了农民交通联络员，计石村土医生梁明初、咸虾岭土医生郭少文是交通联络员，他们的家还成为伤病员医疗站。上述5条山村人口600余人，筹粮1.47万斤（7.35吨）送给部队。

——马狮田根据地。那乌乡东部山区马狮田及墩顶、黄茅朗、沙仔塘等村，共有70多户350人。1941年，黄云曾派学生到各村宣传抗日。1944年秋，黎宗权、柯圣华也来此宣传抗日。1945年春，广东人民抗日解放军第四团派成振东到那乌活动。1945年4月，六团直属队指导员邓学辉、政治服务员范林到马狮田等村做民运工作，先后吸收农民郭一、李廷等参加中国共产党，建立党组织，组织农会，实行二五减租。马健在墩顶成立交通站，以郭一为站长负责春北游击区的交通联络工作。马狮田成为党在春北地区的主要革命根据地。

——金堡根据地。金堡，地处阳春西南边陲，南面与阳江的程村、横山、黄什相连；西面有云雾山脉的支脉桐油大山和梨坪大山，与龙门（石门乡公所所在圩镇）相邻；东面是双捷，隔漠阳江可与东山遥相呼应，互相支持；北面是河口，此地回旋余地大，筹集粮食、经费和枪支弹药等有能力承担。由于地处两阳边界，国民党的统治比较薄弱，阶级矛盾尖锐，对发动群众开展革命运动，组织武装斗争，建立革命根据地较为有利。中共中区特委委员周天行等分析了当时形势，决定从横山抽调廖绍琏回金堡开展党的组织工作。

1942 年 1 月，中共横山小学支部委员廖绍琏回家乡阳春县金且乡金堡工作。廖绍琏准备开展工作的时候，他的大儿子廖正缤病逝。中区特委委员周天行到阳江调查研究，鼓励廖绍琏努力工作。

民国初年，阳春土匪、军阀猖獗，南路八属联军团长邹鉴波杀害了廖绍琏的父亲，廖绍琏随母亲逃难到阳江城。1942 年，廖绍琏回乡的时候，邹鉴波已死，邹鉴波的儿子邹家颐、邹家顺把持金堡地盘，廖绍琏主动登门探访邹家颐、邹家顺，促使邹家兄弟为地方办好事，团结抗日。廖绍琏还对金堡、河口一带掌管着祠堂公尝的地主、豪绅以及比较开明的人士做统战工作，如鸡头咀的邹东林，石仔岭的廖正梅、廖承智，蒲芦颈的张耀文，大塘的黎道高、黎道桐，潭簕的郑英淞等。邹家颐等人同意在各姓祠堂公尝中拨出一批租谷作为办学基金，在盘皇庙侧扩建金堡小学。金堡小学由初级小学扩大为完全小学，廖绍琏任校长，后来成为两阳边境金横地区党的秘密基地。

1942 年 7 月，中共恩阳特派员周天行从阳江县调党员廖正纪、庞瑞芳回家乡金堡小学当教师，至此，金堡小学已有 3 名党员。8 月，中共金堡支部成立，廖绍琏为书记。金堡党支部根据本地情况，确定主要任务是做好教学工作，在群众中树立威信。

通过对学生家访联系当地群众，教学生唱抗日救亡歌曲，传播爱国主义思想和革命道理。

金堡地区是一个贫困山区，由于地霸豪绅和高利贷者对贫苦群众剥削严重，因此在每年青黄不接的三、四月期间，贫苦农民常常断炊。农民无论如何辛勤劳动，都是白白地替地主和高利贷者劳碌。1942 年秋，金堡地下党组织动员农民成立秘密农会，会员约有 100 人。在党组织的领导下，农民抗缴沉重的田租，万众一心，以歉收、贫困，缴纳不起重租、重息等名正言顺的理由进行反抗，或拖租拖息，或有欠无还。农会组织起来后，地下党通过农会以互助互济方式组织建立扶贫合作社，原则是自愿参加，共享福利，以自己的力量抗拒地主恶霸、高利贷者的严重剥削。抗日战争期间，田园凋敝，物价飞涨，群众生活艰难，小偷盗贼增多，闹得社会不得安宁。1942 年冬，为了维护社会治安、保障人民生命财产安全，党组织领导群众起来自卫，在金堡圩、大塘、木头坡、肖背迳、茅蓬、东坑、蓆草塘等村庄组织治安巡逻队，共有 60 人，枪 27 支。

1942 年 12 月，因"粤北省委事件"影响，中共金堡支部停止了组织活动，但党员继续进行抗日救亡工作。

廖绍琏创办金堡小学树立了威信，又提议在肖背迳村廖姓百子公尝中拨出租谷作为基金，在肖背迳村建了一所分校（初级小学），并推动蒲芦颈村张耀文、大塘村黎道高各自在本村开办保国民学校。学校扩充后，廖绍琏聘任共产党员和进步人士任教师。廖绍琏在家乡办学成绩卓著，在 1944 年阳春县参议会选举中被选为县参议员，任参议会秘书。

1945 年 3 月底，六团挺进漠南。1945 年夏，六团政委郑宏璋率领六团到金堡活动，在大塘、木头坡、肖背迳、鹤寨建立了交通站，广大群众对共产党和解放军有了初步认识，大塘、肖背迳等村有不少青年参加了六团，走上革命道路。

4月，曾国棠（曾传谈）在新兴蕉山战斗后由党组织安排到金堡大塘小学任教师作掩护，负责春南地区的岗尾、潭籁、河口、金堡的党组织工作，发展该校教师曾传荣和当地农民黎新芹参加中国共产党。曾国棠还到金堡、木头坡、肖背迳等地活动。

暑假期间，中共两阳工委宣传部长伍伯坚（负责阳春地下党工作）到金堡、龙门等地考察，认为该地区地处两阳边界，国民党的统治比较薄弱，且有党的组织，有一定群众基础，是建立游击根据地开展武装斗争的好地方，因而布置金堡党支部做好武装斗争的准备工作。

五、开展武装斗争，打击国民党顽固派以及清除匪患

——夜袭春湾镇。广东人民抗日解放军成立后，主力部队立即向日、伪军和国民党顽固派军队出击。为发展壮大部队，扩展两阳游击活动区，进入阳春县后成立第六团，抗日武装不断壮大。

广东人民抗日解放军司令部及一团、六团在两阳地区活动了两个多月，群众对部队的政策已有较多了解，部队与地方党组织有了联系，情报工作逐步建立进来。部队对漠阳江沿岸各镇进行侦察，掌握了情况。1945年4月下旬，司令部在恩平岑洞开会研究，决定调集兵力把阳春境内（除县城外）漠阳江沿岸各反动区政府所在圩镇全部攻下来，打击国民党顽固派气焰，同时开仓济贫，发动群众，解决部队给养。首战选定春湾。

春湾镇是阳春北部漠阳江北段最大的圩镇，是广州沦陷后海盐沿漠阳江北运西江转往粤北和广西的主要通道，商业比较繁荣。阳春县第三区区署驻于春湾镇，国民党广东省银行办事处设在春湾镇。六团民运干部在那乌乡做群众工作。当过"捞家"的保长莫廷庸想靠抗日解放军的力量发横财，向民运干部提供了一个重

要情报——春湾银行刚运到大批关金券，准备兑换附近各县已经大为贬值的法币。抗日解放军派侦察参谋马敬荣和侦察员对春湾镇进行侦察，绘制了地形图：春湾镇有丁字形两条街道，区署联防中队在南北向的永庆路南端，警察署在北段，春湾银行在中段的云岩茶楼对面；税警队在东西向通漠阳江边的石龙路西段。国民党顽固派总兵力约 70 人枪。司令部参谋室代主任郭大同又化装入春湾镇，以茶客身份登上云岩茶楼观察春湾银行的设施和守备情况。司令部认为国民党顽固派一五八师仍在新兴县，抗日解放军速战速决夜袭春湾镇，新兴、春城的国民党顽固派不能及时增援。决定出动兵力：第一团 3 个连，第六团 1 个半连，第四团 2 个连，第五团 1 个连（负责运输），共 700 余人，由代司令员谢立全指挥，定于 4 月 25 日拂晓进攻。

4 月 24 日，部队在恩平县岑峒集结出发，到达那乌乡东部的马狮田各村庄，民运干部发动马狮田根据地农民做好晚饭，饭后稍作休息，乘黑夜向春湾镇进发，沿途控制了乡、保人员，关好家犬防止吠叫惊扰，悄然在子夜时分到达春湾镇南边的小峒石公路，指挥部设在公路边，并在通往县城的废弃公路及通向新兴县城方向的山头上分别设下警戒哨。部队各就各位之后，谢立全发出攻击号令，照明弹悬挂夜空，进攻部队兵分三路，迅速冲进春湾镇。

主攻部队从南边公路冲入区署，从窗口向联防中队宿舍投掷手榴弹。联防中队除机枪手数人从屋顶逃跑外，巡官陆兆祖及余下人员全部被俘。北路进攻部队攻入警察署，除部分敌人弃枪逃往东面石山外，其余全部被俘。西路部队迂回较远，春湾税警听见别处的枪声，赶紧渡江向西逃上鸡公山。凌晨，当运载食盐的船只到达石龙码头时，4 名随船盐务警察被当场缴械。

此仗大获全胜，俘国民党顽固派 30 余人，击毙 3 人，缴获长短枪 50 余支及弹药一批，抗日解放军一名排长在进攻区署大门时负重伤。小分队在解决 4 名银行警察之后，打开金库密室，缴获关金券 400 包共 5700 多万元，还有港币 58 万元以及法币和金银首饰一批。包括粮食在内的战利品很多，五团木星连和根据地农民 200 人用担子挑也挑不完，战士们用事先准备好的随身空粮袋，塞满钞票挂在自己身上，带回根据地上缴。

战斗结束后，司令部给在阳春的所有指战员补发了 3 个月津贴，给在新（会）、高（明）、鹤（山）的第二团、第三团拨发了款项，给驻地的地方党组织拨发了经费。按中共广东省委的指示，上调了一笔现金供省委代表前往罗定县与李济深协商共组"华南抗日民主联军"之用。部队转移回到恩阳边区根据地时，还发放了一批现金给贫苦农民度春荒。

夜袭春湾镇意义重大，在军事上打击了国民党顽固派，在政治上扩大了共产党和解放军在阳春的威望，在经济上解决了部队进驻恩阳边境山区的严重困难。

——攻打岗尾圩、合水圩和古良税捐处。4 月下旬，六团第一、第二连在先农乡集结，侦察到岗尾圩第六区区署只有一个联防中队和岗尾乡自卫队，共约 50 人。28 日，郭大同和郑宏璋率领六团两个连 100 多人，同时发动先农、轮溪两乡根据地群众数百人，攻打岗尾圩第六区区署，联防中队逃到漠阳江西岸河政朗村。六团打开凉水井谷仓，分粮 1000 多担给群众度荒，其余部分作为军粮存放在群众家里。六团领导还到凉水井村，对李宗望遗属进行慰问和给予经济抚恤。

春湾镇战斗之后，代司令员谢立全指挥的一团两个连和六团团长黄云带领的六团部分战士共 200 余人，移驻于合水圩东面平坦乡的瓦盎、大洞水等山村。六团派陈明到平坦乡陂朗村和石盘寨村与黎宗权、柯圣华联系，发动黎宗权的亲兄平坦乡乡长黎宗源准备率领乡兵起义，发动农民积极分子参加部队。

5 月 4 日，部队分别从瓦盎、大垌水出发攻打第二区区署所在地合水圩。合水圩只有联防中队和平坦乡、南在乡自卫队共 50 人。由于抗日解放军在春湾一役声威远扬，致使合水圩的联防中队和平坦乡、南在乡自卫队不敢抵抗，狼狈向南逃窜。抗日解放军入圩之后，一面派宣传队向群众宣传抗日解放军宗旨和政策，一面打开合水圩南面的粮仓，分发 1000 多担稻谷给当地群众度荒，其余稻谷由随军行动的根据地农民迅速挑往东部根据地。下午，阳春县自卫中队 200 多人赶到合水圩南边时，抗日解放军后卫部队已登上合水圩东边的大金星岭，掩护群众有秩序地撤退。10 日，黎宗权、黎宗源兄弟率领平坦乡的乡兵、农民积极分子起义参加六团，编成一个加强排，归属警卫连。

古良地处阳春与阳江交界的漠阳江西岸山坡，国民党阳春县政府历来在古良设立税捐处，有 10 余人枪，向来往商船、竹木排筏收税。5 月 6 日凌晨 3 时，六团派出小分队 10 多人，夜袭税捐处，俘虏全部税警，缴获全部枪支税款。

广东人民抗日解放军攻下合水圩开仓分粮后，回到恩平县边境的清湾乡。六团三个连队进行整编，原警卫连改为第一连，原第一连改为第二连，原第二连改为第三连。

国共合作、全民族团结一致抗日，是当时全中国的民心所向。然而，国民党顽固派却打着"攘外必先安内"的旗号，处心积虑要消灭共产党。因此，抗日解放军常常无法正面对付外敌，却要时时侧身应付民族内部的种种阴谋。

广东人民抗日解放军在漠阳江沿岸连续攻下春湾、岗尾、合水、古良等处之后，阳春群众受到很大鼓舞。国民党顽固派既恐惧又恼怒，于是派兵进驻春湾镇和阳春城，纠合各区联防中队，到漠阳江东部山区进行"扫荡"，并逮捕镇压分了仓谷的群众。

5 月27 日，国民党广东省政府电令陈启钌，贴出布告悬赏通缉六团的阳春籍共产党员、战士，迫害其家属，封屋抄家，没收田地契据及家财。悬出赏格为：黄云 10 万元，郑宏璋、朱尚绚各 5 万元，陈明、关尤励、郑宏湘、郑雄、周道泽、黄其邦、邓泰升、陈庚、陈功、严仕铭、鲁焰各 3 万元，朱存、朱秋、朱普各 1 万元。这个布告还刊登在《阳春日报》上。所谓赏金，要全部由被通缉者家属支付。黄云在春城西门街的房屋被钉封，田地、房产契据被没收，两个母亲被赶出家门，转移到亲友家中；黄云已经几年没见面的生母杨卓生被迫迁居广州，再也没回过阳春。郑宏璋在先农乡白坟村的房屋被捣毁，家属逃进山林。家住在春城的被悬赏通缉党员，家家处境悲惨：鲁焰大哥鲁延兰被捕，鲁家被查抄家财，出卖田地，仍凑不足 3 万元赏金，又捕捉其堂大嫂，查封米店勒索财物，母亲和大嫂张泽群都因重病无钱医治而死去，鲁延兰出狱后被迫卖掉女儿逃难到三埠（今开平市）。关尤励大哥游乃光被捕，被强迫追索赏金 3 万元，只得出卖田地交款。陈庚、陈明的长兄也被捕捉追索赏金。

国民党顽固派"进剿"先农乡根据地，查抄六团一连司务长邓泰升在沙田垌村的房屋家财，妻子及两个幼儿被抓入县城监狱，两个幼儿惨死狱中。邓泰升闻讯，激愤地写下革命诗句："革命英雄志气周，五湖四海可遨游。埋身何用家乡地，马列功成志愿酬。忠心立志为人民，舍掉家庭当点尘。何惜妻财儿女丧，唯存革命乐终身。"国民党顽固派到鹤垌村抄了六团战士陈功的家财，把陈功的年轻妻子抓去，陈妻背着 8 个月大的女儿被押到白坟村郑宏璋家门前示众两天之后，再押往春城监狱。国民党顽固派还抄了善田村六团战士韦越的家，"进剿"轮溪乡屋面塘村，把六团参谋朱尚绚的房屋捣毁，家财耕牛被劫掠一空，朱存、朱秋、朱普等人的家均被抄没，又深入蟠龙山区抢走严仕铭家一头牛，并钉封房屋。群众对国民党顽固派蟠扶乡乡长陈国福转达六团团长黄云的口头警告："你敢封严仕铭的屋，你在扶民的家也跑不了，搏（拼）了你算了。"陈国福吓得立即写给 8 个字回条："容而不通，避而不抗。"国民党军出山之后，严仕铭家属回新寨打开钉门木条继续居住生活。国民党顽固派军队到大滑村"扫荡"，揭了六团战士张致钿家的屋瓦，要群众指认张致钿家的牛，群众不肯，国民党军就拉走了全村 14 头耕牛，乡公所人员害怕抗日解放军和群众，后来把耕牛全部发还给村民。国民党军烧毁了发王坪村全村的房子，国民党军撤走后，周围几条村的群众帮助发王坪村农民在上洒村重建家园。国民党顽固派凶残迫害抗日解放军家属和镇压群众，反而使根据地人民更加拥护共产党和抗日解放军，六团指战员更加坚定了革命意志。蟠扶乡乡长陈国福害怕共产党、抗日解放军和根据地群众的威力，被迫辞去乡长职务。

——区别对待土匪，保护群众利益。恩阳边境山区地势险峻，人民生活穷困，历史上多是土匪活动的老巢。当时，主要有"大牛车"、刘国藩、黄文郁三股土匪。这些土匪虽然手中都有枪械，但其行为却各有不同。抗日解放军部队要在山区开展游击战，如何处理与这些土匪的关系，是不可忽视的问题。

抗日解放军在进入两阳边境前，地方党组织的领导与这三股土匪有过一些接触，土匪知道抗日解放军实力比国民党军强，都想和抗日解放军拉上关系。为了避免树敌太多，又不模糊人民军队的性质，司令部决定对这三股土匪采取不同的应对策略。

对黄文郁联而不合。阳江县"大八、珠环"的黄文郁一股土匪有50 余人，都是一些出身贫苦的农民，不少人年纪偏大。虽有过偷抢行为，但已"金盆洗手"多年，又与国民党当局有矛盾，黄文郁曾经表示过加入抗日解放军的愿望。

在抗日解放军攻打阳江大八圩时，黄文郁动员乡人与抗日解放军一起战斗，当抗日解放军撤离大八圩时，又跟着抗日解放军部队转移到阳春，有拥护共产党领导、服从抗日解放军部队纪律的表现。对这支队伍，抗日解放军采取争取、教育的方法，动员年纪大的回家务农，其余的允许跟随部队行动，但不正式编入六团连队。

坚决镇压"大牛车"。俗称"大牛车""开花木"等五个头目所率领的一股土匪，常在恩平县清湾一带抢掠，是一股比较凶狠的惯匪，在群众中印象很坏。六团曾派严仕铭去劝说这股土匪改邪归正，但这股土匪不听招呼，甚至多次打着抗日解放军的旗号抢夺群众的耕牛、财物，抗日解放军屡屡警告，这股土匪仍不思悔改。抗日解放军司令部决定镇压匪首，教育、遣散匪众。

六团又派严仕铭独自前往这股土匪驻地，以会谈为由，骗五匪首到抗日解放军司令部。五人到达后，即被逮捕。而留在匪巢做人质的严仕铭则机智地设计离开，安全归队。

抗日解放军司令部在清湾乡召开群众公审大会，公布"大牛车"等五匪首罪状，判处五匪首死刑，立即枪决；其余匪众在缴械、教育后遣散回家。大会之后，将土匪抢劫来的耕牛、财物发还给原主人。这样一来，人心大快，群众更加拥护共产党、拥护抗日解放军。

不联不打刘国藩。刘国藩一股土匪经常活动于阳春岗尾、河口至阳江一带。抗日解放军部队到田寮村时，刘国藩曾派人前来联系。

刘国藩等虽然对抗日解放军暂无敌意表现，但曾经武装走私钨砂供应给在阳江南鹏岛的日本人。抗日解放军决定暂不联不打，继续观察掌握刘国藩动向。在抗日解放军处决"大牛车"五匪首后，刘国藩这股土匪受到很大震动，部分人溃散，部分人跟着刘国藩投靠了国民党。

六、伏击日军，庆祝抗战胜利

1945 年 7 月，广东人民抗日解放军司令部根据形势发展的需要，决定以六团第二、第三连为基础，调进部分人员，扩编为"广东人民抗日解放军独立团"，团长黎明，副团长李龙英，政委郑宏璋，副政委兼政治处主任赵荣。独立团成立后，从漠东山区出发前往漠南地区，拟在漠南地区建成敌后抗日根据地。在前进途中，沿路宣传广东人民抗日解放军的宗旨和政策，扩大政治影响，动员各界人士共同抗日，并以广东人民抗日解放军独立团名义张贴布告，散发传单。

7 月 14 日（农历六月初六），大批日军沿广湛公路向广州撤退，经电白进入阳江境内。独立团奉司令部命令奔赴织贲选择有利地形截击日军。当独立团到达织贲时，日军已经过境向阳江城开进，独立团便留在漠南，宣传发动群众。日军开进阳江城后，国民党阳江县政府、正规军一五六师及地方团队，不战而逃离阳江城，任由日本侵略军屠杀阳江人民和抢掠财物。史称"六六事变"。

日军蹂躏阳江后，广东人民抗日解放军判断日军必途经恩平，于是派出队伍，到广湛公路恩平段，伺机伏击日军。17 日，谢立全率领抗日解放军一团、六团第一连及干训班，在距恩平县大槐顶公路边 50 米的小山丛林埋伏待敌。17 日中午，日军约 3000 人沿公路向江会地区行进。抗日解放军让其先头部队通过，对殿后运输队 300 余人猛烈开火。抗日解放军居高临下发挥火力优势，狠狠打击日军。日军用大炮、枪榴弹轰击抗日解放军阵地。战斗 40 多分钟，击毙日军数十人，伤敌一批，缴获军用物资一批，抗日解放军负伤数人。

在此期间，日军入侵时未放一枪一弹的国民党阳江县三区联防队、乡兵等反动团队 300 多人，企图袭击独立团。三区区长范忠向各乡下达密令，要在南洞包围独立团。该密令被冲口地下党截获，及时送到独立团。独立团接到情报，立即在佛子岭、羊坑一带树林埋伏，击毙进入伏击区的联防队班长一人和士兵数人，范忠被打得惊慌坠马，狼狈而逃。独立团乘胜追击，把联防队赶到蒲牌才收队。

8月，独立团驻在新圩陂底，又遭国民党一五六师一部600余人攻击。独立团抢占山头有利地形进行还击，从黄昏激战至黑夜，国民党军进攻未得逞，只好连夜撤走。翌日，独立团转移到仙家洞，部队在仙霞庙中住宿。次日一早，政治处派政工队下山活动。第一，打听八甲方面的情况；第二，向群众宣传，为日后开发八甲新区打基础；第三，炊事班随队下山采购食物，同时派一个武装班作护卫。中午，独立团遭八甲保警中队袭击，各路指战员边战边退，最后安全撤回。

同月，广东人民抗日解放军奉中共广东区委命令，执行中共中央战略决策，赶赴粤北迎接从延安南下的八路军三五九旅王震部队，创建五岭根据地。出发前，部队进行整编整训，司令部将广东人民抗日解放军6个团合并为3个团，其中六团（包括独立团）和原一团合并为一团，并拨一部分队伍到高鹤第三团，原六团团长黄云担任一团副政委兼政治处主任。部队整编后开始正规的军事训练。

8月15日，日本宣布无条件投降。9月2日，日本国正式签署投降书。9月20日夜晚，经学生支部发动，各所学校学生高举火炬，与春城各界群众一起举行抗战胜利大游行。

在八年的全面抗日战争中，中共阳春地方组织坚决贯彻执行中共中央全面抗战路线和各项方针政策，从阳春实际出发，积极开展抗日救亡群众运动和抗日武装斗争，坚决打击日本侵略者和国民党顽军，为夺取抗日战争的胜利作出了积极贡献，为以后的人民解放战争积蓄了革命力量。

第三章

阳春的革命根据地发展壮大

（1945 年 8 月—1949 年 10 月）

第一节 分散隐蔽和自卫斗争

一、塥底战斗与分散隐蔽

1945年8月，日本宣布投降，抗日战争取得伟大胜利。中国人民热切渴望实现和平民主，休养生息，重建家园。

抗日战争刚胜利，国民党当局即矢口否认广东有共产党领导的部队存在，以"剿匪"为名，公开向人民武装发动大规模的军事进攻。广东内战一触即发，形势十分严峻，广东党组织面临着严峻的考验。

中共中央密切关注着广东党组织和人民武装的情况，指示中共广东区委必须坚持一个时期的艰苦斗争。遵照中共中央的指示精神，中共广东区委于9月16日作出坚持长期斗争的工作部署，决定一方面坚持斗争，保存武装力量，保存党的干部；另一方面作长期打算，准备将来开展合法的民主斗争。并将工作部署报告中央。9月19日，中共中央复电，同意中共广东区委的工作部署，同时指出：为要隐蔽，必须以连排为单位分散行动，依靠群众、地形、党的基础、统一战线，利用国民党内部的矛盾，采取合法与隐蔽相结合的斗争手段，是能够存在和发展的。20日，中共广东区委正式向各地党组织发出《对广东长期坚持斗争的工作布置》的指示，为了击溃国民党的"扫荡"，在敌强我弱的形势下，必须采取分散坚持、保存干部、武装自卫的方针。

9 月上旬，广东人民抗日解放军司令部接到国民党广东省第一行政区发出的信函，邀请广东人民抗日解放军派代表谈判。国民党广东省第一行政区保安司令部派参谋雷焜灼为代表，广东人民抗日解放军司令部以郑锦波为代表，带领随员黄平、关海、黄云到恩平县郁文中学谈判驻地问题。雷焜灼蛮横无理提出要解放军离开恩平县墈底，放弃武装斗争，听候国民党军收编。解放军代表据理驳斥，声明解放军是广东人民抗日的队伍，是粤中人民的子弟兵，服从中共中央军委的领导，粤中理所当然是解放军的驻防地方。并向雷焜灼提出：国民党驻城市，解放军驻乡村。谈判没有结果。国民党当局借谈判为烟幕，其实是加紧集结优势兵力，企图把广东人民抗日解放军歼灭于墈底山区。

广东人民抗日解放军遵照广东区委的指示，北上迎接王震、王首道率领的南下部队。9 月中旬，广东人民抗日解放军由罗范群、谢立全、刘田夫等率领，从恩平县出发，向粤北挺进。下旬至高明县境，接到中共广东区委通知，南下部队北返，广东人民抗日解放军于是停止开往粤北，仍返回恩平墈底继续整训。

10 月 10 日，中区特委和部队司令部召开部队团级、地方党组织县级以上领导干部会议，又称墈底会议。会议内容主要有：第一，政治部主任刘田夫传达中共广东区委《对广东长期坚持斗争的工作布置》的精神；第二，政委罗范群作《挺进一年来本区工作总结》，代司令员谢立全作《挺进六邑一年的军事总结》，讨论下一步的工作；第三，按照中共广东区委关于"在有部队活动的地区，实行军政党统一领导"的要求，决定将粤中人民解放军领导机关与中区特委两个领导机构合二为一，组建为新的中共中区临时特别委员会（简称"中区临时特委"），统一领导粤中全区党的组织和人民武装，以加强对国民党斗争的组织领导和统一指挥。会议选举产生了中区临时特委成员：书记罗范群（兼部队政委），副书记刘田夫（兼部队政治部主任）、谢创（兼组织部长）、委员谢立全（兼部队代司令员）、周天行（兼宣传部长）、唐章。会议决定：领导中心转移到城市、平原和交通要道，部分领导干部和工作人员转移到城市。按照中共广东区委关于"坚持斗争，保存武装，保存干部，长期打算，准备将来开展合法的民主斗争"的指示，转变斗争方式，实行分散隐蔽；将部分干部、战士转移复员，留下少数干部、战士以班、排为单位进行分散隐蔽，坚持自卫为主，暂时停止公开武装斗争。

10月22日，国民党第六十四军一五六师师长刘镇湘纠集该师四六七团、四六八团和省保警第八大队及恩平、阳江、阳春、开平等县的反共团队共3000余人，采取"网形合围"的战术，分六路包围塌底，袭击广东人民抗日解放军。其时，驻扎在塌底的中区部队有800多人。解放军司令部发现国民党军占领制高点实施包围的时候，谢立全立即命令各个部队登上驻地后面的观音尖山峰，抢先占领阵地，司令部退到教子山村指挥作战，打退国民党军多次凶猛进攻。战斗到天黑以后八九点钟，司令部召开会议，决定分四路转移：一路返新高鹤边区，一路返台山，一路是司令部、政治部机关向云浮县方向撤退，一路是阳春县的部队转至两阳边界活动。部队分别由熟识山坑小路的当地群众带路，突出了包围圈。塌底战斗共击毙击伤国民党军队排长以下100余人，解放军伤亡连级以下37人，失散、被俘30多人，另有群众9人被捕遇害。原六团连长陈良、排长陈朝积、班长苏成富等6人，为掩护主力突围，英勇牺牲。

10月24日，部队突围后，司令部率领主力转移到新兴县河连乡大竹楼村，中区临时特委继续召开县、团级干部会议，决定各地部队立即回原活动地区，以小股分散隐蔽的形式活动，在当地没有暴露身份的指战员返家隐蔽。中区临时特委设立两套领导机构，由罗范群、刘田夫、谢创组成一套班子，到三埠建立中区临时特委的领导机关，负责全面领导，并着重开展城市、平原和交通要道的工作；由谢立全、周天行、唐章组成另一套班子，撤往云浮县都骑唐章家乡一带，建立中区临时特委办事处（即都骑办事处），负责联络、领导在山区进行分散隐蔽、坚持活动的武装部队及当地的党组织。10 月，中共新（兴）恩（平）阳（阳江、阳春）云（浮）边区委员会（简称"五县边委"）成立，负责指挥部队和附近各县党的工作。

10 月下旬，司令部任命黄云为一团代政委，并把一团（包括原六团合并过来的部分人员）及干部集训队分成两支队伍并令其返回阳江、阳东、恩平边境山区活动。卢德耀、赵荣带一队去恩平清湾一带；黎明和黄云带一队 70 多人到两阳边境的蟠龙、大八、先农和轮水一带，两队互相照应。黎明作为司令部军政督导员负责联系两队。

11 月间，两支队伍来到恩阳边境时，司令部派人来传达，部队还要进一步分散，以班、排为单位隐蔽活动，在当地没有暴露的部队干部，通过地方党组织找职业隐蔽，转到地方工作。原第六团 300 余人，大部分分散回本乡：严仕铭、陈明、钟景宏、欧圣聪等与一批战士返蟠龙；邓泰威、邓泰升、黄其邦、郑宏湘、郑雄、周道泽等与一批战士返先农乡；朱存等与一批战士返轮溪乡；黄行、黎光等与一批战士返南在乡；黎宗权、柯圣华等与一批战士返平坦乡；林方与林举英等返潭簕乡河政朗村。当地的党员还负责安排一批外县籍的干部和战士分散隐蔽，没有文化的外地战士，有的在富裕农民家里当佣工、看牛，蟠龙新寨严仕铭家就隐蔽了两名小交通员。一团的连指导员周扩源、连长黄杰和军医方百里、陈牧丁等由先农乡党员安排到鸭寮岗村隐蔽。该村陈姓保长 10 岁的孩子发高烧休克，周扩源、方百里立即前去抢救，通过注射、按摩、吸痰，陈姓孩子起死回生。接着，周扩源、方百里又救活了一个从树上跌下来休克的小孩，治好了一个因经期血崩瘫痪了 10 年的妇女。因此，鸭寮岗周围村庄群众就传说"红军"两个医生医术非常高明。姓陈的保长表示："你们红军随便在我保内活动，有什么情况就告诉你们。"通过统战关系，周扩源到轮溪乡新圩仔挂牌当医生，方百里改名司徒芳进阳春城青石桥挂牌当医生，李重民也到鸭寮岗隐蔽活动。原六团政委郑宏璋则由中区临时特委调任中共台山县委组织部部长，原六团参谋朱尚绚转移到赤溪县活动。

11 月间，在恩平大人山活动的卢德耀到中区临时特委请示工作，队伍由赵荣带领。黎明、黄云派李重民到恩平大人山与赵荣联系，让赵荣率领小分队回蟠龙，后由陈枫作向导转移到蟠龙上洒，再由岑伙生带路，经轮水夜渡漠阳江，转移到阳江县西部的织篢、冲口一带山区隐蔽。

12 月，潘立强率部队进驻阳春城，对东山山区蟠龙等地进行"清乡""扫荡"。黄云、黎明带领陈庚、严仕铭、陈明、邓泰威等 70 多人经石菉进入西山那柳茅田，黄云通过同学罗开炎，把部队人员安置到林场山寮，伐木、烧炭，隐蔽将近一个月。这期间，黄云因身份完全暴露受通缉，就和严仕铭、陈明带短枪组往来于蟠龙、西山之间隐蔽活动，联系分散在山区的部队人员。在蟠龙时，以六团的名义向阳春的统战对象寄发了反对内战，实现和平民主建国的信件，宣传共产党的主张，也直接派人做统战对象工作，起了一定的作用。12 月下旬，黄云又把队伍从西山带回到先农、蟠龙根据地。黎明率领一批部队人员化装转移进入阳江县城，通过统战关系，有的人进入国民党的警察所、税所当了警察、税务人员，后有的因身份暴露隐蔽不下去，仍然回到蟠龙由黄云安排隐蔽。

同月，在新兴县南部活动的五县边委领导的武工队，在河连乡塘虱屲山洞突破国民党军的"围剿"，先后转移到阳春县那乌乡马狮田根据地，由马平、曹广领导组成一个短枪武装队活动于恩阳边境，在马狮田墩顶村党员郭一家设立交通站。国民党军重点"搜剿"时，马平、曹广与李培、郑国强、周胜等人时分时合，与国民党军周旋于边界深山密林之中。

中区临时特委贯彻中共中央和广东区委的方针，领导各地党组织和人民武装坚持斗争，适时转变斗争方式，分散活动，疏散隐蔽，在国民党军队发动大规模军事进攻的时候，达到了保存武装、保存干部的目的。

二、春城工人运动和学生运动

1945 年 8 月，中共春城工人小组成立，刘传发为组长，在工人、店员中发展党员。1945 年冬，党组织介绍党员吴柏源和三名战士由刘传发安排社会职业隐蔽，刘传发通过伍伯坚与林举铨，把吴柏源等安排到洗马街新文印务局当印刷工人。新文印务局由林举铨与国民党县参议员孙圣伟等人合资开办，前店卖图书文具，后厂承印国民党县党部主办的《阳春民报》及党部、县政府的印刷品和学校的学生作业簿、手册等。印务设备有脚踏印刷机一台，日本产四开平台印刷机一台，圆盘印刷机一台。1946 年间，中共春城工人小组把新文印务局作为党的活动点，先后吸收印务局工人孙仲文、手工业工人顾铭加入中国共产党。其时，曾昭常的社会职务是校长，经常以老板身份住在永生堂，关注店内药工、杂务工人的工作，在工人中发展中共党员，会同在店内担任县委政治交通工作的曹何，共同教育培养工人梁轼。梁轼为党组织完成了许多交通工作任务，后来加入了中国共产党。

1945 年 8 月，伍伯坚对学生支部提出"要在斗争中培养党员，发展党的组织，不能孤立静止去搞建党工作。"根据当时的形势，要求学生支部以合法斗争为主，从群众的要求出发，适应群众的觉悟程度，提出斗争的目的和口号，逐步提高斗争水平和群众的政治觉悟，逐步把群众团结在党的周围，不能盲动，不能暴露党的组织和党员面目。学生支部经常送一些香港出版的《群众周刊》《正报》《华商报》等进步报刊，以及游击队油印的一些宣传品给学生阅读，提高学生对国内形势和共产党领导的人民军队的认识。学生支部适应青年学生特点，发动学生出墙报、组织歌咏队、演唱进步歌曲、排演话剧等，揭露国民党的腐败，争取民主，反对独裁。在宣传活动中，涌现了一批积极分子。当时地下斗争环境恶劣，白色恐怖严重，发展党员更为慎重，按照党章规定，必须经过介绍人严格考察。确定建党对象后，经过培养教育，入党对象树立把一切献给党和革命事业的决心，填写入党申请书，呈交上一级领导批准后就把申请书焚烧以免泄密，然后个别为新党员举行入党宣誓仪式。1946 年元旦前后，学生支部分别在阳春师范和阳春中学吸收陈洪、黄兴炽加入中国共产党。

1945 年冬，伍伯坚与刘传发研究春城知识分子的工作，刘传发提出，春城三所中等学校和春城、一区各所小学共有教师数十人，可以发展党的外围组织。家住菠萝园街的小学教师刘奇，由母亲守寡带养长大，生活贫寒，尚未娶妻。伍伯坚指示刘传发，鼓励刘奇出面组织春城镇教育会，保护教师权益，团结联络小学教师。年底，春城镇教育会成立。1946 年 1 月，刘奇被吸收参加中国共产党。黎新培在一区崆峒乡当教师，领导成立阳春师范毕业同学会；女党员叶昌乔在阳春中学当女生指导员；在一区崆峒乡中心小学的曾昭常、邓其峰、李世谋等党员，以教师职业掩护开展党的工作。

1946 年 4 月，中共阳春县委高坡会议研究过学生运动问题。

伍伯坚把学生支部书记黎新培的组织关系交给县委书记陈明江。陈明江、伍伯坚直接指导学生运动。1946 年春季开学不久，阳春师范学校校长刘经富贪污学生伙食补助谷近 300 担，拿到春湾卖，引起全校学生的强烈不满。陈洪向黎新培汇报这一情况，黎新培将情况向县委作了汇报，提出组织罢课斗争，通过反贪污斗争培养锻炼入党对象。陈明江同意黎新培的意见，并作了具体部署，帮助修改罢课宣言。阳春师范的反贪污斗争在 1946 年五四青年节过后不久展开。阳春师范学生自治会派出陈洪和一批积极分子作为代表，以县政府一个职员提供的情况作依据，向学校当局提出质询，刘经富扬言开除带头闹事的学生的学籍。学生自治会发表《罢课宣言》，指出校长"上瞒政府，下压学生，外瞒社会人士，内封教师口舌"。《罢课宣言》发给全校同学，散发到社会和国民党政府机关，争取社会声援。最后在学生支部联络下，全县小学教师组成阳春师范毕业同学会，发出通电，支援阳春师范同学的斗争；阳春中学学生自治会也发通电响应声援；部分学生家长、社会人士也向刘经富施加压力。刘经富慌了手脚，被迫退回学生补助谷，反贪斗争取得胜利。通过这一斗争，学生支部先后吸收阳春师范陈运福、柯明镜、李正业、林梅、江声教等和阳春中学梁寮、陈飞（陈斌）、黎英华等加入中国共产党，这时两校各有近 10 名党员。各学校的党员采取单线联系，不建立支部。

三、中共阳春县委成立，地方党组织迅速发展

根据中区临时特委决定，为统一部队与地方党组织的领导，加强阳江、阳春两县党组织的领导力量，撤销中共两阳工委，分别成立中共阳江县委和中共阳春县委。1945 年 12 月下旬，中共阳春县委在蟠龙观音山农民梁金生家召开第一次县委会议，会上宣读中区临时特委决定：黄云任县委书记，李重民任委员兼组织

部长，伍伯坚任委员、宣传部长并负责联系原来地下党员的工作。1946 年 9 月，中共广东区党委从粤北调李信任中共阳春特派员，指导阳春党组织建设和发展。

国民党反动派提出"宁错杀一千，不放走一个"的反动口号，大量屠杀共产党员和进步人士。面对白色恐怖，党组织由公开转为秘密开展工作，保存实力。根据中区特委指示，凡是在本地已暴露的共产党员和部队骨干按组织要求进行北撤，黄云带领一批骨干做好北撤准备。1946 年 3 月初，中区特委决定，从都骑办事处派原一团政委陈明江到两阳担任中共两阳特派员兼任中共阳春县委书记。

陈明江到达阳春城，与伍伯坚接上关系，通过学生支部安排，住在春城河西崆峒乡高坡村黄兴织家的长工屋。黎新培协助陈明江工作。在合水南在乡河塘村召开中共阳春县委第二次会议，出席河塘会议的有陈明江、黄云、李重民、伍伯坚，列席会议的有陈庚、严仕铭。会议的中心议题是贯彻中区临时特委"隐蔽精干，长期埋伏，积蓄力量，等待时机"的方针。宣布中区临时特委决定：陈明江兼任中共阳春县委书记；黄云任副书记，负责部队工作，做好北撤准备。会议决定成立中共一区区委和中共春南区支部。在粤桂边纵茂电信的一批骨干北撤到阳春前，黄云带领黎光到西山云浮飞地建立党组织，住在圭岗那柳罗开成家。发展一批青年农民、学生加入中国共产党。县委委员李重民到先农乡鸭寮岗村向党员传达县委指示精神。

中共阳春县委成立后，党组织发展迅速，一批青年农民和学生加入党组织。县委认为一区党员较多，批准成立一区区委，由周扩源同志任区委书记兼组织委员。春南区党员发展较快，具备建立党支部条件，由曾国棠为负责人，筹建党支部。县委领导深入农村、学校、商店、部队、地下交通站了解情况。同年 4 月初，在高坡召开县委第三次会议，会议中心议题是总结前段工作，给予高度肯定。明确下步工作：一是破仓分粮救济困难农民；二是打击国民党乡、保公所，抵制国民党对游击区的"扫荡"；三是继续做好发展党员和建立党组织的工作。

县委决定攻打国民党桐油第七保公所，惩办反动保长邓汝琪，收缴枪两支，破仓分粮济贫。这一行动对国民党县政府起到震慑作用，遏制了国民党对游击区的"扫荡"，大大有利于游击区发展。在学校中发展进步师生入党，参加革命的人越来越踊跃，武装队伍越来越壮大。中学生纷纷上街宣传，贴标语、发传单，鼓舞群众与国民党反动派做斗争。隐蔽在游击区的人民解放军队伍，对乡、保伪警进行打击。县伪警大多数是穷人出身，看到国民党大势已去，纷纷离开伪警，使国民党伪警"扫荡"游击区以失败告终，瓦解了国民党伪军警。

中共阳春县委的成立和地方党组织的迅速发展，鼓舞阳春人民冲破黎明前的黑暗，县委成为屹立在漠江大地上的指路明灯。

四、执行中区特委指示，坚持隐蔽待机方针

日本宣告投降后，国民党在粤中地区调集重兵，企图一举消灭粤中革命武装。中区临时特委为适应部队分散隐蔽的新形势，统一领导部队和地方党的工作，对两阳党组织进行调整。

1945 年 9 月，中共两阳工委调整，司徒毅生任书记，司徒卓任副书记兼组织部长，伍伯坚任宣传部长，周敏玲任妇委书记。10 月，周敏玲调离，郑迪伟接任。

伍伯坚回春城，和刘传发合伙经商作掩护，负责春城和春北片工作；李重民负责春南片工作。伍伯坚带李重民到河口圩大有年店，接收廖正纪、庞瑞芳的组织关系，又到大塘小学接收曾国棠的组织关系。李重民在大有年店铺尾卖盐，掩护党的工作。

1946 年 1 月，中区临时特委都骑办事处派军事联络员卢德耀到阳春蟠龙黄京社村，了解分散活动的情况和指导工作。黄云从那柳回到蟠龙，向卢德耀汇报地方党组织和部队的活动情况。卢德耀向黄云传达中区临时特委的指示，介绍各地斗争情况。

西山是云浮飞地，云浮县党组织曾在圭岗圩培养了几名学生积极分子，黄云率部队在那柳隐蔽时，又培养了一批农民积极分子。河塘会议后，黄云派黄行、黎光入西山开辟新区工作。阳春县委要求黄行、黎光在西山发展党员，建立党组织。黄行到新江小学当教师，黎光到淡荡小学当教师，经过 3 个月的工作，黄行介绍新江小学教师赖仁贵、黎光介绍那柳茅田村农民罗开成加入中国共产党。

先农乡抗日根据地在 1940 年至 1945 年春曾是阳春分委驻地。塅底战斗后，一批党员和六团战士回到先农家乡，并安排了一批外地来的指战员分散隐蔽。河塘会议决定在先农乡组建中共阳春一区区委，以加强对全区党员的领导和做好根据地群众工作，掩护分散隐蔽人员的安全，做好战士的思想工作，掌握国民党的动态，确保隐蔽的枪支弹药安全。3 月底的一天黑夜，李重民回到先农乡鸭寮岗村，向周扩源和邓泰威传达河塘会议精神，宣布成立一区区委，周扩源为区委书记兼组织委员，邓泰威为宣传委员。接着，李重民又到金旦乡大塘村，向曾国棠、廖正纪、庞瑞芳传达河塘会议精神，宣布成立中共春南区支部，曾国棠为负责人。李重民结束河口盐店的生意，到轮溪乡屋面塘村小学当教师，联系中共春南区支部和陈庚武工队。屋面塘村小学只有李重民一名教师，村里有朱存和一批六团复员战士，武工队有时在学校补充给养。屋面塘村一部分是阳春所属，一部分是阳江所属，有轮水河通漠阳江，有利于武工队在两县保警"清乡"时，分别向两县边界转移隐蔽和利用船只掩护。

周扩源在鸭寮岗村认贫农陈杏祥的母亲为"契妈"（干妈）。陈杏祥的母亲全力支持共产党和游击队，成了往来鸭寮岗村活动人员的"契妈"。陈母通过亲戚关系介绍周扩源到新圩仔普和堂中药店当医生，店主朱伯源知道周扩源是共产党"红军"，不怕危险，为周扩源提供食宿。后来朱伯源为此被国民党县政府逮捕，在严刑拷打下仍不吐露真情。其家人卖掉土地山林，筹措赎金，朱伯源得以出狱，因身体受严重摧残，不幸逝世。一区区委采取各种办法解决分散隐蔽人员的生活问题，一是向群众借粮，二是找职业，三是搞生产、烧炭。区委领导分散人员做群众工作，向群众宣传解放军是抗日的队伍，国民党撕毁《双十协定》，发动内战"围剿"解放军。分散隐蔽人员参加农民的各项生产劳动，群众说解放军和穷人是一条藤上的苦瓜，军民建立了鱼水关系。

一区区委在先农乡保留一支短枪武工组。邓泰威与邓泰升、周道泽、黄其邦、郑雄等负责先农乡的工作，周扩源和朱存负责岗尾的工作。区委吸收武工组组员邓泰坚加入中国共产党。

4 月初，中共阳春县委在春城河西崆峒乡高坡村召开第三次会议。陈明江、李重民、伍伯坚参加会议。会议着重研究春城学生工作，布置农村党员做好群众工作，要求党员和分散隐蔽的部队人员与各阶层群众搞好关系，利用群众掩护隐蔽，培养积极分子，在城乡发展党员。

4 月，根据中区临时特委"集结武装队伍，进行自卫斗争"的指示，黄云派陈庚到织篢通知分散隐蔽的部队人员 30 多人集结于鸡笼笃村，把收藏的枪支挖出来，进行自卫斗争。通知姚立尹返回部队。部队集结不久，赵荣回到阳江，负责部队的全面工作。为加强党对部队的领导，建立中共两阳武装支部，陈庚任书记，姚立尹、冯锦、梁福生、冯超任委员。

部队集结后，开始活动于织篢、蒲牌一带，宣传政策，发动群众。为粉碎国民党军"清乡""扫荡"的计划和筹措人民武装部队给养，人民武装部队向国民党军发起进攻。

4月中旬，国民党军进驻春城，再次"清乡""扫荡"。中共阳春县委在漠南的金旦乡大塘村召开第四次会议，出席会议的有陈明江、李重民、伍伯坚，列席的有冯思和，会议着重研究对付国民党军"扫荡"的问题。根据中区临时特委指示，会后陈明江、李重民转移到阳江城隐蔽，伍伯坚留在春城坚持工作，留守人员迅速做好反"扫荡"的准备；与国民党上层人物及乡保长有较好关系的党员，继续了解国民党军的动向，同时向一些区乡政权的反动分子发出警告信。

国民党军到先农乡"扫荡"，一区区委为对付"扫荡"采取了几个措施：经报告县委批准，处决特务分子，使国民党失去坐探；通过各种渠道收集情报，特别要收集新圩乡老乡长、著名律师郑任可先生提供的情报，及早准备；发动群众，藏好粮食和贵重物品，早起床早吃饭，随时应对国民党军，如遇查问"匪情"，可以说有拿枪的队伍来过，但没有抢东西，因为他们有枪，我们无法阻止；写信警告国民党乡保长，不许迫害抗日指战员；隐蔽人员转移别处，留下坚持斗争的人员，在深山密林中与国民党军周旋，因此，国民党军"扫荡"屡屡扑空。

4月22日，陈庚武工队到先农乡屯堡小学，处决了国民党派来当校长的特务梁佐周，缴获其长枪1支和短枪1支，鼓舞了群众，方便了武工队在先农、轮水一带的活动。5月初，赵荣率领陈庚、姚立尹武工队，袭击古良税捐处，俘虏税收员10余人，缴枪13支、子弹1000余发及税款物资一批。

国民党正规军和地方团队四五月间对恩平、新兴、云浮、阳春、阳江五县进行"围剿"，实行"先撒网后捕鱼"的战术：大圩镇、大路驻正规军，中等村庄、道路驻保安团，小村小路驻县兵；全面包围，天天放火烧山，逐步缩小包围圈，企图消灭原广东人民抗日解放军。国民党军到处张贴十杀令："通匪者杀，藏匪者杀，卖东西给匪者杀，带错路者杀，见匪踪不鸣锣放枪者杀，为匪宣传者杀，知匪情不报者杀，不够二十户的山村不搬至大村者杀，见生面人不审问放行者杀，为匪埋葬尸体者杀。"但是，在阳春隐蔽的原广东人民抗日解放军 300 人已经分散，大部分复员，机枪、长枪全部由堡垒户收藏起来。在阳春县境只有陈庚一个 30 余人的武工队，掩藏在山区的群众之中。根据地许多村庄的保甲长成为两面人物，在武工队离去之后才鸣枪、鸣锣和报告，使国民党军到处"不见匪踪"。

五、六团骨干北撤后的隐蔽斗争

根据国共双方签订的《双十协定》，中国共产党同意将广东等 8 个解放区的抗日军队撤退到陇海路以北及苏北、皖北等解放区。1946 年 4 月初，经与国民党广东当局几十天的谈判，国民党广东当局承认华南有中共领导的抗日武装力量，双方同意北撤 2400 人，不撤退的复员，发给复员证，国民党政府保证复员人员的生命财产安全；广东人民抗日游击队东江纵队（简称东江纵队）撤到陇海路以北。5 月，为保证北撤人员安全抵达目的地，为顾全大局，廖承志代表中共发表声明，表示除广东境内的海南岛，其他地区将不自动作武装斗争。

4 月，中区临时特委在开平三埠召开干部扩大会议，传达广东区委关于北撤的指示精神。会议决定：第一，中区临时特委和广东人民抗日解放军的主要领导人罗范群夫妇、谢立全夫妇、刘田夫夫妇等及部队干部黄平夫妇、黄云夫妇、郑锦波、吴枫等大部分团级以上干部 50 多人随东江纵队北撤。第二，撤销中区临时特委和各县党委，县以上由党委制改为特派员制，由谢创任中区特派员，周天行为副特派员。党的组织系统和武装系统分开领导，互不统属。中区坚持隐蔽武装斗争的人员由吴桐负责军事领导，李德光负责政治工作。第三，留下140人继续坚持隐蔽斗争，保存骨干，保存武装，其余复员回乡。

5月初，黄云在蟠龙接到上级通知参加东江纵队北撤，由陈庚带武工队护送到恩平圣堂交通站，后转台山广海赴香港参加北撤；接着，严仕铭、周扩源、邓泰威、陈明、周道泽、黄杰、郑宏湘、邓泰升、郑雄也分批赴香港参加北撤。一区区委工作结束。

赴香港参加北撤的郑宏璋在台山出发，朱尚绚在赤溪出发，关尤励在恩平出发，韦克在东江出发，陈国璋、梁文坚在电白出发。参加北撤人员到达香港后，党组织决定陈国璋、梁文坚留下，派往新兴县工作。参加北撤人员转到沙鱼涌和东江纵队会合编队，于6月30日登上美军登陆舰开赴山东省烟台，进入解放区。罗杰、钟景宏、欧圣聪、黄行、黎光、陈功等奉命赴香港参加北撤，因赶队不及，未能成行。黄行在香港病故，罗杰等经鹤山县，先后回到阳春县参加武装斗争。李重民接到参加北撤的通知，因在阳江生病没法去香港，后转回阳春工作。

5月，两阳部队干部集中到织篢牛岭开会。赵荣传达北撤会议精神，传达广东区委关于"隐蔽精干，长期埋伏，积蓄力量，以待时机"的方针，布置陈庚、姚立尹带领留下的武装人员坚持斗争。因受"国共停战协定"和东江纵队北撤后不自动做武装斗争承诺的限制，留下坚持斗争的队伍，不能再用"解放军"的名义进行公开活动，只能以灰色面目出现。秋后，以"忠义堂"名义进行隐蔽斗争。同时，根据上级指示，决定停止部队党组织活动，留在队内的党员保留党籍，部队一切军事行动不与地方党组织发生直接联系。

两阳部队留下人员分为两个武工组，陈庚率一个武工组活动于春北、云浮边境，姚立尹率一个武工组在阳春、阳江边界，主要活动于春南的先农、轮水、潭簕、新圩、龙门一带，以龙门上双为基地。两个小分队在极其险恶的环境中，坚决贯彻中共广东区委"隐蔽精干，长期埋伏，积蓄力量，以待时机"的方针，坚持分散隐蔽和武装自卫斗争，除匪安民，保护群众利益，建立游击据点。

5月，中区特派员委托郭大同到恩平向五县边委直辖的边区大队传达三埠会议精神。随后，陈庚在蟠龙观音山接到郭大同的指示信。指示信说：部队北撤，今后的斗争是开展"非法斗争"，以灰色面目出现，要依靠群众，依靠我们内部的团结，求得生存和发展。

6月，陈明江为中共阳春特派员。7月底，陈明江在永生堂召开会议，李重民、伍伯坚参加，曾昭常、黎新培列席。陈明江传达分析东江纵队北撤山东省解放区后的形势，是"亮了北方，黑了南方"（即北方因为有强大的革命力量而赢得了光明，而南方因撤走了主力队伍使革命力量薄弱而造成环境黑暗），国民党广东省当局会更加残酷镇压革命力量和统治群众，革命形势不会很快好起来，要求地方党组织要有克服一切困难的准备，隐蔽更深，等待时机，积极培养干部，发展党组织，充分利用统战关系开展合法斗争，打击国民党，团结群众。

8月，陈明江调往南路工作，李重民也撤离阳春往香港，伍伯坚留在春城刘义兴杂货店，等候新任特派员来交接工作。

六、两阳武工委的成立及其自卫斗争

1946年5月，在春北活动的五县边委直辖的边区大队一部分武装队伍，由马平、曹广、陈枫率领从春北转移到蟠龙。马平、曹广、陈枫认为蟠龙山区地形好，群众工作基础深厚，可作长久的游击根据地，于是邀请在漠南地区活动的陈庚、姚立尹到蟠龙大滑村顾德才家开会，共商协同作战和活动问题，一致认为应建立武装工作委员会，统一领导武装斗争。

东江纵队北撤后，国民党当局背信弃义，不顾"北撤协议"保证中共复员人员安全的承诺，实行所谓"绥靖""清乡"政策，残酷迫害、追杀各地分散隐蔽和复员的中共武装人员。粤中分散隐蔽的武装人员为了生存，被迫将原来以隐蔽为主的斗争方式，转变为武装自卫的斗争方式，用手中的武器反抗国民党反动当局的镇压，以求得自身的生存和保护群众的利益。

7月，吴桐、李德光在台山县禾镰坑召开武装斗争会议。到会人员有林兴华、陈全、马平、曹广、陈庚、陈枫等。会议分析粤中各地反"清乡"的斗争形势，作三项具体部署：一是依靠群众，利用公开的职业作掩护，继续坚持隐蔽斗争；二是可用"忠义堂"名义，对土匪进行教育、改造，尽量争取、利用，必要时可联合他们进行一些劫富济贫行动；三是为了求得生存，必要时，对国民党反动当局的迫害，实行坚决的武装自卫反击。会后，各隐蔽点普遍对武装人员进行斗争形势、任务和前途教育，克服悲观失望情绪，以鼓舞士气，坚定信心。

禾镰坑会议之后，吴桐又在恩平、两阳交界的沙莲岗召开两阳武装负责人会议，决定扩大"非法斗争"。为反迫害、求生存，决定加强对自卫斗争的领导，把马平、曹广、陈枫率领的武装队伍与陈庚、姚立尹率领的两阳武装队伍汇合，整编为统一的两阳武装队伍。7月，两阳武装工作委员会（简称"两阳武工委"）成立，由马平、曹广、姚立尹、陈庚、陈枫5人组成，马平为负责人，5人的代号分别为"风、雪、夜、归、人"。两阳武工委统一领导两阳地区的武装斗争。

在最艰难的岁月坚持两阳武装斗争的人员有：马平、曹广、姚立尹、陈庚、陈枫、陈来（尹炳根）、梁春、刘日文、梁源、黄余悦、李培、阮明、李良生、陈发、陈励、林效（林厚）、廖德、程明、郭金祥、陈满、陈添、朱沃、朱宽柏、杨彪、陈火才、罗经、敏仔、陈容、梁杰、福田、黄球、冯锦、细仔、陆批、吴旺、贺和顺、石敬、刘廿九、李球、黄钦、朱仔、周胜、伍国、刘福、张凤庭、赵均、李德新、周祥、梁行，共 49 人。陈碧、马千里、朱存 3 人复员返家隐蔽，因国民党军"扫荡"不能安身，仍归队参加武装斗争。1946 年冬至 1947 年春，欧圣聪、钟景宏、黎光、陈功等人因北撤赶队不及从香港、高鹤回到阳春，也归队参加武装斗争。两阳武工委带领的武装队伍在春南漠阳江沿岸各乡，以灰色面目出现，利用和改造土匪队伍，能利用结合的就派出一些人马与之合作，以"忠义堂"的名号搞些劫富济贫行动，以解决部队的给养，求得自己生存，扰乱国民党的统治。

为反击国民党反动派搜捕、杀害共产党员和武装人员，迫害人民群众，两阳武工委研究决定，利用国民党正规军撤离阳春之后阳春国民党警力薄弱的时机，主动出击，恢复武装活动。

8 月间，两阳武装队伍在春南漠阳江两岸活动，驻于潭簕乡附近的新村仔。经过严密侦察，乘潭簕乡公所乡兵习惯傍晚下河冲凉之机，由马平、曹广指挥，率部队从新村仔出发，突袭国民党潭簕乡公所，俘乡长黄大波等 20 多人，缴获枪支 20 多支。战士程明渡河时溺水牺牲，曹广负伤。当时，东江纵队已北撤，国民党大举进攻解放区，宣布广东已无共产党的部队。潭簕乡公所遭两阳武装突袭，国民党阳春当局大为震惊。

9 月，两阳武工委得到国民党阳江县政府人员从阳江乘电船解款上阳春的消息，决定集中武装队伍在漠阳江麻汕牛场河地段拦船截击。因内应人员未执行决定，截击失利。伍沃和农民积极分子梁容牺牲，杨彪、郭金祥负伤。武工队撤至麻汕附近，又遭当地地主武装袭击，郭金祥不幸被俘，入狱后被杀害。

10月，两阳武工委派姚立尹、陈发、陈来、陈励、刘日文、林效、康永等8人（号称"八大金刚"）到漠南地区活动，姚立尹率领这支小分队渡过漠阳江开展建立漠南根据地工作，在潭籁乡、金旦乡（那旦、金堡）、河口乡（曲水、清溪、黄礤、蝉石）、石门乡（龙门、上双、下双）等地活动。由于国民党军队"清乡""扫荡"，小分队生活十分困难，隐蔽在阳春县龙门上双垌角村，日间种田、打柴、烧炭，挣钱维持生活，晚上到各村向群众宣传当前形势以及共产党和人民军队的方针政策，深得群众拥护，不少群众积极主动地帮助挑柴、担炭到龙门圩出卖。

为了争取一切可能争取的力量，打击国民党反动派，两阳武工委积极开展改造土匪工作。春南地区的邹玉、黄群、李美功等股匪，经过部队教育、争取之后，表示愿意接受人民武装部队的领导，部队联合他们进行过一些打击反动派、分粮济贫活动。

黄群、李美功等贼心不改，屡教无效。黄群一股经常打着"红军"名义向群众打单勒索，残害商民，引起各界人士愤恨，败坏人民武装部队声誉。11月16日，黄群股匪集结在先农乡沙塘岗村，密谋抢劫，残害群众。先农乡群众叫六团复员人员郑宏钦、陈木允到轮水向武工委报信。两阳武工委立即集结队伍，挖出隐藏的机枪1挺，由马平、曹广率领合围沙塘岗村，击毙土匪数人，匪众溃逃，匪首黄群负伤逃出沙塘岗村被群众所杀。不久，土匪李美功一股企图夺取两阳武工委在漠阳江边的收税点，公开在岗尾追缴部队交通员的枪支。两阳武工委为除匪安民，将李美功等3个匪首分别处决于轮水、新圩河畔。两阳武工队镇压匪首时，以"广东人民抗日解放军第六团"的名义张贴处决布告，两阳武装"灭匪安民，保护商旅"的措施深得群众拥护。

在统战工作方面，对于同情、支持革命的或被迫为国民党办事的，与坚持反动立场、死心塌地为国民党卖命的人员，则采取区别对待的政策。经过多方面的工作，党组织及部队与不少开明士绅和乡保长建立了关系。陈庚父亲在春城西门街开设联吉和商店，颇有社会名望，与郑任可有旧交。郑任可与黄云的父亲黄其桢及郑宏璋一家也是世交。两阳武工委以新圩乡的黄村、密寨、登枧等村庄为基点，陈庚曾以黄云的名义写借据向一些富裕人家借粮，这非长久之计，决定争取郑任可的支持，以解决武工队的经济问题。

郑任可先生建议武工队在漠阳江边收税维持部队给养。马平、曹广、陈庚都赞同，并提出解放军"灭匪安民，保护商旅"的口号。此后，郑任可及时向武工队提供阳春县国民党军政活动情报。马平又和郑任可约定，以新圩郑姓人开设的中药店荣春堂作公开邮寄信件的通讯地址。

11 月，两阳武工委设立漠阳江税站，曹广任站长，率领一个武工组向在漠阳江上来往的商船和从西山南下流放的竹、木排收税，为了避开国民党县保警的"追剿"，税站在沿江的新圩、登枧、牛暗埗各点流动收税。由于郑任可向分布在马水、新圩、潭簕等乡的郑氏绅商疏通，县参议员郑英淞等绅商的过往商船货物均带头交税，沿江的李、谢、林各姓富户商船也照章纳税。两阳武工委派黄村的归国华侨后裔黄昌廉（俗名黄番来），利用做过运货水客的身份，分别召集船民宣传解放军"灭匪安民，保护商旅"的政策，与船民约定，见税站人员流动收税的暗号，船民即泊岸交税，如果船上有国民党兵，船民则在船杆挂上警示暗号。

1946 年，坚持两阳武装斗争的队伍处境极其恶劣，他们通过艰苦细致的宣传教育工作，发现和培养积极分子，广交朋友，对活动区内的上层人物和各阶层情况，逐村、逐户、逐人分析，分别进行工作，与一些有影响的上层人物建立了关系，改善了处境。

在漠东山区许多村庄，建立了许多可靠的堡垒户，武装人员不论白天黑夜到来，群众都安排住食。如蟠龙刘屋咀欧基圣，家里既是交通站，又是医疗所和印刷所，部队人员和伤病员住食在那里，如同在自己家里一样；春北马狮田墩顶郭一的家成为"游击队员之家"，郭一既负责部队人员的生活，又负责侦查和交通工作。国民党来"扫荡"，堡垒户和群众就带武装人员和伤病员入山林中隐蔽。由于武装队伍密切依靠群众，克服了重重困难，建立了可靠的据点，为恢复公开的武装斗争奠定了基础。

游击区发展，根据地进入成熟期

一、地方党组织领导机关的建立

1946 年 9 月，中共广东区党委从粤北调李信任中共阳春特派员。李信向负责开平、恩平、阳江、阳春工作的中共粤中区副特派员黄庄平报到，黄庄平介绍李信到阳春县委的交通站永生堂与伍伯坚联系，李信从伍伯坚手上接收党员 20 人。11 月，黄庄平把领导机关从开平赤坎移驻阳江县城，李信从永生堂抽取现金换成港币 2500 元送交黄庄平，在阳江城开办均祥店作为掩护据点。12 月，伍伯坚调离阳春。

李信到阳春时没有职业掩护，永生堂联络点来往人员复杂，不适宜居住。黎新培在峣峒马安屯小学当校长，峣峒位于城郊，地方很隐蔽，李信住在校内，直接掌握学生运动。由于部队主力北撤，国民党疯狂镇压，党员思想受到影响。党组织希望阳春城的两个党员刘昌津和叶昌乔作为骨干开展学生运动，但这两人情绪低落，意志消沉，想谋个人出路，多次教育不改，1947 年下半年逃到广州，党组织把两人作脱党处理。大多数党员经过单线联系，个别谈心，以党的政策进行教育，稳定情绪，坚定了革命信心。为了加强党的领导，李信安排黎新培负责青年学生工作，兼联系金堡、河口党员；许式邦负责联系岗尾、先农等乡党员；李世谋负责联系西山党员；曾昭常负责联系春城小学教师党员；林举铨、廖绍琏、李华、李希果继续坚持统战工作。

李信将阳春地下党的情况向中区特派员作了汇报，请上级加强阳春的领导力量。中区特派员从新会县抽调容忍之、陈钧到阳春。容忍之（化名萧辉）担任永生堂掌柜，负责县委经济干事兼工运及社会情报工作；陈钧为春城区党组织负责人。1947 年 1 月 23 日（正月初二），容忍之、陈钧同时到达永生堂。陈钧由曾昭常安排到崆峒乡中心小学任教师。该小学在春城漠阳江西岸的魁岗庙，离城仅 2 公里，是阳春县党组织在春城郊区的据点，不断更换的教师都是党组织安排的人员。陈钧负责联系先农、岗尾、新圩、河邦各所小学的教师党员。

为了避免党的力量集中在学校和城郊，必须在由县城延伸往外的交通线中的小圩镇建立活动据点，同时向边境山区的空白点发展党组织，积蓄力量。

为开辟河口、潭水到阳西的漠南一大片地区党的工作，县领导机关需要找一所学校作阵地，廖绍琏时任阳春县参议会秘书兼阳春中学训育主任，与县参议长李可瑶是亲密同学，具有当校长的条件。李信要求廖绍琏谋求一个中学校长的职务，以便把党的领导机关设在该学校。经活动，1947 年 2 月，阳春县政府委任廖绍琏为潭中中学（今潭水中学）校长。廖绍琏以"往广州聘请教师"的名义，聘请中山大学毕业生黄德赐等 3 人担任教师，同时聘任李信为初中三年级班主任兼文史地教员，聘任李信夫人、共产党员张慧明为图书管理员兼初二班代课教师。4 月，林华康接替黄庄平任中共粤中区副特派员，到潭中中学与李信联系，转来黄德赐、张慧明的党组织关系，并说明张慧明是中共广东区党委派来阳春负责组织妇女工作的领导干部。林华康在李信宿舍与李信、张慧明开会，传达上级关于恢复武装斗争的指示，要求加强党的建设，扩大党的组织，培养学生积极分子，发展进步力量，为发展武装斗争准备骨干力量；要配合全国城市的"反饥饿、反迫害、反内战"的爱国民主运动，形成对国民党反动统治斗争的第二条战线。在潭中中学的教职员中，有中共党员李信、张慧明、廖绍琏、关伯慧、黄德赐、廖正纪、庞瑞芳，阳春特派员机关就设在潭中中学内。黎新培在每个星期六、星期日步行二十多公里，往返春城与潭水之间，传递上级指示和机要情报。

二、开展学生运动，培养积极分子

1946 年 11 月，阳春县第一区第一小学（时中小学）发生校长梁荣煦强奸曾姓女教师的事件。梁荣煦还是国民党阳春县党部副书记长、县"戡乱建国委员会"副主任和"剿共"三人小组成员，也是中统特务。曾老师是柯明镜、林梅培养的入党对象。柯明镜、林梅向黎新培汇报此事，黎新培向李信和伍伯坚报告，建议发动一场反对梁荣煦的群众斗争。李信、伍伯坚研究决定，反梁斗争由学生支部负责，以阳春师范毕业同学会出面，组织学生参加，同时发动社会力量支援，打击梁荣煦。

江声教、林举英、李正业发动学生自治会开展反梁斗争。李华、柯明镜鼓励曾老师起来斗争，罢教抗议，书面揭露梁荣煦的兽行，要求有关部门依法惩办梁荣煦。阳春师范毕业同学会发出快邮代电抨击梁荣煦，坚决支持曾老师，号召阳春师范同学、中小学教师、社会各界人士支持曾老师。李华、谢焕巧、陈凤仙与妇女会工作人员，直接找梁荣煦说理，批判其禽兽行为，并以妇女会名义向国民党县政府提起控诉。曾老师的父亲经过党组织派廖绍琏发动，向阳春县地方法院提交诉状。阳春师范、阳春中学两校学生会发出声援，春城镇教育会印发《告同胞书》，工商界捐款支持曾家打官司，阳春中医界名流陈绍箕、刘琴友写了一首40 多行的山歌《白嘲》，揭露梁荣煦奸污妇女多人、打死船民、迫害佃户的各种罪行。广州《建国日报》也以"山城桃色新闻"为题揭露梁荣煦。一个月之间，梁荣煦威风扫地，被免职调离阳春。

驱梁斗争的胜利，教育了春城地区的学生，锻炼了地下党员，鼓舞了群众，涌现出一批积极分子，如阳春师范的邱先、李宗伙、伍辉、范家钊、林茂芬、韦业环等，阳春中学的李希策、陈永溪、范梅芳、陈婉霞、彭美英等。阳春师范的李孔华、阳春中学的陈耀楠被吸收为中共党员。

1947年4月，潭水圩商民搭戏台聘请外地粤剧团演大戏。潭水警察所派警察守门验票，由于人多拥挤，所长刘经栋拔枪威吓群众，潭中中学学生李英上前说理，竟被刘经栋开枪打伤足部。学生、群众斥责刘经栋，刘经栋又拘押学生韦鼎儒。为呼应全国的学生运动，打击阳春地方反动势力，李信决定由黄德赐发动潭中中学学生会举行罢课斗争，要求当局严惩凶手。校长廖绍琏陪同学生家长抬着受伤的学生上春城，向阳春县法院起诉刘经栋开枪打伤学生和拘捕说理学生的违法行为。阳春县城中等学校学生闻讯发出通电声援，募捐财物，派代表到潭中中学慰问，资助诉讼经费，支持潭中中学的学生斗争。阳春师范学生介绍了"反刘驱梁"斗争的情况，对潭中中学的学生鼓舞很大。这场斗争得到春城各界人士的支持，迫使阳春县政府撤去刘经栋的潭水警察所所长职务。潭中中学学潮涌现了一批积极分子，有10人参加青年民主同盟（共产党的外围组织），后来黎运琪、韦鼎儒、韦芸、张德胜、黄存仁等加入了中国共产党。

1947年上学期开学一个多月，阳春师范校长刘经富宣布接到县政府通知，为"戡乱建国"筹集军粮，取消阳春师范学生粮食补助（每月补助稻谷40司码斤，相当48市斤），教师的粮食补助也要减扣，全校师生十分愤怒。林举英等向黎新培汇报，黎新培到潭中中学向李信汇报。李信与黎新培研究决定，全国各大城市的学生开展了"反饥饿，反迫害，反内战"运动，阳春也应开展以"反饥饿，反迫害，反内战"为内容的"倒马（北拱）"斗争。"倒马"斗争从 3 月开始，到 6 月结束。首先，由党员发动阳春师范学生自治会，要求学校向县政府转达继续发给粮食补助的申请，刘经富拒绝学生的要求。于是，学生自治会推举以学生积极分子为主，有林举英、李正业参加的 10 人代表，到县政府质询国民党县长马北拱。马北拱被迫接见学生代表，并以"你们不要被赤化分子利用"相威胁，下令警卫把学生代表逐出县政府。

接着，阳春师范学生自治会发动全校学生罢课，发出告全县父老书。呼吁全县父老兄长、各界人士，关心阳春师范学生，支持学生与马北拱作斗争。罢课第二天，阳春师范毕业同学会发表声明，支持阳春师范同学的正义行动，并捐集经费给阳春师范同学印刷宣传品。阳春中学党员游雪、梁寮等发动阳春中学学生会发出快邮代电，支持阳春师范学生的合理斗争。在阳春师范学生罢课的第三天，将快邮代电和宣传印刷品寄往国民党广东省政府。

李信领导"倒马"斗争，起草揭露马北拱罪行的传单，揭发马北拱在任粤北连县县长时搜刮连县民脂民膏，声名狼藉，在阳春又借口解放军开仓济贫而勾结管仓人员大肆贪污舞弊，克扣学生补助粮等等，把传单通过邮政寄给县内社会知名人士，这些人士有的联名写信质问马北拱，有的写信向国民党省政府上告。李信指示在国民党县党部工作的林举铨和县参议员廖绍琏，分别策动县党部、县参议会批评马北拱。县参议长李可瑶、副参议长陈鸿炎和一些同情罢课学生、对马北拱不满的参议员，群起谴责马北拱"施政不力，搞乱地方，使学不能学，商不能商，工不能工，农不能农，致民于水深火热之中"。参议会对马北拱及其爪牙贪污粮仓稻谷，滥捕"奸匪嫌疑犯"，克扣囚粮以致在监狱饿毙囚犯 50 余人等劣迹,在马北拱出席参议员全体会议时当面质询。5 月间,县参议会全体会议通过弹劾县长马北拱议案,弹劾书上送广东省政府,转呈国民党政府中央监察院,中央监察院移付公务员惩戒委员会,给予马北拱免去阳春县县长职务处分。马北拱被迫发给阳春师范学生补助谷,学生胜利复课。

6 月 8 日,马北拱离职,麦骞接任县长。阳春县参议会于 6 月 24 日至 26 日举行第四次全体大会,检举马北拱的爪牙,建设科长及田粮稽征员、管仓员 15 人贪污舞弊,通知县政府查究。田粮科长贪污仓谷 1.2 万担,畏罪潜逃,呈报省政府通缉;共有贪赃职员 31 人分别被法办或撤职。

阳春师范学生会查究校长刘经富和庶务陈仲兰勾结贪污学生伙食费,揭发他们在大米中掺水,以少充多,导致大米发霉发臭,难以下咽等问题,校方见县长马北拱都被学生搞垮了,只能被迫承认错误。阳春师范、阳春中学两校学生会建立了由学生轮值到厨房监督买菜做饭的制度,改善了学生生活。

阳春师范、阳春中学两校学生积极分子通过斗争得到锻炼,阳春师范党支部吸收邱先、区西等,阳春中学党支部吸收陈永溪、罗运贺、庞荣鉴、陈思桐等加入中国共产党。游雪去广州上大学后,阳春中学女学生工作由柯明镜负责。女学生陈婉霞、黎英华加入中国共产党,陈婉霞、黎英华成为县党组织领导人直接联系的机要交通员。1948 年,阳春师范伍辉、李宗伙等,阳春中学女学生范梅芳、彭美英加入中国共产党。

三、发展农村支部,壮大党的组织

——春城区党组织。1947 年 3 月,为了加强对春城地区党的统一领导,由陈钧负责单线联系先农、岗尾、阳春师范、阳春中学、河邦、新圩等党组织。刘奇在阳春农校当农场指导员,联系春城及附近的党员13人。

7月以后，春城区党组织把在学生运动和工人运动中培养的党员，分批派到老根据地农村小学和各区去，加强基层党支部的力量，发动农民开展反"三征"（征粮、征税、征兵）斗争，配合武工队的活动。

下半年，春城的党员顾铭、陈飞、吴柏源和入党对象蓝文等先后进入蟠龙根据地，参加两阳武工委的游击队。

——蟠龙党支部。1947年春，春城区党组织派陈运福到蟠扶乡扶民第九保小学，开展群众工作。8月，陈运福任蟠扶乡蟠龙大寨积崇小学校长，担任蟠龙党支部书记。蟠龙有六团复员回农村隐蔽的党员钟景宏、欧圣聪、岑伙生以及小学教师党员薛贻亨。

1947年秋，蟠龙党支部在陈枫的支持下，发动群众组织蟠扶乡农会，李信为农会起草了章程。经过党组织安排，选举罗光为蟠扶乡农会会长，严仕郁为副会长；一分会主席罗光，二分会主席薛贻铎，三分会主席梁运乙。农会的主要任务：第一，领导农民开展减租减息斗争，反对国民党政府征兵、征粮、征税；第二，支援人民武装游击队；第三，开展锄奸活动。根据陈枫的提议，蟠扶乡农会成立民兵队，有100人枪。

1948年春节前，蟠龙党支部先后发展农民梁楷、罗光、陈义琎、欧念钦、梁传煜、张志钿、薛贻绅、薛贻铎、梁振、严仕郁加入中国共产党，蟠龙党支部有党员15人。薛贻谱、陈义琼（陈占）参加青年民主同盟。

——岗尾党支部。1947年3月，许式邦任岗尾党支部书记，在岗尾圩思与小学任教师。党支部有党员李孔性、李达通、李南光等7人。党支部向四联、岗腰、埠洺、河邦、新圩等小学发展。李南光掌握岗尾邮政代办所，为党组织订阅进步报纸和书刊创造了便利条件，香港《华商报》等报刊源源不断通过岗尾邮政代办所交由地下交通员送到党组织和游击队的领导人手上。

岗尾党支部河邦党小组，有党员林方、林儒逊等4人；岗尾党支部新圩小学党小组，有党员郑秉业、徐祖斌、林起业、徐万意4人。河邦党小组在河政朗等村秘密组织了农会和民兵，领导群众反"三征"。

——先农乡党支部。1947年8月，春城区党组织派在先农乡沙田垌小学当教师的陈洪担任先农乡党支部书记。先农乡有党员邓水生、陈功、邓泰坚、周道桓、李杰、谭冬初、陈杏祥等。是年秋，邓水生介绍交通员苏同加入中国共产党；周道桓到马水乡岗水各村活动，介绍农民黎贤瑶、黎克加入中国共产党，成立岗水党小组。两阳武工委亦派出李培、梁源等十余人的武工组经常到岗水活动，使先农、马水、新圩、岗尾等乡连成一片游击活动区。

11月，先农乡党支部发动农民成立先农乡农民生产自救会，选举谭冬初为会长。武工组组长邓泰坚组织起五十余人的武装民兵队。相邻的马水乡岗水各村也由黎贤瑶、黎克组织了农会和民兵队。党支部领导农民开展反"三征"斗争。阳春县保警派特务毛海混入先农一带侦察，被民兵发现，报告武工组，武工组把毛海捕获处决。

——西山党组织。1947年初，春城党组织负责人陈钧派陈池到西山找赖仁贵接收西山党组织，并负责西山地区党组织工作。陈池到西山联系赖仁贵，传达上级有关工作的指示。赖仁贵联系黄奕明、黄积业、黄崇藩、邓家荫4名党员。陈池因在西山没有公开职业掩护开展工作，经党组织同意，只能在靠近西山脚下河西沙田小学当教师作掩护，每月或隔月到西山联系工作。

四、党对恢复武装斗争的部署

1947年8月，郑锦波在恩平县清湾区炉塘村召开恩平、新兴、阳春、阳江四县（后称广阳地区）坚持武装斗争负责人会议，到会的有陈全、冯超、马平、曹广、陈庚、陈枫、贺金龙等。会上，进一步布置以反"三征"为内容的"小搞"活动，要求各地迅速动员复员人员归队，扩大武装部队。会后，郑锦波指示两阳武工委上调一批武装骨干参与组建特派员直属基干队，两阳武工委则召集复员人员归队，发动农民积极分子参队，扩大武装力量。

两阳武工委以反"三征"为中心，以破仓分粮为重点，主动出击，积极宣传和组织群众，推动了武装斗争的发展。

经过几个月的政治宣传、武装斗争和统战工作，群众初步发动起来了，包括社会各界开明人士在内的广大人民群众，进一步看清了国民党当局坚持内战、破坏和平、实行独裁的本质。开明人士逐步倾向于中国共产党，拥护中国共产党提出的和平、民主、团结，建设独立、自由、富强的新中国的主张。劳苦大众更是寄希望于中国共产党及其领导的人民武装，希望武工队带领他们反抗国民党的"三征"政策。在群众自发开展的反"三征"斗争中，反征兵斗争特别激烈。初期是征兵对象个人逃避，继而以祖尝的租谷顶替或合伙出钱请人顶替，后来发展到集体逃避，上山对抗。对此，两阳武工委因势利导，不失时机地发动和领导群众，自觉地开展反"三征"斗争，推动武装斗争的发展。

从1946年冬起，两阳武装部队结束了"非法斗争"，恢复沿用抗日战争时期两阳武装部队的番号，公开以"解放军第六团"名义进行活动。1947年3月，两阳武工委对恢复公开武装斗争的组成形式、发展方向作了调整，一面巩固老区，一面开辟新区，把六十余名武装人员分为两股——

一股由马平、曹广、陈庚、陈枫率领，活动于漠东山区。马平、陈枫带领武工组在蟠龙等地开展巩固根据地工作。成立春北武装工作队，队长陈庚，队员有梁源、李良生、马千里等十多人。从蟠龙向春北及云浮县双富乡发展，加紧建立连接三罗的通道，为中区武装斗争重点向三罗的云浮山区发展打基础。曹广带领武工组以轮溪乡屋面塘村为据点，扩大武工队，在漠阳江沿边收税。

另一股由姚立尹率领陈发、陈励、陈碧、林效、康永、陈来、廖德等，组成春南武工队，以龙门上双为游击基地，向四周扩展。活动于轮水、岗尾、潭簕、河口、金堡、龙门、塘门、程村、那旦、横山、织篢、新圩、旧仓、黄什、小水河等地。在龙门通往塘口的灰沙场和小水河等地段设税站收税，在金堡、那旦、程村、黄什等地建立活动据点，在屋背冲建立交通站，在塘口梅花地村建立交通联络点。

上双位于阳春县南部，与阳江县接壤，属于阳江、阳春、电白三县交界处，西北面为云雾大山的篱坪山、鹅凰嶂，西南面为东水山，山势险要，回旋余地大，东北距龙门圩约 7 公里，西南距塘口圩约 10 公里，国民党的统治力量薄弱，群众思想纯朴，易于发动参加支持革命。抗日战争后期，阳江党组织为了掩护筹组抗日武装，沟通与阳春党组织的联系，曾派太平乡副乡长陈天衮，以太平乡的名义在上双开办过樟木油厂。陈天衮的同学、上双小学教师姚士泮在供给场地和竹、木方面给予支持。党组织在此团结教育了杨大轩的父母等一批群众。广东人民抗日解放军独立团撤走时，留下姚立尹继续做群众工作，传播革命思想，建立起地下交通点。抗日战争胜利后的隐蔽斗争时期，姚立尹、梁福生等率领部分武装人员到上双蕉根坑一带隐蔽，共产党及其领导的游击队在贫苦农民群众中留下了深刻印象，有利于建立游击基地。

但不利条件是山多地少，土瘦民穷，给养困难；国民党对抗日武装和革命群众残酷镇压，群众有恐惧心理。

姚立尹坚决执行上级的指示，带领春南武工队全体人员，克服种种困难，在上双积极开展一系列活动。一是积极宣传群众，深入发动群众，坚持"为人民做好事，保卫群众利益"，"处处为群众，事事为群众，时时为群众"，镇压土匪、改造土匪，打击地方反动势力，维持治安等，得到了群众的支持和拥护。二是严格遵守群众纪律，坚持不增加群众负担，坚持自力更生，同时开展征粮、征税等经济工作，保证了部队给养。三是积极开展统战工作。

武工队到达上双的当晚，杨大轩的母亲秘密邀集亲邻好友与武工队见面。开明人士姚士泮对武工队回上双建设活动基地表示支持，将自己屋后的六亩多荒田无偿送给武工队耕种，并借耕牛、稻种给武工队使用。武工队到上双后，立即深入农民群众之中，宣传群众，教育群众，揭露国民党蒋介石独裁统治、发动内战的罪行；宣传人民解放军大量歼灭国民党军队，粉碎了国民党对解放区的全面进攻，不断取得胜利的大好形势；说明这次回来的目的是进行"小搞"武装斗争，准备"大搞"武装斗争，与国民党反动派展开针锋相对的斗争，群众很受教育和鼓舞。

武工队积极开展统战工作，教育、争取保长、乡兵，取得较好成效。上洞保长曾繁德、下洞保长姚士彬分别是杨大轩和姚士泮的亲戚，武工队通过杨大轩的母亲和姚士泮做他们的思想工作，两位保长深明大义，支持武工队工作，为武工队活动提供各种方便，经常邀请武工队员到家里作客。

龙门有一位阳江县横山乡籍的保长，当保长前靠在那里做些修修补补的小手工活为生。因那里的保长难当，一般人不愿当而选他当保长。武工队了解他的政治、经济和社会关系后，把他争取过来。他及时向武工队报告情报，为武工队在龙门圩的收税工作提供方便。武工队还通过斗争、教育，与石门乡公所的乡兵、职员、保长达成了"互不干扰"的默契。

建设上双游击活动基地的初期，当地群众有三怕：一怕土匪打家劫舍；二怕乡长保长入村拉丁勒索；三怕地霸上门催租逼债。那时，武工队力量还很弱小，群众思想有顾虑，不敢大胆起来斗争，局面打不开，武工队的经济来源困难。武工队认为要解决这些问题，最重要的是维护好群众的利益，解除群众的顾虑，保证群众生命财产安全。

武工队决定从惩治土匪、维护治安入手。武工队在龙门到塘口横山土匪出现最多的路段保护行人安全，对商客征收少量保护税，连续3次在圩日向群众宣传党的政策和武工队维护治安的责任，专门召集有土匪劣迹的人开会，申明武工队的立场和态度，对一些惯匪实行特别警告。三、四月间，武工队先后处决陈家友、钟三槐、黎杏锡等几名阳奉阴违、屡教不改、作恶多端的匪首，并以"解放军第六团"的名义张贴布告，对有悔改自新表现的土匪进行教育改造，为害多年的匪患逐渐销声匿迹。

武工队消除匪患的声威震慑国民党乡长、保长，使他们不敢随便入村拉丁勒索，国民党盐警亦不敢到龙门收缴盐贩的盐。后来，武工队将龙门灰沙场税站迁至大炮坪盐市场，逢圩日派人进圩收税。进圩收税后，税种也有所增加，由原来单纯收取过往商客保护税改为商业税，包括米、布、鱼等大宗商品和盐税，向地主、公尝收取军粮。这样，武工队的给养状况大为好转。

武工队开展斗争取得了成果，群众看到了武工队的力量，党和武工队在群众心中的地位逐渐提高，群众跟党和武工队走的信心和勇气逐渐增强，他们积极行动起来，组织民兵巡逻放哨，很多群众自觉地当武工队的情报员，了解国民党动向，传递情报。

一天早上，蛇窜仔村农民邱秀芬到龙门圩卖草纸，发现来了许多外地的国民党官兵，担心武工队如常出圩收税会遇到不测，急忙扔下草纸，跑到八月寮村报告，武工队及时转移，国民党官兵的袭击落空。一些群众为保护武工队，不怕国民党反动派的报复。有一次，武工队在旧屋田村陈生记的晒谷场屋住宿，国民党织篑防剿区的联防队半夜里将该屋包围，但武工队已提前转移上山。联防队扑空后，又前往洞角村杨大轩家搜捕，再次扑空，于是将杨家财物抢掠一空，捣毁杨家的家具杂物，威胁说，以后再窝藏"共匪"，就烧屋捉人，与"匪"同罪。杨母并没有被吓倒。联防队一走，她不顾被捣毁的东西，连忙到邻村胞兄家借米煮饭，送给山上的武工队。

1947 年春，遵照中区党组织部署，春南武工队在建立龙门上双游击活动基地后，作出向沿江（阳江）春（阳春）边界两侧的横山、黄什、河口、那旦、小水河等地开辟新区的决定。这时，复员归队和新参加武装斗争的人员增多，队伍有一定的发展，姚立尹将武工队分为三个小组。姚立尹和陈发等为一个小组，向横山、黄什地区发展；陈励和林效等为一个小组，向河口、那旦等地发展；陈碧、姚九等为一个小组，在龙门税站收税。后来，陈碧和康永被安排到织篑开展工作。

发展新区，统战工作起着十分重要的作用。在开辟横山、黄什新区的过程中，姚立尹以亲戚关系，通过屋背冲村的刘开崧，先与横山乡地方头面人物刘行棣拉上关系，然后通过刘行棣同黄什乡队副郑志均接触，争取了刘行棣、郑志均两人支持。横山是新区，得到这两人的支持和帮助，很快建立起据点，发动农民林贵宾（林举斌）等多人参加武工队，并在塘口梅花地村建立了地下交通联络点。从 1947 年夏起，横山、黄什成为漠南地区武装斗争的重要基地。

陈励、林厚小组开辟河口、那旦新区时，团结地方开明人士，积极做好统战工作，把阳江县常备自卫队八区联防中队（常备自卫队麻汕独立分队）队长黄德初作为重要统战对象。

1946 年，国民党在两阳开展"清乡""剿匪"时，黄德初一直在轮水、那旦配合"清乡"。陈励、林厚小组通过黄德初的姐姐做黄德初的思想工作，然后由姚立尹、陈励跟黄德初谈判，双方订立了互不侵犯的协定。此后，双方未曾发生过摩擦。黄德初还让儿子当联络员，为武工队送递情报。

其间，陈励、林厚小组发展陈焕、陈全等五六人参加武工队，在那旦建立小水河税站和铺仔寨交通站，开展收税、收军粮及搜集情报工作。

在恢复老区、开辟新区的过程中，由于积极开展统战工作，许多当地有影响的上层人士和国民党军政人员改变了原来的立场，或明或暗地与武工队建立了关系，给予武工队帮助，因此武工队的工作开展得比较顺利。1947 年夏，国民党当局调集阳江、阳春两县的地方团队到龙门上双"清剿"人民武装组织，郑志均及时将情况报告春南武工队，武工队提前转移，使国民党军的"清剿"落空。有一天，姚立尹、陈发等人由刘行棣安排在黄什乡坡尾保公所内住宿。次日早晨，驻在保公所的联防队正紧急集合，有人问保长："联防队干什么去？"保长说："去打姚立尹。"保长万万没有想到姚立尹就在面前。同年秋，姚立尹带领上双武工组到轮水执行任务，途中与石门乡队副（从外地新调来，与武工队不熟悉，未建立关系）率领的乡兵（他们与武工队熟悉、有关系）相遇，情况危急，此时乡兵很配合，向乡队副说他们是自己人，化解了一场恶战。

在群众和地方上层知名人士的支持帮助下，短短几个月，春南武工队不但在上双建立了稳固的游击活动基地，而且还开辟了阳春县的新圩、潭簕、河口、金旦、龙门和阳江县的横山、塘口等新区，并把它们连接成片。

阳春北部地区，有南在、平坦、那乌、茶园、石望、阳三等乡。南在乡有北撤赶队不及从香港经鹤山回乡的黎光，与复员回家的几位六团战士组成一个武工组，在南在乡的留垌、茶河活动。

阳春县毗邻的云浮县双富乡和罗定县金鸡乡，大部分是新区，群众基础较差，反动势力较强。1947年3月，陈庚与梁源、李良生、马千里加紧向阳春北部山区和西山地带发展，为三罗"搭桥"。陈庚武工组初时只带短枪和手榴弹，依靠在抗战时期参加过六团游击队复员回家的平坦乡的苏路、那乌乡的莫德芳等人，发展了那乌乡的温湛和大小河乡的麦全义参加武工队。陈庚带几个人有时化装成到留垌矿山收购钨矿的商人，到了那乌、茶园乡则伪装为刘某某竞选国大代表的宣传队，在春北平原上通行无阻。5月，陈庚与梁源、陈飞到茶园乡的天井、茅垌、孔垌、耀岗、大岗坪、山中间等十余条村庄活动，在山中间发动刘大权、柯东、孔国、罗德等成立茶园乡武工小组。这些新发展区和抗日老区马狮田、大垌水、瓦盎连接留垌、蟠龙，互相依托。春北武工组站稳了脚跟，对国民党基层政权的人士，能争取的争取，需镇压的就镇压。

经过几个月工作，陈庚和梁源通过那乌乡上层人士、回乡大学生莫国光，到云浮县双富乡面见乡长谈判，该乡长允许共产党的部队进入双富乡辖境开展隐蔽活动，但不要进入富林圩。陈庚同意该乡长意见，并向上级作了书面汇报，中区特派员派麦长龙为云浮县特派员，由陈庚武工组护送到云浮县双富乡。

8月，谢永宽根据香港分局指示精神，布置吴桐和朱开组建小分队开辟三罗地区工作，吴桐分别在滨海、两阳、恩平、新高鹤等地抽调武装骨干和政治干部共24人，配备机枪2挺、步枪26

支，组成挺进三罗小分队。出发前，吴桐向两阳部队布置做好三项工作：一是派武工组向云浮方面活动，并准备为挺进三罗提供向导；二是提供一张三罗地图；三是部队在挺进三罗前要在阳春集训，要作地点和给养的准备。9月上旬，挺进三罗小分队到达阳春蟠龙根据地，与两阳武工委马平、曹广、陈庚、陈枫的武装队伍会合，在蟠龙刘屋咀村集训24天，分别由罗杰、陈云、叶永禄讲授政治课和军事课。10月中旬，马平、曹广、陈庚、陈枫率领两阳武装队伍护送挺进三罗小分队北上，经过春北游击区进入云浮县云雾山区，在那里配合挺进三罗小分队活动了一段时间才返回阳春。挺进三罗小分队在中南乡、阳三乡及西山云帘（今均属阳春市河朗镇）活动，吸收了一批新队员，队伍迅速扩大，不久建立云浮人民自卫队。两阳武工委为三罗"搭桥"的任务胜利完成。

五、党对武装斗争领导的加强

公开武装斗争恢复以后，粤中区县级以上党组织仍然实行特派员制，单线联系，继续开展活动；地方党组织系统与武装系统分开领导（即地武分开领导），互不统属。阳春党组织隶属中区（粤中）特派员谢永宽领导。

1947年8月，李信离开潭中中学，到阳江城均祥店向中区副特派员林华康汇报工作。这时国民党阳春县政府免去了廖绍琏潭中中学校长职务，黄德赐等两名党员撤回广州。设在潭中中学的党的领导机关要转移。李信与林华康到江门向谢永宽汇报工作，谢永宽派李信陪同林华康到香港，向香港分局汇报，听取了香港分局对整风运动的情况介绍和其他地方武装斗争的经验。李信带着香港分局关于"积极小搞，准备大搞"的指示，回到江门向谢永宽作了汇报。此后，谢永宽到台（山）、开（平）、赤（溪）和两阳（阳江、阳春），加紧布置党组织和武装部队的工作，于9

月任命李信为中共两阳特派员，对阳江、阳春两县地方党组织和武装部队实行统一领导。

10月，李信从江门回到阳春，与蟠龙党支部书记陈运福联系。10日夜间，李信在蟠龙积崇小学与两阳武装部队负责人马平、曹广、姚立尹、陈庚、陈枫等人开会，传达香港分局关于"积极小搞，准备大搞"的方针，对地方党组织和武装部队实行统一领导；积极扩大武装力量，扩大活动地区，积极开展"小搞"；游击区蟠龙、先农、金旦、岗尾等乡的党支部和武装部队互相配合，组织农会、民兵开展反"三征"斗争。会后，李信回到春城，住在阳春城西门街（现阳春市春城朝阳路）刘苏的住宅后院，部署地方党组织转入战时体制，配合武装斗争。

建立交通联络点。以春城永生堂、刘义兴杂货店为交通站，通过先农乡沙田垌村邓水生家交通站通向部队，使部队与地方党组织保持联系；蟠龙建立上洒、下塘坪、刘屋咀等交通站，使部队与春城地方党组织保持联系；先农乡党支部培养的女交通员邓裕群、顾月娟，担任从先农至轮溪乡屋面塘与蟠龙上洒的交通员；阳江城的广源店交通站，一条线通向双捷至轮水屋面塘交通站，一条线通向阳西织篑邓其峰交通站，联系漠南游击部队；两阳党组织筹集资金购买机帆船，往返于阳江沙扒与香港，保持两阳地方党组织与香港分局的联系，阳春籍党员张辉在机帆船上当机要交通员。两阳武装部队也在游击区内建立了交通网点。两阳地区的交通网点在整个解放战争期间，内部交通联络保持不断，一直未受破坏，情报通信传送畅通无阻，护送领导干部往来安全无碍，为解放战争胜利作出了积极贡献。

建立军事情报网。容忍之以永生堂掌柜身份，利用"老板"曾昭常夫妇的社会关系，广交到永生堂串门的"朋友"，包括国民党县党部、附城镇公所的上层人物及政工特务，取得了许多准确的军事情报。柯明镜打入阳春县政府秘书室担任录事，在军统特务阳春县县长邓飞鹏的虎口之下，获得不少重要情报。春城地区党员侦察国民党军部队驻地、人数、枪支装备及动向，摸清国民党的党政军要员住宅情况，及时把情报送往先农、蟠龙交通站转交党组织和部队。

调整组织。建立中共江城中心区委，张慧明为区委书记，何明为副书记。中心区委工作范围是江城及周围，西至织箦、沙扒，联系金横地区党组织，配合部队开展武装斗争，同时掌握国民党动态经交通站送达部队。派陈池到西山与赖仁贵联系，直接开展西山工作。1948年初，成立春城区委，管理城区党组织工作，由李信直接领导。

2月初，李信根据上级指示，从春城转入漠东游击区，统一领导地方党组织和武装部队。

六、集中兵力，积极"小搞"

地方党组织和武装部队实行统一领导之后，为适应斗争形势发展的需要，党组织要求各地扩大武装队伍。为发展武装队伍，地方党组织和武工队一方面动员复员人员归队，一方面发动青壮年农民和青年学生参加武装斗争。

1947年10月，马平把两阳武装队伍集中起来，挖出掩藏的机枪、长枪，组建了一支20多人的基干队伍，命名为"雪枫队"，曹广为队长，马平为指导员，活动于漠东山区；蟠龙的欧圣聪、钟景宏等及一批农民积极分子参加"雪枫队"。

同月，中共阳春党组织通知岗尾（六区）潭籁乡河邦党小组负责人林方，带领林儒逊、林强、林润和积极分子共22人，参加春南武工队，活动于潭籁、金旦、龙门、河口一带。

11月，国民党古良税捐处头目外出开会，姚立尹派陈励率4

名队员袭击税捐处。在几名已被争取过来的税丁配合下，武工队不费一枪一弹顺利拿下税捐处，缴获日式新型步枪12支、子弹1200多发。同月，姚立尹带领春南武工队夜袭阳春河口乡公所，武工队一面进行武力攻击，一面开展政治攻势，乡兵慑于武工队的威力，放下武器，纷纷逃散。武工队缴获枪支数支，破国民党河口粮库，组织数百农民挑运稻谷200多担。

鉴于队伍的发展壮大和斗争的需要，两阳武工委以春南武工队骨干为基础，于11月底组建了一支30多人的武装基干队"彭湃队"，陈发任队长，姚立尹负责全面指挥。"彭湃队"成立后，与活动在漠东山区的"雪枫队"相呼应，以龙门上双为基地，主要活动在江春边区，并向阳江西部的漠南地区发展。

11月下旬，郑锦波到先农乡白坟村郑宏璋家，召开两阳武工委会议，马平、曹广、陈庚、陈枫参加了会议。郑锦波传达香港分局指示：为粉碎蒋（介石）宋（子文）的进攻，各地部队要贯彻党中央的战略方针，以歼灭有生力量为目的，不以保守或夺取地方为主要目标，以绝对优势兵力，给国民党军以歼灭性打击，不打无把握无准备的仗。会议还指出：我们要独立自主，大胆放手和依靠群众，猛烈开展群众性的游击战争，创造出广大农村的据点与武装组织，才能打破蒋宋进攻的企图。会议还研究和部署了奇袭马水乡公所的战斗。

12月，两阳武工委集体研究，"积极小搞"必须选准突破点，做到初战必胜。武工委成员认为春南地区的岗尾圩、潭水圩、马水圩呈品字形排列，以打马水圩最为有利。马水圩处在阳春城与岗尾圩之间的漠阳江西岸，离春城10公里多，每天有往来于阳春至阳江的电船经过，乡公所就在码头旁边。马水乡公所仅有一个自卫班，乡兵12人，马水粮仓有刚收缴的田赋谷800担，可以破仓分粮鼓舞群众。马水圩漠阳江东岸是岗水片游击区，连接新圩乡、先农乡根据地，均有农会、民兵，可以发动群众破仓运粮，并便于集结部队出击和撤退。于是，决定攻打马水乡公所，由两阳人民武装为主攻力量，中区特派员直属基干队一个班协同作战。

12月4日是马水圩圩日。马平、曹广、姚立尹、陈庚率领两阳武装部队50多人袭击马水乡公所。两阳武装部队从先农乡的板桥岭、新圩乡的华吉岭、上下登枧等村庄向漠阳江边的黄村、密寨集中，分成3个小分队：一是由马平、曹广、贺金龙率领朱存、陈发、梁春等12人组成突击队，装成趁圩的农民，先到南山头对面的密寨村隐蔽，后到大埒口河边，截取从阳江城开往阳春城的电船；二是由陈庚率领第二小分队，发动先农、岗水、黄村等游击区农会会员和民兵数百人，以趁圩农民身份进入马水圩，待战斗结束后，破仓分粮；三是由姚立尹率领的第三小分队，并发动一批民兵参加，在飞鹅头岭（南山头）警戒，阻击春城、岗尾方向的来援保警。当突击队截获电船时，意外俘虏国民党岗尾联防队中队队长严振球和士兵2人，缴获长、短枪3支，朱存、梁春、陈发等穿上国民党军服，乘电船直抵马水圩码头，泊岸后，直冲入乡公所，一枪未发，解除全部乡兵的武装，缴获长短枪16支、子弹一批。随后，陈庚小分队立即打开马水粮仓，破仓分粮800担，组织群众有秩序地运粮到码头装上木船，运回游击根据地各村庄。部队以广东人民抗日解放军第六团的名义贴出布告，签署指导员姚立尹名字。陈庚小分队还在圩亭上宣传解放战争的形势和解放军的政策，号召趁圩的群众都可以到粮仓"买粮"，按经济能力交点钱给游击队作军费。傍晚，两阳武装队伍和运粮群众全部撤回根据地。阳春县保警赶到马水圩，只看到一个空粮仓和一队没枪的乡兵及武工队贴出的布告。此次战斗的胜利轰动两阳，教育了群众，提高了部队的斗志，取得了"积极小搞"的成果，打开了两阳武装斗争新局面，树起了两阳人民武装的旗帜。

放手大搞武装斗争，粉碎国民党军事"清剿"

一、粉碎国民党第一期"清剿"

1947 年，国民党统治集团为确保华南地区的反动统治，开始对广东各地人民武装发动所谓的"分区扫荡，重点进攻"的第一期"清剿"。阳江、阳春两县属第七行政区，为第七"清剿"区。

12 月，军统特务邓飞鹏接任阳春县县长。1948 年 1 月 1 日，邓飞鹏召开阳春县政府行政会议，决定把县保警扩充到两个营 6 个连，6 个区的联防中队分别扩充为相当连的建制，39 个乡的乡自卫队分别扩充为相当排（两个班）的建制，反动武装由原来不足 500 人扩充到 900 人。为此，向农民摊派联防自卫捐谷和购买大枪谷，追缴田赋旧欠，逼到农民倾家荡产卖儿卖女，春荒普遍断粮。县保警进入游击区"清乡"查户口，强迫游击队员家属变卖家产缴交"捉匪花红"，强迫村民合族担保本村子弟不当解放军，追捉壮丁充"征兵"，逼得群众逃避反抗。同月，国民党广东省第七行政区保安司令刘其宽派副司令周万邦，带领保安队数百人来到两阳，设两阳"清剿"指挥所于阳春新埠圩，对两阳实施第一期"清剿"。

袭击马水乡公所后，两阳武装队伍分散活动，避开阳春县保警对漠阳江沿岸的"进剿"，巩固蟠龙根据地，实施南进北攻战略。马平、曹广带领"雪枫队"主力北上转入春恩边开辟新区；

陈枫带领一个武工队在春中根据地活动；陈庚带领一个武工队在春北活动。姚立尹带领"彭湃队"在新埠、河口、龙门、金堡、横山、桐油等地分散活动，需要时则集中作战。

1948年初，两阳人民武装斗争进入大搞时期。大搞时期分为两个阶段：上半年，以反"三征"斗争为武装部队开展群众运动的中心，减租减息则居次要地位；下半年，以减租减息作为武装部队开展群众运动的中心。

"小搞"时期的反"三征"斗争着重开仓分粮，将国民党的粮食分给农民，由于政治上发动得不够，宣传得不够，而且分粮大都属于赠送性质，没有及时将群众组织起来，群众组织很松散和脆弱。在开仓分粮中也未能从中物色和培养干部，未能培养群众中的领袖和积极分子。只有在人民武装控制或半控制的地区才能进行减租减息，因为减租减息触动了地主、富农、高利贷者的利益，对于团结起来同蒋介石反动派进行斗争是不利的，所以只有具备反"三征"斗争条件的地区才可以进行减租减息。

1月，"彭湃队"袭击阳春县石门乡公所，缴枪7支；袭击阳江县西平乡公所，俘乡兵20多人，缴获长枪15支、短枪1支。俘虏经教育后释放。

2月8日，吴桐指挥云浮人民自卫队德怀队与"雪枫队"、春北武工队联合作战，在石望乡梁炳忠、梁炳卓的支持配合下，袭击国民党石望乡公所，缴获长短枪30支，开仓分粮500多担，震动春北，影响很大。

在两阳地区，从实行"小搞"武装斗争开始，党组织积极发动群众，壮大人民武装力量，接连摧毁国民党一些基层政权和反动据点，把破仓分粮运动推向高潮。国民党广东省第七行政区当局对此大为震惊，随即大举"进剿"两阳。

2月，周万邦在阳春城召开"戡敌剿匪"会议，部署以"政治为主"，实行"三分军事，七分政治"的"剿匪"计划，宣称一个月内"剿平匪患"。会后，周万邦纠集两阳县保警及地方反动团队等共 2000 多人，计划分三路"进剿"漠东、漠南游击区。

2 月 10 日是农历春节，春节后几天，邓飞鹏按照刘其宽和周万邦制订的两阳"第一期绥靖计划"，起草了一个于 2 月 20 日（农历正月十一日）"进剿"漠东、漠南游击根据地的通知，交给县政府秘书室录事柯明镜复写一式三份，发给参加三路进攻的县保安营。柯明镜在下午下班前把底稿及三份复写好的文件交给邓飞鹏，把暗中多复写的一份文件收藏于长筒袜底，带到永生堂交给容忍之，容忍之连夜派交通员送交李信。

李信根据情报，写了关于粉碎国民党军三路"围剿"的指示信，由容忍之派交通员送到漠东根据地马平手上。信中指示两阳主力部队跳出外线，避开国民党军锋芒，相机袭击国民党军据点，打乱国民党"清剿"计划。

马平带领"雪枫队"转移到恩平县边境山区。蟠龙的农会、民兵骨干均转移上山。

2 月 18 日，陈运福根据李信的指示，通知打入蟠扶乡公所当干事的严仕郁马上撤离进入游击队。严仕郁与在蟠龙的游击队员钟景宏、何明及民兵队骨干梁传队、梁传盈、梁传谋等上山活动。25 日晚，严仕郁带领梁传队、梁传盈到乡公所，向乡长吴英仁索取 12 担谷的欠薪。当时乡兵全部外出，把枪支放在床边，严仕郁 3 人把乡兵的手提机枪 1 支、驳壳枪 3 支、步枪 4 支全部收缴带走。26 日，春城国民党军进入蟠龙"清剿"，看到蟠扶乡公所空无一人，当即包围沉冲、刘屋咀两村搜索，一无所获。国民党军指挥官暴跳如雷，下令封了严仕郁、欧圣聪的家，查抄家产，悬赏花红通缉。严仕郁、欧圣聪两家亲属撤到恩平县对坎坪村。27 日晚，本已带领民兵上山的罗光回金坪村家中取衣物，被埋伏在村中的县保警逮捕，遭受酷刑，被枪杀于金坪。蟠龙农民有数十人被逮捕受迫害。

2 月底，阳春县保警撤出蟠龙开往漠南，只留下一个排守蟠龙据点，"雪枫队"趁机袭击蟠龙据点，伤县保警 2 人。第二天，县保警抬着伤兵仓皇撤回春城。

3 月，刘奇因在农校油印传单被人发现，身份暴露，撤往春南游击区。4 月初，李信指示陈钧撤离崆峒小学，到春南游击区，组建中共春南区委。容忍之接任春城区党组织负责人，原由李信单线联系的统战工作小组的林举铨、李希果、李华，交由容忍之联系。

两阳党组织和人民武装从乡村到城镇，从山地到平原，广泛开展游击战争，到处袭击国民党军，粉碎了国民党军一次又一次进攻，在斗争中削弱国民党的力量，壮大自己，摧毁国民党地方政权，建立、巩固和发展革命根据地，把两阳武装斗争推进到一个新的发展阶段。

两阳主力部队采取"挺出平原，保御山区"的战略，积极开展反"清剿"斗争，不断扩大队伍。

香港分局派郑文到阳春漠东游击区，拟派往南路暂留在漠东工作的有杨飞、杨超、陈冬等人，吴孑仁从香港乘船往西江肇庆，经连滩入三罗部队，4 月份亦抵达阳春漠东山区。

2 月中旬，李信在先农乡七星岭大坑潘一山寮召集两阳人民武装负责人会议，参加会议的有马平、曹广、姚立尹、杨飞、杨超、陈冬等，由杨飞传达香港分局关于开展"大搞"的方针精神，提高干部的思想认识，加速扩大人民武装队伍开展"大搞"斗争。会议决定加强各游击区的领导力量开辟新的游击活动区，郑文到春北区，杨超、陈冬到漠西武工队，杨飞到阳江与阳春蟠龙毗邻的珠环、大八区。会后不久，国民党军三路进攻蟠龙、春北、漠南游击区。先农乡自卫队到板桥岭村抓人当兵，捉了青年陈杏彩。群众向在围仔村活动的武工组长邓泰坚报告，邓泰坚带领武工组及民兵10多人，在围仔附近马塘坎设下埋伏，当队副雷振球带领乡兵押着陈杏彩经过木棉树坎时，武工队集中火力把雷振球击毙，缴获雷振球左轮手枪1支，乡兵逃散，陈杏彩得救。从此，乡公所再不敢来抓人当兵。

3月，开辟新游击活动区工作进展迅速。杨飞到达蟠龙上洒与阳江县珠环、大八，执行吴有恒关于利用改造土匪的指示，带领苏观保、岑伙生，以纯洁的贫苦农民为骨干，吸收山区捞家土匪人枪一起入队，发展迅速，共有140多人。4月，组成恩阳边区大队，杨飞任大队长，下辖3个中队。6月，陈亮明任政委。

3月，在春中区南在乡留垌、茶河一带活动的黎光武工队不断扩大，组建了漠西中队，黎光为中队长，阮明为副中队长，杨超为指导员，陈冬为副指导员，全中队48人。漠西中队以南在乡为基点，从朗仔渡过漠阳江向西山发展，挺进西山的大河、那柳，在原六团曾经隐蔽活动过的村庄开辟新区。由于新区工作基础薄弱，粮食给养要由南在乡提供。在漠西中队进入西山的一个月内，国民党军"扫荡"南在乡留垌、茶河，在迳口强迫群众出工出料筑了碉堡，群众愤恨地称为"山猪楼"，南在乡联防队驻在碉堡内。4月，漠西中队从西山回师南在乡，派武工队员分化瓦解联防队员，结果联防队员弃枪离开碉堡出走，漠西中队俘获联防队队长梁寿兴，罚交军饷后释放，处决特务严黑码，缴获长短枪15支，烧毁"山猪楼"据点。

3月初，在阳春南部金旦乡活动的漠南"彭湃队"，趁国民党军三路进攻的空隙，派武工队员周文奏、韦汉威和廖绍琏组织发动金旦乡肖背迳村和附近村庄的青年农民廖正来等20多人集体参加"彭湃队"。

3 月 12 日，"彭湃队"和武工队攻打阳春县金堡圩国民党据点，破了地主邹德沛的谷仓，分粮 30 多担给贫苦农民。"彭湃队"迅速转移，进入阳江县境。

14 日，"彭湃队"攻打国民党阳江县黄什乡自卫队，乡兵弃枪逃跑，缴获长枪 10 多支和子弹一批。16 日，"彭湃队"夜袭阳江县程村乡公所，破仓分粮 4000 余担给附近农民。20 日，石门乡乡长曾繁燊带一个乡兵在阳江县城开会回来，经过游击队驻地屋背冲时被游击队哨兵捕获。赵荣和姚立尹研究后，为利于开展统战工作，决定释放曾繁燊，以把他争取过来。

漠南两阳边境国民党乡公所连续被攻破缴械，国民党两阳"清剿"指挥所认为"共军"主力在漠南地区，马上调集主力进剿漠南游击区。"彭湃队"迅速撤出漠南地区，东渡漠阳江从轮溪乡进入恩平县清湾。

3 月，春北武工队和云浮人民自卫队德怀队联合行动，攻下青山乡公所，开青山粮仓分粮 300 担。"雪枫队"挺出平原轮溪乡，在曹广指挥下，派"小鬼班"打先锋，于轮水圩圩日化装成趁圩农民，突袭轮溪乡公所，一枪不发俘虏乡兵及职员，缴枪 50 多支和子弹一大批。

国民党先农乡乡长柯明凤移乡公所到春城南郊 4 公里的雷塘村祠堂，而且经常不敢在乡公所住宿。4 月 6 日，李信派刘奇带领武工队员黄余悦、李良生、林效，乘夜摸到乡公所。刘奇利用师生关系叫新任乡队副洪永丰开门，武工组攻入乡公所，缴获长短枪 13 支和子弹一批。乡兵推倒乡公所后墙，伪造"共军"攻打现场后逃散。

4 月，因周万邦"清剿"不力，刘其宽带领省保安团 1 个营到两阳接替周万邦，以召开"治安"会议为名，在新埠圩召集春南各乡的县参议员和区长、乡长、保长开会。会上，刘其宽指责金旦乡金堡联防办事处人员在"共军"攻打邹德沛家时不救援，轮溪乡乡公所被"共军"缴枪不抵抗，立即逮捕金堡联防办事处3个轮流执政的保长和1个保丁、轮溪乡1个保长，枪杀于新埠圩，并到处张贴"十杀令"，群众称刘其宽为"杀人王"。廖绍琏以县参议员身份到新埠参加会议，被刘其宽怀疑"通共"，下令逮捕，幸得金旦乡公所一位干事帮助，转移到潭簕乡县参议员郑英淞家躲避，脱险后离开阳春转移到电白县。

下旬，东征支队进入第七行政区的茂名、信宜、电白县境，威胁到刘其宽的老巢，刘其宽率兵退回茂名。刘其宽临离开阳春时，下令枪杀被游击队缴枪和破仓分粮的马水乡乡长陆孚五和河口乡乡长韦鼎贵于塔岭下，枪杀先农乡队副洪永丰和乡兵等6人于春城东郊。刘其宽对阳春县国民党军政人员大批镇压，不但没有起到震慑作用，反而使乡保人员惊恐离心，更加倾向共产党和解放军，有利于党组织和游击队开展统战工作，让他们充当两面政权人物，向党组织和游击队提供情报，向国民党县政府、保警提供过时情报或假情报。金旦乡驻金堡办事处的副乡长无人敢当，五区区委于6月安排农民黎道璇出任金旦乡副乡长。黎道璇经常向党组织和游击队提供情报，为游击队购买军用品。金旦乡金堡办事处成为白皮红心政权。蟠扶乡公所在国民党军"扫荡"撤回县城后，乡长、副乡长3人均成为两面政权人物。国民党军"扫荡"时抓到"雪枫队"队长曹广骑的一匹马，蟠扶乡副乡长黄孔彪向县保警说，这匹马是他从阳江县大八借回来骑的，把马领回交还给曹广；副乡长欧念钊以乡公所名义为游击队采购大量药品、文具、衣物等物资。

二、中共广南分委成立

1948年春，香港分局决定成立包括广东南路、中区及桂东南、桂中南在内的中共粤桂边区委员会（下称"粤桂边区党委"），中区各县也划入粤桂边区范围。但鉴于中区地域较广，与边区党委机关相隔较远，不便联络，香港分局又决定在粤桂边区党委属下设立一个分委机构，定名为粤桂边区党委广南分委（简称"广南分委"），专责领导云雾山区的茂名、电白、信宜及原中区所属各县的党组织和武装斗争。此后，中区的称谓便逐渐改称为粤中区。

3月，广南分委在内部成立，由冯燊、吴有恒、谢创、欧初4人任分委委员。不久又设立了广南人民解放军临时司令部，作为分委的临时军事机构。吴有恒、谢创从香港直接抵粤中后，即与谢永宽及由香港分局派回粤中工作的唐章、周天行等，分头前往各地传达贯彻香港分局二月会议和"指示信"的精神。粤中区武装斗争开始由"小搞"阶段转入"大搞"阶段。

4月，为了加强党的领导，大搞武装斗争，李信把漠东山区地域分为3个区委：春中区委基地在蟠龙，区委书记陈枫，委员陈运福、黎光，活动地域为蟠扶、龙湖、南在、崆峒、盘石等乡。春南区委基地在先农乡那魁村，区委书记陈钧，副书记刘奇，委员陈洪，活动地域为先农、轮溪、岗尾、潭簕、新圩、马水及阳江县捷轮乡的高垌、表竹村；陈钧率领邓泰坚武工组40多人活动，刘奇长驻新圩乡荔枝朗和先农乡那魁村，陈洪驻轮溪乡罗山村担任情报交通工作。春北区未组成区委会，区中队基地在那乌乡马狮田，郑文为区中队指导员，活动地域为那乌、大小河、茶园、平坦、高北、青山等乡。各区相继把武工组和民兵集结，除上调到漠东大队主力之外，分别组建春中区中队、春南区中队，春北区则成立茶园乡刘大权中队和那乌乡武工队。漠东山区人民武装达到240人，漠南人民武装120人，西山大队48人，总计有408人，是恢复武装斗争初期的8倍。

为适应放手发动群众、大搞武装斗争新形势的需要，广南分委着手将粤中区的党组织，由特派员制恢复为党委制，建立分委属下的地（工）委，并初步划分、调整了各区所辖的范围。4 月，冯燊与吴有恒、谢创等分别深入到漠阳江南岸、阳春北部和高明合水等游击区开展工作。他们一方面听取当地党组织和部队负责人的汇报，了解武装工作发展情况，提出"大搞"的措施和步骤，一方面到农村向群众作社会调查，熟悉社情，研究和确定开展群众运动的斗争策略。

冯燊向漠南独立大队指战员传达了香港分局关于"粉碎蒋宋进攻计划，迎接南下大军的指示信"精神，听取了漠南独立大队贯彻"大搞"的汇报，对漠南的做法表示满意。漠南独立大队把冯燊护送到漠阳江边，由漠东独立大队派廖德"小鬼班"从轮溪乡江边接到漠东游击区。冯燊到达蟠龙，向漠东独立大队指战员传达香港分局指示，使到会干部对"大搞"充满信心。

冯燊向李信传达香港分局决定：一、成立粤桂边区党委，梁广任书记，冯燊任副书记，黄其江为委员，领导西江南岸高鹤至十万大山地区的武装斗争。二、建立粤桂边区党委广南分委，下辖中区地委和两阳、三罗、茂（名）电（白）信（宜）地区党组织，等候东征部队到达阳春后正式建立，冯燊、吴有恒暂住蟠龙。

5 月 12 日，广南分委、广南人民解放军临时司令部发出《关于领导救荒斗争的指示》，决定把大胆放手领导群众开展破仓分粮的救荒斗争，作为"最普遍的动员群众口号"，"抓紧群众粮荒斗争的热潮"，"用农会用贫雇农团"等名义，把群众组织起来，以"实际控制了农村"，并"配合这种斗争，组织地方性的民兵、区乡队，或动员参加主力，求得在领导救荒斗争中，在各部队普遍迅速扩大发展"。五六月间，冯燊、谢创、吴有恒、欧初在阳春县蟠龙根据地会合。6月11日，在蟠龙刘屋咀村欧基圣家召开会议，传达香港分局的决定，宣布广南分委、广南军分委正式成立，书记冯燊（兼军分委主席），常务委员谢创、吴有恒（兼军分委第一副主席）、欧初（兼军分委第二副主席）。同时撤销原广南人民解放军临时司令部。广南分委在组织上，既隶属粤桂边区党委，又直接向香港分局负责，具体领导广南（即粤中）地区党的工作和武装斗争。

广南分委的正式成立，使粤中区的党组织和人民武装实现了统一领导，从此，全区军民对国民党的斗争，有了一个坚强的领导核心，形成了统一指挥、统一领导、统一部署的新格局，大大加快了武装斗争发展的步伐，保证了反"清剿"斗争的顺利进行。

6月中旬，为了加强两阳党组织的领导，广南分委决定成立中共漠东县工作委员会（简称"漠东工委"）和中共漠南县工作委员会（简称"漠南工委"），李信仍为两阳特派员，罗明为副特派员。李信兼任漠东工委、漠南工委书记，吴子仁、马平为漠东工委委员，赵荣、姚立尹为漠南工委委员。漠东工委辖春北、春中、春南和阳江的珠环、大八、塘坪及恩平清湾等地区；漠南工委辖潭水、河口、新墟、潭簕以南至阳江县漠阳江西南部地区。3月份开辟游击区，5月，成立中共珠环大八区委，杨飞为书记，委员杨超、陈冬、梁寮。7月，建立中共清那区委，书记梁福生，委员张萍，属漠东工委领导。清那区为恩平县境清湾、那吉两个乡。11月，成立中共春北区工委（12月改为春北区委），杨飞任书记，郑文任副书记，委员黎光、杨斌、曾进。广南分委部署了两阳的工作后，转移到恩平县境。

6月，茂电信地工委书记王国强带领一支武工队，从电（白）阳（春）边区进入阳春到达蟠龙，向冯燊汇报工作，接受任务。

信宜县党组织梁甫、罗强等 9 人武工组亦到达蟠龙，与六团一起活动。7 月，广南分委决定成立中共高阳地委，统一管辖两阳、新恩和茂电信地区，地委书记郑锦波，委员杨子江、李信、王国强。两阳、新恩边区逐渐统称为广阳地区。

三、东征支队到阳春

中区是国民党在广东统治的心脏地带。宋子文为了加强对中区的控制，于 1947 年底至 1948 年初，先后在中区设立了五邑"清剿"指挥所、三罗"清剿"指挥所、新（会）鹤（山）明（高明）"清剿"指挥所、两阳"清剿"指挥所，并调遣广州行辕警卫团张文政营、唐桂龙营、国民党正规军第二五七团（詹庚北团）和保安第十一团到中区作为"清剿"主力；同时指令驻肇庆的保安第十四团一个营配合，加上地方武装，国民党在中区的兵力由原来的 3000 人增至 8000 余人。

这时，中区人民武装的力量还比较弱小，仅有 700 余人，其中台（山）南 80 人，高（明）鹤（山）120 人，恩（平）新（兴）200 人，两阳 70 人，三罗 30 余人。

为了加快中区人民武装的发展，打破国民党军的"清剿"，1948 年二三月间，香港分局采取了两项重要措施：一是决定成立粤桂边区党委广南分委，加强中区武装斗争的领导；二是从粤桂边区人民武装抽调部分主力东征到中区。

与此同时，香港分局又指示各地："应该有计划的向敌薄弱的地方突破，以反包围，及在有条件下，可采取大迂回去发展。"香港分局根据吴有恒的建议，作出了粤桂边部队同时进行东征、西征的重要部署，以粉碎国民党军对广东南路的重点"围剿"，保存主力，减轻老区的压力，配合粤中区和十万大山的党组织开辟新区，大力发展武装斗争。

二三月间，粤桂边区党组织遵照香港分局的决定，开始抽调部队主力，组建挺进部队，分别进行东征和西征的准备工作。

执行东征任务的部队分别由原活动于化县的新四团两个连和跟随该团活动的茂电信第六连组成第一营，活动于廉江县的新三团的两个连和边区司令部的警卫连（即山东连）组成第二营，活动于遂溪县的新二团的两个连组成第三营。抽调的部队按团建制组编，共辖3个营8个连，约800人，命名为东征支队，由欧初任支队司令员兼政委，黄飞、黄东明、涂明坤为团长，罗明为团政委，陈军为团政治处主任。

在广南分委组建期间，中区人民武装也进行整编。3月下旬，郑锦波与李信把"雪枫队"和"彭湃队"集中在恩平清湾整编。"雪枫队"扩建为漠东独立大队，曹广为大队长，马平为政委，下辖云灵连和七星连，陈来为云灵连连长，梁春为七星连连长；"彭湃队"扩建为漠南独立大队，姚立尹为大队长，赵荣为政委，下辖彭湃连，张启光为连长，邝炎培为指导员。各大队并成立党的工作委员会。漠东独立大队工委书记马平，委员曹广、陈庚、陈枫、杨飞；漠南独立大队工委书记赵荣，委员姚立尹。整编之后，由于国民党军第一期绥靖计划后期"清剿"重点在漠东，因此漠东独立大队转移到春北区活动；漠南独立大队转移回漠南活动。

4月初，漠西中队扩编为西山大队，陈亮明为大队长，梁昌东为政委；并成立中共西山工委，梁昌东为书记，陈庚、陈亮明为委员，梁昌东因负伤未入西山。西山大队从南在乡留峒进入西山，开拓局面迎接粤桂边区东征部队进入阳春。

4月，吴有恒在香港分局参加整风会议之后，到达阳春马狮田，召集两阳人民武装负责人到那乌乡狮岗盎村开会，传达香港分局关于"大搞"的指示，布置开展更大规模的武装斗争。吴有恒说，东征部队要从西山方向过来，到达阳春，要派出人员接应。与会者汇报，陈亮明已率领西山大队进入西山；郑文派武工队员顾铭、陈飞、马千里、李培等，到平坦乡平北溪阳江边游击区活动，等候东征部队。吴有恒布置陈庚和陈亮明加紧开辟西山工作，接应东征部队。

4 月 5 日，东征支队在遂溪县北区下洋村誓师出发，正式向粤中挺进。按照原定的计划，部队战略转移第一步先到茂电信边区和云（浮）阳（春）边西山地区，配合当地党组织发动武装起义，开辟茂电信云阳边山区根据地；第二步发展到西江南岸的整个粤中区，配合粤中区党组织和武装部队大搞武装斗争，建立广南游击根据地。这是一次具有重大意义的战略转移。因此，东征支队从踏上征途之日起，就遭到了国民党广东省保安部队及当地反动武装的疯狂拦阻和截击。东征支队突破国民党军重重封锁，昼夜兼程，抵达云浮飞地西山地区。

广南分委原来曾打算，东征支队进入云浮飞地西山后，即以此地为基础发展武装斗争，准备日后在此成立中共高阳地委和建立以茂名云潭大山为中心的游击根据地，然后再向东面伸展到新高鹤地区，西面伸到十万大山，北面发展到三罗。但冯燊、吴有恒到粤中调查研究后，认为原来设想在茂电信建立根据地缺乏基础，不现实，而两阳、新恩边区有地势雄伟险要的天露山区作为中心地带，东边连接新高鹤地区，北出高要达西江边，西接三罗地区，南达台开赤沿海地带，西南面又毗连茂电信，可与粤桂边区直接相连。鉴于两阳、新恩边区战略位置的重要，当地武装斗争和群众工作的基础又比较好，据此，广南分委决定改变原来的打算，让东征支队直接进入粤中两阳、新恩边区，发展和建立以天露山为中心的广南游击根据地。

东征支队离开云浮飞地西山，向两阳、新恩边区进发，跟踪的国民党军又追了上来。为了摆脱国民党军沿途的截击干扰，保证部队的顺利进军，欧初与部队领导共同商量对策，决定将部队分为两路，一路由黄东明率领第二营300多人回头牵制国民党军，一路由欧初等率领部队机关和第一、第三营，迅速向两阳开进。

4月中旬，东征支队第一、第三营经新江，进驻国民党西山区公所所在地圭岗圩，国民党军逃跑一空。部队在圩内开展宣传工作，次日进抵阳春县陂面圩，夜间在河仔口擒一乡长带路强渡漠阳江。第一、第三营冲破对岸渡口国民党联防队的防守，俘敌10多人，缴获步枪10余支，随即进驻太平山村，与在当地活动的武工组取得联系后，次日拂晓联合向合水圩发起攻击，未克。部队进入留峒后，在大垌水、石盘寨与阳春党组织和春北独立大队会合。

邓飞鹏闻讯，立即纠集县保警大队前来围攻。第一、第三营与县保警大队激战整日，将县保警大队击退。翌日，转移到阳春瓦盎，又进抵恩平县大陂村，与前来迎接的吴有恒及其所率武工队会合，休整一个星期后，向墟底进发，于5月3日先期抵达墟底，与冯燊及广南分委机关胜利会师。

东征支队第二营与第一、第三营分开后，在黄东明的率领下，留在云浮西山活动以牵制国民党军，掩护支队机关和第一、第三营继续向东挺进，开始的10多天，二营掉头向西，穿插于信宜、茂名、罗定、云浮边界，采取白天行军、示敌以形的战术，使国民党军误以为东征支队回师茂电信地区。接着，部队打了庙龙、永宁、马贵几处国民党乡公所，开仓济贫，造成声势，把一直追踪东征支队的省保安部队300多人及地方反动武装700多人吸引过来。至茂电信阳边区后，鉴于国民党军数倍于己，二营便改用迂回战术，一面造成国民党军疲于奔命，一面又可以择机歼灭国民党军；同时，伺机将国民党军甩掉，以便继续东进。

当二营迂回至三垌时，得到陈亮明率领的西山大队接应。两队会合后，奉命准备向东进发时，国民党广东省第三行政区专员陈文又纠集其所属保警队及信宜、云浮、罗定3县保警约1000人紧紧追踪而来。为了再度摆脱保警，部队又回头西进，然后忽东忽西，不断变化行军路线，与保警兜圈周旋，并逐渐向阳春县境靠拢。在10多天里，由于保警追踪紧迫，部队经常采取紧急行军的速度，每天奔走五六十里甚至八九十里。在西山大队和松柏武工队的配合下，二营沿途冲破当地保安队和反动武装的一道道封锁线，英勇杀敌，斗志昂扬，不怕流血牺牲，不怕饥饿劳累。许多战士生了病，脚底化脓，仍强忍坚持，紧跟部队前进、作战。

5月11日，二营进到河朗，在马头山又遭陈文、唐桂龙等率部700余人的三面夹攻。面对优势力量，二营和西山大队沉着应战，坚守山头，集中兵力给予还击。激战大半天，毙伤国民党军40余人，击退三倍于己的国民党军进攻。战斗中，西山大队战士杨继生牺牲，二营班长陈安负伤。入夜，二营乘夜幕掩护迅速撤离战场，向青山方向转移，第二天拂晓开始强渡漠阳江，击退在石山堵截的国民党军，边打边涉水过河。5月15日，部队进入恩（平）阳（春）边山区。16日，与吴子仁率领的阳春县武工队会合。23日，到达马狮田与中共中区地委委员郑锦波率领的部队会师。至此，东征支队全部到达粤中，成功实现香港分局赋予的战略转移任务。

东征支队挺进粤中，前一路到达塇底历时1个月，后一路到达马狮田历时50天，指战员发扬人民军队坚忍不拔、不怕艰苦、一往无前的革命精神，运用机动灵活的游击战术，长途穿插迂回在碉堡封锁、联防联坐、据点林立的国民党统治强固地区，穿越遂溪、廉江、化县、陆川、茂名、信宜、云浮、罗定、阳春、恩平10个县，行程500余公里。粉碎了国民党军的堵截、追击、伏击、袭扰，进行大小战斗 20 余次，歼国民党军 160 多人，缴获长短枪 50 余支，破仓分粮 12 处。东征部队伤亡 17 人，失踪 4 人，取得挺进粤中的重大胜利。

此后，东征支队归属广南分委、广南军分委的直接领导，并发展成为中区的主力团队，为粤中人民的解放作出重要的贡献。

四、全力支援东征支队

1948 年 5 月，粤桂边区东征支队 800 人到达漠东山区，漠南独立大队摆脱国民党军重点"围剿"，也渡江到了漠东，与漠东独立大队一起活动。漠东山区北起那乌乡马狮田、大垌水、瓦盆至蟠龙，南至先农、轮溪。根据地人口、农田不多，集结 1200 余人的队伍，给养顿感困难。那乌乡马狮田根据地的墩顶、黎头朗、太岁坑、沙仔塘等山村共有 70 多户 350 人，春北武工组顾铭、陈飞、马千里等在上半年收集储存的 160 多担稻谷，几天之内被东征支队吃光，武工组人员宁愿吃粥也让东征支队战士有饭吃。蟠龙根据地加上游击队活动的村庄只有 3000 余人，蟠龙党支部、武工组和农会征收到的军粮，明显不足，缺粮就向农民借粮，一些农民积极分子连家中的夏季谷种也借出去了，农民家庭已普遍断粮。国民党县保警又在县城通往东山的 3 个路口筑了碉堡，设班哨卡拦截趁圩农民，限制每人只能买几斤米、1 斤盐、1 盒火柴，多的一律没收，企图困死人民武装部队。春中、春南、春北的党组织和武工队为打破国民党物资封锁，各区武工队广泛发动群众趁圩购物，为人民武装部队购得少量食盐、火柴等。有的农民妇女为多买两斤盐，不但被拦路设卡的国民党军警没收，还遭殴打。部队获取食盐甚为艰难，有时要用簕古烧灰或用旧墙泥煎硝盐代替，农民趁圩给部队买回的一些咸萝卜干，被战士视为珍品。

为了保证部队粮食给养，漠东地区党组织指示春中、春南、春北各区武工队，扩大平原游击活动区，派出稽征人员，向地主、富农征收军粮。各武工队挺进平原征收军粮，都先以制服"地头蛇"的方法打开局面。

春中区委委员陈运福带领武工组严仕郁、李海等 14 人，从蟠龙根据地向西开辟新区。武工组要求国民党龙湖乡乡长张松辉、保长何大英当先缴交军粮，在头堡各村征收到军粮 100 多担。陈运福又带领武工组员张致钿、梁埕，通过头堡村的堡垒户梁贤交，联络三湖农民林芬、长工谭荣源、谭耀辉等人，西渡漠阳江到三湖，直入副乡长谭宏新家，申明是"六团的征收员"，谭宏新在武工组震慑下，交了一批白银和 20 斤花生油。春城大地主游君寿、曾佩周、梁荣勋等有田租在蟠龙，一律由佃户向春中区委武工组代交军粮。

春北区武工队从马狮田根据地西出那乌乡平原地带征粮，国民党那乌乡乡长莫朝鼎和联防队队长莫鸿飞组织中小地主对抗武工队。郑文和武工组员顾铭、陈飞、马千里等，白天径直进入莫朝鼎的村庄，莫朝鼎带两名警卫背着驳壳枪退回家中关上大门躲避。武工组派人通知莫朝鼎出来对话，莫朝鼎不敢出来，终因害怕武工队而交了军粮，其他中小地主只好照交。平坦乡平北倒流塘村地主练齐容，有 7 间连接的火砖屋，雇工多人，大耕大种。春北区武工队派人通知练齐容缴交军粮 120 担。练齐容说："我将这些稻谷换枪和你们打过吧！"练齐容用大杉木围起村庄，村口设闸门，闸门口设守望棚，日夜派武装人员守卫。武工队员马千里化装成看牛仔，在傍晚趁练齐容家的长、短工收工返村时，身披蓑衣混入村子，直入练齐容家大屋正厅，用枪指着练齐容，命令练齐容从横门走出村外，由武工队曾福数人接应押回马狮田。练齐容只得认罪悔过，通知家人加倍交清军粮，才被释放。平坦乡古宠村大地主黎汉朝，外号"阔四"，是高北乡联防队联防主任，家中有长短枪 10 多支，收租千担。春北武工队派马千里化装成长工，傍晚突入黎家，把"阔四"押入马狮田，罚交一批军粮。各武工队打击"地头蛇"和反动地主，收缴了一批枪支，成功打开征收军粮的局面。几个月内，漠东山区的蟠龙、先农、那乌等乡共征收军粮 5000 余担。

粤桂边区东征支队抵达阳春漠东山区后，又与跟踪追击的省保安团在恩平、开平、新兴各县山区兜圈作战，再历时一个月回到阳春漠东山区，因饥疲伤病需要离队治疗的达 120 余人。漠东工委安排，在蟠龙根据地设六团医院，在观音山、下塘坪、暗冧等处设医疗站收容 90 余人，由春中区委负责筹集给养、药品，在马狮田设医疗站收容 30 余人，由春北党组织负责治疗。

春城区党组织通过永生堂和培强西药房，提供了一批西药，由交通员秘密带入漠东山区。蟠龙、那乌、平坦等乡的民间中药店为医疗站供应了大批中药。医疗站医疗条件差，药物匮乏，就大量使用生草药。医护人员深入到群众中去访药方，到高山密林中去采草药，用土方土法为伤病员和当地群众治病。用"乌罗透品"利尿消炎，用自制盐水为伤员补液治伤寒病，用胡椒粉或杨桃叶拌热饭敷手腕脉门治疟疾，用猪肝和百草霜或用猪肝蒸夜明砂（蝙蝠屎）治夜盲症，用四分之一的红汞粉制注射液为群众治疗疥疮、大毒疮和老年烂脚。

东征支队第三营营长吴群率领三营和跟踪追击的省保安团转战一个月，从新兴县南部山区翻越大山进入阳春县茶园乡，已经一天两夜无食物下肚，吴群带头喝山溪水充饥，才翻过大山，寻到一户山寮农民，拿出伙食钱买来一头牛宰了用大锅煮食，山民没有食盐和花生油，指战员吃后都患了腹泻痢疾，情况十分严重，支撑走到蟠龙根据地。陈运福访问老农得到民间验方，把熟石灰放到大水缸中泡水搅拌，澄清过滤取石灰水，患痢疾指战员每人服用一碗，即时止泻，再服食明火白粥调理肠胃，全部治愈。农民又献药方治疗指战员夜盲症，取牛肝切片，拌锅底黑灰、食盐炒蕹菜，服后也治愈康复。

在马狮田的 30 多名伤病员的治疗以及吃饭问题，只能依靠群众，就地解决。成木德懂外科技术，但曾向保公所报告过武工队的行踪，武工队认为成木德出身、本质好，可以争取。成木德经过武工队教育，觉悟提高了，亲自上山采草药，精心为伤病员治伤治病。有一位伤病员长期发疟疾，体质很差，全身生癞，有些地方都溃烂了，行走十分困难。烈士成伙庆母亲及哥哥成来庆对这位伤病员精心料理，常常把大米等主粮让给伤病员吃，自己吃杂粮，有时还捉狐狸、捕鱼、摸虾为伤病员保养身体，使伤病员恢复了健康。农民梁明靠耕山为活，却照顾 4 位伤病员，宁愿自己少吃一点也要养好伤病员。大石田村的保长黎某经常到木楼新村保公所报告武工队的行踪，武工队派出 2 人突入黎家，当面警告黎某，还每隔几天就出其不意地到黎家住一晚，或吃一两顿饭，将黎某震慑住。咸虾岭坑底朱某是奸细，曾与地主武装一起袭击游击队，打死打伤几位游击队员，当朱某再来刺探情况时，被武工队抓住枪毙，使国民党失去了耳目，有效地保护了伤病员。

1948 年秋末，国民党省保警的一个加强连 130 多人，突然从恩平向阳春春北"扫荡"过来，保警逢村搜索，到处抓人，扬言抓不到"共军"，也要抓到"共军"的伤病员，过了 3 天还未撤走。群众帮助在马狮田的伤病员转移，爬山 15 公里多，终于冲出了保警的重围，到达珠环大八区罗角田村附近的大山林。罗角田村的梁华老夫妇把家中仅有的一些粮食都拿了出来，暂时维持每人每天 2 两米清粥的生活。为改善生活，医疗组发动轻伤员捉鱼虾、石蛤；为筹粮食，吴清把参加部队前卖儿留作纪念的 1 枚金戒指也拿出来，换了 1 担谷碾米，暂时维持几十人的生活。梁华夫妇还以探亲为名外出活动，帮助医疗站买盐、筹粮，探听国民党"扫荡"情况，寻找部队行踪。7天后，梁华老人终于在珠环太垌找到了杨飞武工组。杨飞帮助伤病员转移，越过平天顶大山，在蟠龙大滑村找到主力部队驻地，进入设在观音山的医疗站。

不几日，坏人告密，带国民党保警悄悄从观音山后面上山，企图偷袭医疗站，捉拿伤病员。保警因为怕死，未到半山腰就放枪。六团政委吴子仁一听到枪声即派通讯员赶到医疗站，带领伤病员迅速转移到山林深处。保警一无所获，胡乱放枪一通，叫喊要捉拿红军"四眼婆"（指戴眼镜的吴清），抓住当地农民梁老伯并强迫他带路寻找医疗站。梁老伯被打得遍体鳞伤，拼死也不说出伤病员的去向。保警不知伤病员所在位置，更害怕解放军发动突然袭击，折腾半天，放火烧掉医疗站草棚就溜走了。此后，医疗站转到另一个山头，搭起新的草棚继续救治伤病员。

冬，国民党保警反复跟踪"追剿"六团，为保证伤病员的医疗和安全，武工队派员掩护医疗站从观音山迁入恶坑隐蔽治疗。恶坑四面环山，离村约15公里，医疗站全体人员吃的、用的全靠春中区武工队送来。

根据地的游击队员和群众为掩护伤病员，有的被捕入狱，有的献出了生命。马狮田交通站站长郭一和交通员肖金生、积极分子梁士荣等先后被捕杀害。严仕郁的岳父、稔垌村农民陈逢昌，为伤病员买了很多药品，被国民党县保警逮捕关押而得病身亡。

医疗站依靠群众的支持，依靠伤病员的顽强意志，取得了良好的医疗效果。120多位伤病员经过精心治疗和护理，除3人因病重不治外，全部康复归队。

五、分散发展与六团的重建

东征支队抵达阳春漠东山区后，因长途跋涉，又遭国民党军追击连续转移，部队已极度疲倦，人员体质弱，给养困难，病员增多，非战斗减员日益严重，而国民党军的"追剿"一天天加紧，斗争形势十分严峻。

1948 年 5 月底，鉴于斗争形势日趋恶劣，广南分委在蟠龙召开全体会议。会议期间遭国民党军"扫荡"，转移到恩平县清湾继续召开，至 6 月 4 日结束。会议根据面临的斗争形势，从实际情况出发，作出在两阳、新恩及三罗等地实行"分散发展"的决定。

6 月，为了重点发展两阳、新恩边区的武装斗争，加快实现建立以天露山为中心的全区游击根据地的战略目标，广南分委、广南军分委正式作出决定，组建"广东人民解放军广阳支队"（简称"广阳支队"），郑锦波为司令员兼政委。

同月，广南分委、广南军分委决定：一，撤销漠东独立大队番号，恢复阳春六团建制，全衔为"广东人民解放军广阳支队第六团"，马平为团长，吴子仁为政委，郑毅为副团长。11 日（端午节），六团在蟠龙整编，东征支队第七、第八连分配到六团作为主力连，由于减员过多，只有 100 多人，因此合并为长江连，杨君烈任连长，廖英任指导员。9 月，东征支队第四、第五连分配到六团，合并为黄河连，黄永辉任连长兼指导员，李秋任副连长，唐方任副指导员。六团下辖春中、春南、清那等区中队和恩阳边区大队。二，东征支队第六连调到漠南独立大队。三，建立春北独立大队（第四独立大队），曹广为大队长，陈庚为政委。春北独立大队由漠东独立大队云灵连、七星连和春北武工队整编而成。不久，云灵连、七星连合并为南海连，连长梁春，指导员梁健民。四，撤销西山工委和西山大队建制，梁昌东调任漠南独立大队副政委兼政治处主任。西山大队一部分上调支队直属队，杨才余等 7 人返家乡庙龙活动，其余分散到陈亮明、阮明带领的武工队。

在两阳，广阳支队第六团到阳春县的蟠龙、先农、马狮田等山区发动群众，帮助农民建立农会，成立民兵组织和更夫队，频频开展锄奸反霸斗争。漠南独立大队派出武工组深入到阳江县织篑、溪头等平原开辟新区。六七月间，部队先后攻打了横山、龙门、河口、金堡、程村等国民党乡公所和古良税站，并争取了溪头乡乡长携带10余人枪编入漠南独立大队；在阳春县的轮水、林田和阳江县的蒲牌，击退了阳春县保警队和织篑常备自卫中队的4次袭击，毙1人，伤3人。

六七月间，东征支队大部编入两阳部队，壮大两阳武装力量。两阳部队有400多人，集中指挥，活动地区不断扩大。国民党以优势兵力跟踪"追剿"，战斗频繁，发生了大八区的良爱村战斗、石围村战斗、白蒙岭战斗；春中区的南在乡麻辣战斗、蟠龙烟朗战斗、林田战斗；春南区的轮水四屋朗战斗；春北区的山中间上坳战斗、马狮田狮岗盎战斗、茶园蓝村战斗。这些战斗都是遭遇战，部队在疲惫不堪甚至断粮缺水的情况下，以顽强的意志，击退了国民党军的追踪袭击。

六、粉碎国民党第二期"清剿"

1948年夏，人民解放军在各主要战场的战略反攻取得胜利。国民党军队节节败退，不得不放弃"全面防御"的计划，收缩兵力，组织"重点防御"，力图挽回败局。与此相配合，坐镇广东的宋子文在第一期"清剿"失败后，又于7月实施"肃清平原，围困山地"的第二期"清剿"计划，整编补充3个旅，配合其原来的15个保安团，向广东各地游击区，实施更疯狂的"清剿"。

在粤中，两阳是国民党军进攻的重点地区。周万邦、刘其宽在该区"清剿"相继失败之后，7月，国民党广东省第七行政区保安副司令倪鼎桓率省保警3个营进驻两阳，同时集两阳县保警4个大队及各地常备自卫队等共1000多人，分三路向漠南、漠东和恩阳边界的游击区发起进攻，企图消灭两阳武装力量。一路"扫荡"漠南游击区；一路经恩平清湾进攻漠东山区；一路由恩平墟底经春北迂回南下，向蟠龙、留垌一带进攻，妄图肃清六团主力。

与刘其宽的军事镇压不同，倪鼎桓的"清剿"采取军事与政治相结合的策略。在军事方面，采取"分进合围，步步为营"的策略。具体部署是：由两阳地方团队在游击活动区构筑工事，设立木栅，建设炮楼碉堡，组织联防队驻守，这就是"处处钉点"。既威胁武工队活动，又防止人民武装部队拔点。然后，调集主力和地方部分机动兵力，采取"交叉扫荡""穿插扫荡"等战术，寻找人民武装主力决战。在游击区采取烧杀抢政策，搜捕、镇压武装人员及革命群众，有的乡村先后遭到10多次搜索，妄图使武装人员无处藏身，强迫"自新"，拉壮丁，搜刮粮食物资。在政治方面，用斩鸡头歃血酒盟誓和恐吓"通红军"等办法威迫群众，疏远人民武装，搞五户联保，协助地主收租，破坏减租减息。国民党军"清剿"兵力强大，策略严密，人民武装顿时面临"清剿"的严峻考验。

——河朗马头山突围战。7月6日晚，三罗支队司令部率主力德怀队、王震队、郁南起义部队以及新组建的民兵中队华山队、机关人员共200多人，在西山云容集中，开到河朗附近的大喊村待命。司令部派出尖兵到河朗侦察，发现国民党的兵力与前次侦察的情况完全不一样，河朗圩驻满保警和自卫队，远远不止一个中队。三罗支队决定中止出击河朗的行动，准备翌日转移，由司令员李镇靖带部队撤离大喊村，副司令员吴桐带一个机枪班作后卫，观察国民党军动向。

国民党三罗新阳边"联剿"办事处主任廖衡山纠集云罗阳反动武装,正在实施从7月5日开始到20日完成的"进剿"西山计划。7日拂晓,云浮县保警、常备自卫队一中队和罗定县保警一中队已进入到双富乡上下云利、江屋、上下围等地,"追剿"三罗支队。

早晨,三罗支队没有果断摆脱国民党军,仍准备留在大喊村吃过午饭后才转移。中午,云罗阳的国民党军与驻河朗的国民党军会合,先头部队300多人已进入到大喊村边。吴桐发现情况危急,立即赶回驻地,急令朱开、戴卫民、梁祥各率领德怀队、王震队、华山队抢登马头山顶,据险迎击,以掩护机关人员及时撤离大喊村。而国民党军亦登上对面山顶,建立阵地后,在机枪掩护下,分两路向三罗支队阵地进攻。三罗支队指战员坚守阵地,击退国民党军的多次冲锋,激烈的战斗持续5个多小时,击伤、击毙国民党军32人。入夜,双方仍各自据守山头对峙。国民党军在阵地点燃火堆预防夜袭,预示着更险恶的战斗还在后头。为挫败国民党军妄图将部队包围全歼的阴谋,李镇靖、吴桐果断地乘夜率队突出国民党军包围,从石望、松柏间的沙岗东渡漠阳江,转移到恩平山区,与广南军分委主力部队会合。在战斗中,三罗支队华山队队长梁祥、排长黄琪仔、班长黄安、战士梁初4人英勇牺牲,战士陈棠、李炳林、黄池等12人负伤。华山队副队长颜永裕(阳春松柏乡长塘人)脱队返家自首投靠国民党,战士40余人失散,华山队在战斗中散失。西山武工队队长罗钊和班长李东泰带领20多人,掩埋牺牲战士,发动游击区群众抢运伤员,转移到西山北河乡云容隐蔽治疗。

8月,国民党军实施"围村钉点"。阳春县保警派黄瑞廷中队进驻蟠龙鹊垌村,修筑工事,建立据点。阳江县保警一个中队进驻珠环,构筑碉堡工事,建立据点。保警多次对太垌、牛角垌等地进行搜索、"扫荡"。六团一个排和大八区中队，在石桥清水塘与阳江县保警谭敬中队、梁大邦中队遭遇，发生激烈战斗。为保存实力，游击队主动撤出战斗。六团李秋排和大八区中队60多人，进入大八地区石桥根竹头村活动，遇省保警第五团黄志仁率领数百人，从恩平方向进犯。因双方力量悬殊，李秋排和大八区中队60多人主动转移。省保警第五团找不到游击队，捉去群众20多人。

——重建交通站与区中队。8月19日，国民党阳春县保警一个中队包围先农乡沙田垌村，交通站长邓水生因烧毁文件来不及撤退被逮捕，受尽严刑审讯，坚贞不屈，9月2日被枪杀于先农平山坡。中共春南区委迅速派苏同接任交通站长，继续保持与山口、那魁、板桥岭等交通联络点的联系，保持与春城区党组织、春南区委和春中区委交通站的联系。

8月，国民党省保警与春湾联防队进犯那乌乡马狮田根据地，春北区交通站站长郭一，发动群众妥善掩护解放军伤病员转移。9月18日，春北区那乌中队队长莫如辉与莫德芳、何国、张成叛变，带领保警"围剿"根据地，迫害群众，捕捉郭一、交通员肖金生和积极分子梁士荣，加以杀害。那乌中队32人还家"自新"。春北独立大队在曹广、陈庚率领下转移到恩平、新兴边境山区。郑文率领武工组顾铭、陈飞、马千里、梁源等和茶园中队刘大权等10余人坚持在春北根据地活动。春北区委在马狮田先后吸收农民李庭、李宗辉等加入中国共产党，重建春北交通站，重建那乌中队并发展到40人。

8月，国民党省保警营和阳江县保警大队进剿漠东山区珠环、大八根据地，恩阳边区大队第二中队队长黄荣佳和第三中队队长罗振仪带着捞家土匪出身的不纯分子向国民党自新，剩下第一中队副中队长苏观保等30余人，编为区中队，坚持反"清剿"

斗争。

——锄奸肃特，保卫根据地。1948 年下半年，两阳武装主力挺出平原外线与国民党军周旋，漠东、漠南根据地各乡仍然留下武工组活动，掌握着乡保两面政权，开展锄奸活动，保护群众，保卫根据地。

春中区南在乡，阮明带一个武工组在留垌、茶河活动。水塘村特务黎德积经常向县保警和联防队提供游击队活动的情报和农民积极分子名单，使游击队遭到"扫荡"，农民积极分子被逐户迫害。阮明只身进入水塘村，活捉黎德积和南在乡户籍干事黎鸿亨等 3 人入山，处决黎德积，对黎鸿亨等 2 人罚交军饷后释放。茶河一带由于有阮明武工组锄奸肃特保护群众，所以南在乡联防队驻留垌迳口山猪楼据点在春季反"扫荡"时被武工队烧毁后，一直无人敢于出头恢复。

在春北区，郑文带领 20 多人的武工队，主要骨干有顾铭、陈飞、严土生、刘邦、周胜、梁振、陈康球等，开辟了靠近漠阳江的竹园、那乌、平坦、大小河乡平原新区。省保警撤走后，武工组召开群众大会处决了叛徒何国、张成。国民党那乌乡公所只能龟缩在偏西部的新龙圩木围栅之内，春北区根据地和游击活动区更加扩大了。

在春中区，国民党县保警在蟠龙的响石和南在乡留垌坳仔村设了据点各驻一个中队。蟠扶乡公所是由中共春中区委控制的两面政权。春中区武工队处决了乡公所户籍干事、特务蒙高瑞。乡中心小学校长梁世珩是国民党的情报员，因搜集游击区情报，遭群众揭发，被武工队拘押后乞求宽大处理，受到罚粮保释。大寨保长梁奕敬、刘屋咀保长欧圣文、黄沙村保长黎某某，在群众中散布解放军游击队在蟠龙活动会连累群众等反动言论，遭群众检举，被游击队拘留教育，受到罚款保释。从此，国民党县保警再也无法从蟠龙得到任何真实情报。驻响石保警中队只能自保而不敢下村骚扰。南在乡、平坦乡两个乡公所和自卫队都撤到了合水镇内，东部山区仍然在武工组控制之下。由于游击队与群众结合开展锄奸活动显示了威力，广大群众也就敢于积极支持游击队。

在春南区的先农乡沙田垌和轮溪乡独竹庙，地主豪绅组织联防队设点驻守。邓泰坚带领先农乡武工组经常在沙田垌村和独竹庙附近的岗腰村等地活动，据点里的联防队惶惶不可终日。国民党潭籍乡乡长黄大波和副乡长林举才，平日作恶多端，带领乡兵捕捉游击队员家属，并在河政朗村抓捕回家的武工队员林喜广，将其杀害。12 月，林方率领武工组数人，于河政朗村边竹园设伏，击毙林举才。武工组贴出布告公布其罪行，重申游击队对国民党军政人员的政策，警告反动分子不要继续作恶，否则没有好下场。乡长黄大波受到震慑，只得释放捉去的游击队员家属，带着家小逃往外地。锄奸行动打击了地方反动势力的嚣张气焰，稳定了局势。

在云阳边西山地区，罗钊带领西山武工队，依靠当地骨干李东泰、麦家明、岑士怡等，在小水上双伏击处决特务麦进明，在三垌活捉并处决特务蓝六丁，均张贴了处决布告。武工队向西开辟新游击活动区直到那林乡。严超贤率领武工组活动在松柏乡、青山乡西山边沿一带，不断发展农会、民兵组织。

——挺出平原，粉碎"清剿"。8 月，漠南独立大队渡过漠阳江，转入漠东山区，与六团会合。国民党军发觉后集中兵力跟踪到漠东，封锁各个路口，企图将游击队困死。两支人民武装会合后，因人多给养困难，只能以野菜充饥。

为摆脱困境，改变被动局面。9 月中旬，李信召集漠东工委、漠南工委和部队领导开会，分析所处的斗争形势，研究反"扫荡"、反"清剿"计划，作出三项决定——

第一，成立两阳武装临时指挥部，赵荣任指挥，姚立尹任副指挥，李信为政治负责人，吴子仁为副政治负责人，统率六团、漠南独立大队4个主力连，1个政工队，1个区中队和1个经济工作队共400余人，以便统一指挥，集中力量打破国民党"扫荡""清剿"。

第二，挺出平原，袭扰城郊或中小城镇，粉碎国民党围困阴谋，并就地解决部队给养。

第三，加强思想政治工作，克服悲观消极情绪，增强必胜信心。大力宣传人民解放军已进入大反攻阶段，揭穿国民党军对两阳游击根据地的疯狂进攻是苟延残喘、不能持久的虚弱本质，动员全体军民把反"清剿"斗争进行到底。

会后，两阳部队挺出珠环山区，开向春北。国民党军闻讯从四面八方扑来，两阳部队在合水一个山上与国民党军激战一天，晚上转往恩平清湾。不久，指挥部又挥师向南，计划取道田畔，经雷岗、塘坪，直插漠阳江，挺进漠南。在田畔受地方反动武装顽固阻击无法通过，部队再转回珠环。

两阳部队有半数以上的战士来自原东征支队，习惯在平原战斗生活，不善于爬山，带着重机枪在山上活动甚感吃力。因此，指挥部研究认为，还是回漠南好，那里多是丘陵地带，南路战士容易适应，便于发挥其善于平原作战的优势，且易于解决给养。

10月9日，两阳部队从上洒一直转到漠阳江北岸的东山、马浪朗。当晚8时多，指挥部一面派人找船，一面通知部队准备过江。倪鼎桓接到情报，带领省保警2个连和阳江、阳春县保警2个中队及联防队共400多人，夜袭两阳部队宿营地，摸哨偷袭，哨兵许衬、黎万益牺牲。六团班长麦圣昌查哨，发现情况立即拔出驳壳枪射击。一时间，枪声、炮声、呼喊声响成一片。指挥部和漠南独立大队驻扎在东山背后的马浪朗村，听到枪声，立即派通讯员到各连驻地传令向指挥部靠拢，同时带领漠南独立大队撤出马浪朗。驻扎在东山的六团 3 个连与保警交火，随后边打边撤，大部分人员跟着指挥部撤出后会合，1 个排因留下掩护队伍转移失去了联系，数日后才回到部队。

黑夜中，保警不知两阳部队的情况，不敢贸然入村，在村外用炮火攻击。两阳部队早已从村中撤走，枪声、炮声仍响个不停。部队绕过保警，登上渡船，拟按原计划渡江，此时漠阳江南岸已被保警封锁，便弃船向北撤退到先农沙塘岗。10 日，在七星岭与跟踪的保警激战 1 天，半夜突围来到蒙田迳。

蒙田迳是一条长数里的山谷，地形上对伏击保警十分有利。指挥部估计保警可能会跟踪而来，决定在这里伏击。于是，在迳的中部两侧设下埋伏。从夜晚直等到第二天下午 1 点多钟，保警终于来了。国民党两阳地方团队在前，省保警在后，排着长队，搜索前进。保警前头队伍进入伏击圈时，发现两阳部队的哨兵，知有埋伏，即停止前进，向两旁登山，抢占制高点。两阳部队立即开火，把保警压缩在坑底。由于外围保警已抢占有利地形进行阻击，两阳部队无法冲下去，坑底的部分保警逃脱，无法打扫战场。是役毙保警 8 人，缴枪 8 支，俘伙夫 2 人教育释放，后被刘其宽枪杀。走在前头的国民党阳春县保警第五中队遭到沉重打击，虽没被全歼，但已害怕，不敢跟踪追击。

两阳部队与国民党军周旋了 2 个多月，日夜行军打仗，十分疲劳。战士有的边走边打瞌睡，有的得了夜盲症，在崎岖的山路行走要靠别人帮助。两阳部队必须休整一段时间，补充弹药，才能恢复战斗力。为此，指挥部将两阳部队转移到广阳支队司令部活动的新（兴）、恩（平）、阳（春）、阳（江）边区山地休整。

10 月，为适应斗争新形势，广南分委决定成立中共阳茂电信地委（又称高阳地委），郑锦波为书记，李信、王国强为委员，辖阳江、阳春、茂名、高州、电白、信宜全境及新（兴）恩（平）边境；同时成立阳茂电信武装工作委员会，由郑锦波、王国强、黄东明组成。同月，冯燊指示王国强返茂电信地区领导开展武装斗争。信宜县党组织领导人接受任务取道轮水、石菉入西山经庙龙乡，接管原阳春漠西中队发展的庙龙乡杨节三武工组，发展信（宜）西（山）游击区，开展信宜县的武装斗争。

同月中旬，两阳部队驻于恩平县境清湾乡，整顿部队纪律。9月间，漠东工委辖下的清那区中队和大八区中队一部分执行筹集部队给养的任务，由清那区中队队长黎新带领到广湛公路伏击国民党军运输汽车，没有取得战机。清那区中队捞家出身的队员黄景云怂恿黎新，借故进入大水田村抢劫群众财物和9头耕牛，黄景云还侮辱妇女，在群众中影响很坏。漠东工委作出决定，判处黄景云死刑，押赴大水田村执行枪决，以六团名义张贴布告公布黄景云罪状，赔偿群众耕牛财物，挽回解放军威信，同时把黎新关押审查。这时，国民党军突然进攻清湾，六团和区中队仓促撤离驻地，黎新自行跑回家被国民党军俘获。国民党军也把黎新押到大水田村枪决，和解放军争夺民心。

7月以来，阳江、阳春、新会、恩平几个县连续遭受国民党军的重点"清剿"。国民党军在山区外围平原地带和交通要道附近重新建立一批"钉子"据点，使各游击区之间出现相互隔离的"空格"地带，严重影响游击根据地的建立。为此，10月中旬，广阳支队遵照上级"应加紧填空格，打下山地基础"，"对于两阳、恩平一带山地，应特别重视"，"以大部主力完成自己山地战略据点建立"的指示，重新整编队伍，抽调六团2个连和漠南独立大队1个连组建主力营（钢铁营），挺出山区，进入平原，结合反"清剿"，开展以拔"钉子"、填"空格"为主要目标的外线作战。

平天顶地属阳江县珠环乡，海拔约 460 米，南北坐落于珠环与太垌之间，东西处于阳春蟠龙和恩平清湾之中，是阳江珠环、阳春蟠龙、恩平清湾根据地的咽喉要隘。10 月初，国民党阳江县保警两个中队 160 多人，进驻平天顶设营驻守，意在钳制恩平与两阳交通咽喉，截击 3 县根据地武工队和交通人员，阻断广阳支队司令部与两阳部队的联系，为害极大。

10 月中旬，六团决定拔除平天顶"钉子"据点。大八区中队采取骚扰战术，派武工队夜袭哨所，烧了平天顶哨栅。保警十分顽固，将哨栅重新修复。同月底，六团和大八区中队共 250 多人围攻平天顶据点，激战 1 天，毙保警排长 1 人，伤 3 人，保警凭险固守，未能攻克。六团和大八区中队改变战术，白天黑夜轮番吹角鸣枪袭扰，使其不得安宁，感到草木皆兵，四面楚歌，最终被迫撤走。

10 月下旬，阳江县保警 2 个中队进入珠环游击区各村庄"扫荡"，六团挺进大陂村反击，俘小队长 1 人。此后游击队不断地在夜间对保警驻地袭扰，保警被迫退出珠环乡境。1949 年 1 月，陈冬率大八区中队袭击国民党驻大陂村的自卫队，迫使自卫队也撤出大陂据点退到大八圩。至此，阳江、阳春、恩平 3 县边界山区根据地恢复连成一片，并得到巩固。

11 月，广阳支队率两阳武装临时指挥部、六团及漠南独立大队集中春北地区马狮田休整，整顿作风，反对官僚主义、命令主义和军阀作风，总结反"清剿"斗争的经验教训。高阳地委鉴于倪鼎桓在漠南地区"扫荡"的兵力强大，不宜大部队活动，因此，将漠南独立大队大部分队伍留在支队司令部，选拔 30 余名精干的武装人员组成一个加强排，配备 3 挺机枪，开回漠南坚持斗争。

漠南独立大队加强排由赵荣、姚立尹率领，突击渡过漠阳江，驻扎在金堡杉山村。当时，梁昌东集中漠南武工队 40 余人在金堡肖背迳村开会，遭到省保警 200 多人的袭击。赵荣、姚立尹闻讯，立即率队赶到肖背迳村附近的大山脚，占领有利地形阻击省保警，掩护漠南武工队撤退。省保警见加强排人少，连续发动多次猛烈攻击，加强排顽强应战，毙伤省保警数人，激战整日，至晚突围，机枪手廖正来不幸牺牲。

11 月，梁寮与武工组员张其烈到珠环乡牛角垌村发动农民反对国民党抢粮。24 日深夜，阳江县大八自卫队队长黄开羌带 80 多人包围牛角垌村。梁寮在突围时不幸中弹牺牲，自卫队残忍地砍下梁寮的头颅，挂于大八圩示众；张其烈负伤归队。自卫队捕夫群众 13 人，抢走耕牛 19 头及财物一批。

12 月，国民党阳春县自卫大队队长陈兆云联合双捷联防队队长张云光，带兵对漠南部队驻地肖背迳进行合围。漠南独立大队获悉情报，在莫屋田设伏，击退自卫大队和联防队，缴枪数支。漠南独立大队追至河口圩边，陈兆云退回河口圩闭闸固守。至此，漠南根据地全部恢复。

倪鼎桓在两阳实施宋子文第二期"清剿"计划已 5 个多月。其间，国民党军对漠东、漠南游击区进行重点进攻，"围剿"人民武装，强迫群众交稻谷用来购买枪支、扩大联防队伍，围村钉点，迫害群众，拷打逼供，疯狂掳掠，烧屋捉人。两阳游击区军民与国民党军进行了艰苦卓绝、针锋相对的斗争。主力部队和国民党军较量数十次，没有受到严重损失，恢复了老区，挺进平原开辟新区，壮大了武装力量。

随着反"清剿"斗争的广泛开展，在中共茂电信地工委领导下，茂名、电白、信宜 3 县迅速发展游击队，积极发动攻势，国民党第七行政区腹地烽烟四起。刘其宽下令其在两阳的主力部队撤回茂名。在两阳，平原还是肃而不清，山地亦"围困"不了。12 月 2 日，倪鼎桓称病弃职，国民党第二期"清剿"以失败告终。

第四节　边区革命根据地建设

一、云阳边西山特区

解放战争时期，邻县党组织在阳春县境南、西、北三面山区先后建立了边区革命根据地和游击区，其中有中共三罗地委领导的云阳边西山特区、中共信宜县委领导的信西区、中共电白县委领导的电阳边区和中共阳江县委领导的金横区。

阳春北部、西北部，有石望、交简、中南、阳三、松柏等乡和云浮县飞地的北河、三峒、那林等乡。1947 年 10 月，三罗部队在阳春县西北边界活动，建立了云阳边西山特区根据地和游击区。

——中南游击区。1947 年 10 月，中南乡罗炳、罗毛、罗生、罗金荣、罗云仙、罗理生和叶志胜等先后参加罗杰①武工组。武工组做好上层人士的统战工作，控制乡、保、甲成为两面政权，在罗姓祖尝等处筹集到步枪 40 支和子弹一批，上层人士又送来粮食 300 多担。因此，武工组可以在河朗圩附近公开活动。

1947 年秋至 1948 年春，罗杰、朱开、陈云、梁伦、杨标、

---

① 罗杰，原名罗才秩，男，1925 年出生，广东阳春人。1939 年夏加入中国共产党。曾任中共阳江西区联络员，中共云阳边西山特区工委书记，云罗阳郁边区办事处主任，粤中纵队第四支队三团政治处副主任。

卓均、陈卓、伍炎 8 人组成 3 个手枪组，在中南乡、阳三乡和三峒乡的云帘建立堡垒村，发动群众进行反"三征"斗争，组织农会、民兵队，大喊村黄木新、那银寨罗松灶、高朗罗北木、马春坑罗桓杰、石忽梁兆铭、罗阳罗世芬等成为骨干。

1948 年 2 月，三罗部队攻打石望乡公所破仓分粮，河朗圩附近各村的农会会员和民兵参加运粮。

凌霄 10 条村属中南乡第八保。1947 年秋，吴桐、罗杰、朱开率队伍到鱼梁坑村，首先在雷达邦家开展工作，1948 年春组织起农会和民兵队，雷达邦任农会会长，梁树南任民兵队队长，有民兵 80 人。八九月间，罗阳乡乡长练仁三带自卫队到凌霄洗劫门楼塘、森木坑等村，罗炳率领武工队和民兵顽强击退练仁三自卫队，罗炳负伤，在雷达邦家治愈归队。

1948 年 5 月，三罗部队派女党员罗钊为西山武工组组长，以中南乡的大喊村为基地，向西山方向开辟游击根据地，首先在与西山接壤的中南乡第九保大竹、高朗等 10 多条村开展工作。高朗村保长罗北木家成了游击队的堡垒户，罗杰把罗北木家作为活动据点。中南乡乡长罗官盛坚持反共立场，阻挠三罗部队活动，5 月，被杨标带武工组逮捕处决。中南乡父老要求罗增元出任乡长。6 月，经过春城地下党活动，国民党阳春县政府任命罗增元为中南乡乡长，中南乡成为白皮红心政权直至阳春解放。秋，罗杰、罗炳等在高朗、大头岗等村组织农会，共有会员 110 人、民兵 80 人，罗北木任民兵队队长。农会领导农民反对国民党"三征"，对地主实行二五减租。11 月，阳春县保警石其英、邓仲享两个中队进入大竹各村"扫荡"，罗钊武工组、民兵队倚仗熟悉地形，以少胜多，打得保警两个中队退出大竹根据地。

——阳三游击区。1947 年秋，罗杰、陈云在藕塘白水峒开展工作，发动雷芝楠、雷彭年、雷松参加挺进三罗小分队，曾当过阳三乡副乡长的雷芝楠积极帮助挺进三罗小分队，在藕塘等村庄建立了据点，先后发动20多人参加三罗部队。1948年1月7日，挺进三罗小分队在雷芝楠的配合下，袭击云浮自卫大队驻富林保警中队和双富乡警察所，俘保警及警察60余名，缴获轻机枪两挺，手枪1支，步枪35支，子弹数千发，军用物资一批。3月，练仁三自卫队越过县境袭击阳三乡藕塘、横岗、冲口等村，放火烧雷芝楠的房屋，说藕塘村保长、甲长通红军，勒索稻谷200担。5月间，练仁三自卫队又到藕塘、横岗、迳口"扫荡"，三罗武工队发动各村民兵230多人还击，生俘练仁三自卫队12人，缴枪12支，沉重打击了练仁三的反动气焰。

1948年初，吴桐[①]、朱开、罗杰带队在石忽西村等8条村庄开展工作。5月，武工组员陈芝深入石忽西村发动群众，梁兆铭组织农会，有会员60人，梁炳组织民兵队，有民兵80人，开展反"三征"和二五减租的斗争。石忽西村共有25人参加三罗部队，捐送长短枪35支，军粮700担。

4月，国民党郁南县参议长李光汉在中共三罗总工委的组织和吴桐的策动下，令其儿子李荣开、李荣欣分别率领县自卫大队和乡自卫队举行武装起义。李光汉年事已高，不能随部队行动，三罗部队把李光汉送到阳三乡石忽西村，由农会会长梁兆铭秘密掩护，云浮、郁南、罗定三县保警到处查访均不知李光汉去向。直到1949年10月解放，三罗部队才把李光汉送回家乡。

——北河游击区、三垌游击区。1947年秋，挺进三罗小分队

---

① 吴桐（1920—2003），男，广东东莞人。1939年10月加入中国共产党。曾任中区分散隐蔽武装军事负责人，中国人民解放军粤桂边三罗总队副总队长，中国人民解放军粤中第四支队副司令员，中国人民解放军粤中纵队第六支队司令员。

到达北河乡（今属松柏镇）的云容各村庄，三峒乡的李东泰、小水上双的麦家明、北河乡的岑仕怡、松柏乡的严昭贤等参加部队，1948年春编入西山武工组。北河乡的双王、云容、北河和松柏乡大塘、根竹塘等地有60多人自带枪支参加民兵，组建西山中队。塘坑尾的罗松运家、泊竹洼的冯子桂家和冯荣家等成了游击队的堡垒户。1948年冬，罗钊在云容召开群众大会，成立农协总会，罗松运为会长，盘章松为副会长，先后有81条村庄成立了农会小组。罗钊武工组还以三峒、北河等乡为依托，深入到西山腹地的大水乡、那林乡开展活动。

三峒乡云帘11条村庄位于漠阳江发源地深山峡谷。1947年冬，罗杰率领罗钊武工组黎基荣、李东泰等先在云帘塘坑村盘东家立足。盘东挂保长职掌握10多支步枪，组织农会小组担任组长。武工组进一步做好三峒乡乡长的统战工作，第三保保长林松汉携全保祖尝步枪10多支参加三罗部队，云帘各村成为游击根据地。1948年4月12日，罗钊带领武工组李东泰等人袭击北河双王布朗村，活捉国民党圭岗警察所指导员林泽丰，没收稻谷50担，财物一批。12月15日，阳春县保警和春湾联防队60余人袭击云容古碌仔三罗伤兵站，负责人李家信、卫生员何玉珍、伤病员罗华甫等9人和农民积极分子5人，均被押去阳春县城入狱，直到阳春解放前夕才出狱。1949年7月，西山武工队黎基荣、李东泰、岑仕怡等人在大调村埋伏，活捉了三峒乡五保联防队队长何海真。

——石望游击区、交简游击区。石望乡和交简乡（今均属石望镇）地处河朗与春湾之间，北接新兴县境，是阳春县漠东根据地联系云阳边区的中间地带。1947年秋，挺进三罗小分队在中南乡、阳三乡等地活动，石望乡分水坳村梁炳忠（烈士严中孚原农村的妻兄）主动找到罗炳武工组，并发动农民谢毛、陈枧、梁钦等 10 余人组成一个武工组，带回石望活动，在分水坳等村开展反"三征"斗争。梁炳卓在堂兄梁炳忠的影响下也参加武工组，三罗游击队在梁炳忠、梁炳卓的帮助下，活动范围向石望、交简扩展。石望乡先后有到冲、新寨、岗巷、大田山、灯心塘等村成立了农会、民兵组织。

1947 年冬，交简乡公所乡兵数人到分水坳村拉丁征粮，被梁炳忠带领武工组包围缴获步枪 4 支，经过谈判，乡兵保证以后不再到分水坳各村迫害群众，梁炳忠把 4 支枪发还给乡兵，让他们做内应。

罗杰在阳春石望交简乡分水坳村梁炳忠家建立交通联络站，梁炳忠为负责人，梁炳卓协助梁炳忠工作。1948 年 6 月，因交通联络站暴露，将交通联络站转移到交简乡到冲村梁炳卓家，梁炳卓为交通联络站负责人。

1948 年 3 月，交简乡下中村严中厚（烈士严中孚的堂弟）组织民兵队，打击恶霸翁永年，缴获其驳壳枪 4 支，分粮 40 担给农民度荒。

5 月 12 日，三罗部队 200 余人在天线顶和国民党省保安团唐桂龙营激战之后，夜间撤到石望乡大田山村。翌日，唐桂龙营经石望乡境往新兴县追寻三罗部队，离村庄约 400 米时被哨兵发现，部队原地隐蔽，民兵、群众积极分子负责掩护，男女老幼毫无恐惧，村庄平静，唐桂龙营在村前由西向东路过，竟没有发觉大田山村藏着 200 多"共军"，大田山村成为云阳边区安全可靠的基地。云浮县保警经常进入阳春县境搜捕石望武工组人员，由于武工组紧密依靠群众，国民党军从村前进入，武工组由村后撤退，国民党军走大路，武工组走小路，从未受损。

7 月，中共云阳边西山特区工委成立，罗杰为书记，朱开为武装委员，罗钊为组织委员。

1949 年 1 月，三罗支队改称为中国人民解放军粤中第四支队。同月，第四支队驻云（浮）罗（定）阳（春）郁（南）边区办事处成立，罗杰为主任，韦敬文、陈家志、黄平、陈云为副主任。罗杰、黄平率领武工队在中南、石望、松柏等乡开展工作。2 月，经中共粤中分委决定，粤中第四支队在云阳边西山特区的领导干部和武装人员调往西江南岸开辟云浮县北部及郁南等新区，本地的武工组及农会、民兵组织交给中共阳春县委和六团领导。罗杰随罗炳武工队活动，坚持游击根据地工作。5 月，石望武工组黄平、梁炳忠与新兴县天堂乡河头圩自卫队队长练冠雄联系，由罗杰代表三罗部队与练冠雄谈判达成协议，练冠雄率 30 余人，携机枪 2 挺、步枪 30 多支起义，与梁炳忠发动参军的石望、交简乡农民积极分子 25 人，合编为三罗支队三团二营第二连（红星连），连长练冠雄，副连长梁炳忠，指导员黄珍。第二营往云浮、罗定县境开展活动，阳春西北部及西山只留下武工组活动。

9 月，云阳边西山特区共有农会会员 1000 余人，民兵 860 人，上交长短枪 185 支，征收军粮 1405 担，有力地支援了三罗部队的武装斗争。

二、电阳边区

阳春县西南部的八甲乡、双滘乡与电白县那霍区相邻，地处阳春、电白、茂名三县交界山区。1947 年 10 月，中共茂电信工委书记王国强派出党员叶其猷、叶高、梁枫、黎金耀等到西山的双滘、长沙至庙龙、棠梨等地活动。1948 年 3 月，山坪、长沙至庙龙一带的游击活动区划归信宜县党组织领导，八甲、双滘跨边境山区游击活动划归中共电白县那霍区区委领导。那霍区委先任书记王克，后任书记唐力生、副书记张顺南、电白独立连连长黎光烈、排长黄德成、党员黎金耀等 10 余人，进入八甲乡长塘 15

条村庄开辟根据地，同时活动到峰高、官河、黄那、合路等地。首先以长塘茅子坪村邓均营家为落脚点，接着在宅口村黄明胜家、印垌村黄昭崇家、石坑村黄敦富家、王沙村杨辉家、落禾垌村黄允贤家，建立秘密联络点。唐力生、张顺南在印垌发展黄显佑参加中国共产党，先后吸收 27 人参加武工队。8 月，长塘农民自救会成立，有农会会员 33 家，民兵 72 人，开展了反"三征"和二五减租的斗争。长塘群众为张顺南的武工队先后提供军粮 25 担。1949 年 6 月 12 日，阳春八甲巡官王其标带联防队 40 余人，到长塘茅子坪袭击那霍武工队，武工队牺牲 1 人、负伤 2 人，堡垒户邓均营被抓到八甲圩施以毒刑身亡。

武工队在八甲乡合路 10 条村、黄那 9 条村、官河 4 条村、峰高 10 条村开展群众工作，先后成立农民自救会，开展二五减租，建立交通联络站。峰高杨仲圣小学校长杨世祥是张顺南的同学，长期掩护张顺南武工队开展工作。八甲乡还有黄敦贤、黄允康、王文进参加中国共产党。

1948 年春，黎金耀到双滘坡柳开展游击活动。4 月，黎金耀带刘飞龙、黄敦贤在坡柳山猪碌村邓仕英家和百滩村卢何英家建立据点，发动村民捐献稻谷 30 多担、长短枪 11 支，组建 20 多人的民兵队参加游击活动。6 月 15 日，坡柳农民协会在卢何英家成立，农会有 160 多人。民兵队、农会积极开展二五减租。黎金耀等人做通保长邱炳区的工作，使其成为两面政权人物。同年秋，国民党双滘警察所接报坡柳有共产党、游击队活动，出动警察前往"扫荡"，邱炳区闻讯即派人到百滩向游击队报讯，游击队得以及时转移，警察扑空。8 月 15 日，游击队在邓仕英家成立党小组，黎金耀任组长。1949 年 4 月 1 日，刘飞龙参加中国共产党。在解放战争时期，坡柳村有 20 多人参加部队。

三、信西区

云浮县飞地西山地区，被阳春西北部的阳三、中南、松柏等乡隔开，与云浮县境不连接，国民党统治力量薄弱。1947年春，永宁乡棠梨村杨节三带儿子杨才余、杨才丽和族亲共7人，在南在乡留垌钨矿挖矿，与留垌武工组组长黎光建立了联系，要求参加武工组。黎光布置杨节三等人回庙龙秘密发动群众，听候组织安排。10月，中共茂电信工委派叶其猷到长沙（今属三甲镇）活动，发展杨大鉴参加武工队，后杨大鉴被吸收为中国共产党党员。1948年4月，黎光率领漠西中队进入西山活动，到庙龙乡迎接东征支队。杨节三带领儿子杨才余、杨才丽、杨才焱和杨胜初、杨继生、杨才荫共7人，随漠西中队与东征支队一起到达漠东山区。漠东工委指示杨节三等人仍然返回西山庙龙、棠梨活动。这时，信宜县的武装力量还很薄弱，广南分委指示信宜县党组织负责在西山边区开辟游击根据地，漠西中队的杨节三武工组归信宜县党组织领导。8月，信宜县天津区手枪队指导员梁枫与杨大鉴到西山棠梨、庙龙、双南、新合、新沙一带开辟新区。12月，杨节三与梁枫取得联系，队伍发展到30多人。信西边区各村庄组织农会、民兵队，中共信宜县天津区委任命杨节三为庙龙乡行政办事处主任。

1949年4月初，国民党云浮县圭岗区区长黄家群、收兵连连长蔡木率领兵丁20余人到庙龙乡，杨节三、杨胜初、杨才余、杨才丽等发动群众以反迫害为由起哄，突然把黄家群、蔡木等20余人全部缴械，缴枪20余支，对被俘人员警告教育后全部释放。信宜县党组织领导人全国明等亲临庙龙乡杨朋公祠召开信西大队成立大会，任命杨大鉴为大队长，杨节三、黎金耀为副大队长，梁枫负责党的工作。大队下辖5个中队：第一中队队长杨贤七，副中队长覃元安；第二中队队长杨才荫，副中队长覃豪昌；第三中队队长杨才成，副中队长杨才丽；第四中队队长杨才安，副中队长谢彦天；第五中队队长刘飞龙，副中队长韦荣昭。

4 月 29 日，阳春六团政治处副主任陈亮明率领五台连到达庙龙圩，和信西大队会师，合兵攻取信宜县边境的白龙南乡新堡圩，庙龙、棠梨、双南、新合、新沙民兵和农民积极分子数百人出动支援，把粮仓稻谷全部运回根据地。新堡战斗后，信西大队 70 余人集中整训，先后发展杨节三、杨胜初、杨才镜、杨才余、杨才荫加入中国共产党，成立信西大队党小组，杨胜初为指导员。国民党的庙龙乡乡长杨佐周、雾水保保长杨贤忠表示服从信西大队号令，杨佐周捐献出左轮 2 支、驳壳 1 支、长枪 3 支和稻谷 30 担；杨贤忠捐献出短枪 2 支、长枪 1 支和稻谷 20 担。国民党的庙龙乡、保政权成为两面政权。

信西大队经过整训，增强了党的领导。5 月，中共信宜县党组织指示杨节三留守庙龙乡行政办事处，领导农会、民兵工作。信西大队 70 人到信宜、罗定边境与第十五团会合，先后参加罗镜、沙子、中伙等战斗，作战英勇，受到粤桂边区纵队第五支队司令部的表扬。6 月 1 日晚，信西大队由副大队长杨节三率领，从太平出发，取道新堡回西山，途经茂门河口桥头时，遭罗少蕃联防队及合水警察所自卫队共 300 多人的袭击，分队长杨明初在桥上中弹牺牲，队伍被冲散。次日凌晨，联防队和自卫队搜山围捕，信西大队参谋杨正初等 16 人被捕，其中 4 人越狱脱险，3 人被保释，杨正初等 9 人惨遭杀害。信西大队大部分指战员突围回到西山庙龙乡，安抚烈属，鼓舞群众，扩大队伍。10 月，信西大队发展到 170 人，配合粤中军分区部队和六团解放西山。信宜县十五团把信西大队介绍回阳春归六团领导。信西大队的干部、战士组建了庙龙、双江（山坪）乡人民政府和乡武工队。

四、金横区

金横区是 1949 年春中共阳江县委成立的几个区级组织之一，是人民民主政府时期的地方区域设置。金横，是由阳春县南部边沿的金堡和阳江县边沿的横山联片而得名。金横区包括阳江县的程村、西平（横山、黄什）乡，塘口、箦北、捷轮等乡的一部，阳春县金旦、河口、石门、潭箙等乡，凤翔乡的大部及新圩乡西南部。金横区南北、东西的距离均 40 多公里，人口约 5 万人。

金横地区是漠南游击队活动的老区。为在金横地区发展党的组织，积蓄力量，巩固和发展老游击区，更好地配合武装斗争，1947 年 8 月，中共阳春县特派员李信决定设立中共阳春县五区（春江）区委（辖潭水、金堡、龙门、河口等地），派黎新培任五区区委书记。黎新培接受任务后，即到金堡小学任教师作掩护，开展党的工作，领导潭中中学学生运动，单线联系党员黎运端、黎新芹、莫凤兰、黎运琪和青年民主同盟盟员 24 人。1947 年冬至 1948 年春，黎新培介绍与金堡相邻的阳江县程村苏村仔村的莫益用加入中国共产党，莫益用发展廖起、廖对喜等 3 人加入中国共产党。1948 年间，黎新培先后介绍金堡小学教师李学群、王永尤、李光、张士儒及大塘小学教师黎运琪加入中国共产党。1948 年下半年，黎运琪在大塘村发展黎兴环、黎兴通加入中国共产党。黎运端分别发展大塘村长工罗水庆和阳江县程村石湖峒（与金堡相邻）的关崇泮、关崇开加入中国共产党。五区区委先后发展党员 13 人，党组织不断发展壮大。

1948 年秋冬，金堡小学党支部、大塘党支部、苏村仔党支部先后建立。金堡小学党支部书记黎新培，大塘党支部书记黎运琪，苏村仔党支部书记莫益用。

1949 年 2 月，中共广阳地委决定，撤销中共漠南县工委，成立中共阳江县委。2 月底，成立阳江县人民民主政府。同月，经广阳地委和广阳支队司令部批准，漠南独立大队扩编为广东人民解放军广阳支队第八团（简称"八团"），辖两个连：第一连连长唐炳霖，指导员林方；第二连连长陈发，指导员郑杰。

3 月，经中共阳江县委批准，成立中共金横区委，邝炎培任书记，黎新培任副书记兼组织委员，林儒逊、胡斌为委员，分别负责经济工作和武装工作。

为了加强党的领导，金横区委将 46 名党员（其中阳春籍 26 人）分建 8 个党支部：

（1）区委机关支部，党员 4 人，书记邝炎培。

（2）第一武工队支部，党员 5 人，书记邝阳。

（3）第二武工队支部，党员 6 人，代书记邹鸿柱。

（4）第三武工队支部，党员 7 人，书记黎运端。

（5）第四武工队支部，党员 8 人，书记林儒逊。

（6）大塘支部，党员 6 人，书记黎运琪。

（7）苏村仔支部，党员 6 人，书记莫益用。

（8）区中队支部，党员 4 人，书记黎新培。

4 月，经阳江县人民民主政府批准，县长姚立尹在金堡肖背迳村宣布成立金横区人民民主政府，邝炎培为区长，黎新培为副区长。

四五月间，经金横区人民民主政府批准，建立阳春县金旦乡人民民主政府、龙门乡人民民主政府、阳江县横山乡人民民主政府。黎运端为金旦乡乡长，邹运燊为副乡长；张士儒为龙门乡乡长，张寿荣为副乡长；韦汉威为横山乡乡长。不久金旦乡、龙门乡及横山乡建立了行政村和自然村行政体制，行政村村长由区人民民主政府任命，自然村村长直接由乡人民民主政府任命。

金横区委、区人民民主政府成立后，发动群众，建立民兵组

167

织，扩大人民武装。区委根据阳江县委指示，发动青壮年参军参战，凡能脱离家庭和生产的就动员参加八团或区中队，不能脱产离家的就参加民兵队（称为壮丁队）。2月，黎新培先后介绍邹鸿柱、黎新海参加八团。4月，中共金横区委派武工组邹鸿柱、韦汉威等到金堡东坑、油铺等村发动群众，组织民兵。

邹鸿柱带领武工组深入金堡附近各村庄组织民兵（壮丁队）。几天后，在东坑、油铺、赖屋等村建立1个壮丁中队，邹振灏任中队长；又用几天，在望崖楼、席草塘、浸牛塘、新屋等村建立1个壮丁中队，邹运瑞任中队长；接着在白云垌、掘冲、鸡头嘴、弯岭、垌尾等村再建立1个壮丁中队，黎锦新任中队长。3个中队建成后，编成1个壮丁大队，共280多人，东坑村邹振灏任大队长。

韦汉威带领武工组与大塘党支部黎运琪、黎新芹等，在大塘、张公岭、木头坡、潭埠朗等村建立1个壮丁大队，共260多人，大塘村黎新芹任大队长。2个壮丁大队共500多人，有长枪60多支。

4月下旬，八团主力进驻肖背迳，决定建立金横区中队。5月3日，中共阳江县委决定，派黎新培带领邹鸿柱等10多名武工组员与黎道璇到金旦乡金堡办事处，召集全体乡兵10多人参加八团。同日，经金横区委同意，金堡小学党员教师李学群、张仕儒发动全体教师和高年级学生黎新权、林波、廖成等共20多人集体参加八团，带动金堡、龙门等地青年踊跃报名入伍。八团从武工组中抽调一些骨干和新参军人员建立金横区中队，全队48人，有长枪40多支，胡斌任队长，黎新培兼任政治指导员。区中队下编2个排，黎道璇任第一排排长，李孔万（后为罗达廷）任第二排排长。区中队成立之后，连续收缴了蝉石、梅垌两个保公所长枪20多支及一批子弹，区中队扩大到68人。

5 月上旬，金横区委根据形势发展需要，将全区武装人员 120 人编成 4 个武工队、15 个武工组，划定活动范围，有分有合地开展武装斗争。

第一武工队，队长邝阳，副队长韦汉威，共 22 人，分为 3 个组：第一组组长为邝阳（兼），组员 7 人，活动于织箦以北、程村西南、塘口以南、黄什一带；第二组组长韦汉威（兼），组员 8 人，活动于横山圩周围及塘仔坑、磨刀水一带；第三组组长姚良任，组员 7 人，活动于黄什、横山、程村等乡的部分村庄。

第二武工队，队长邹鸿柱，共 40 人，分为 5 个组：第一组组长李林，组员 8 人，活动于石门乡以东及肖背迳一带；第二组组长韦鼎儒，组员 7 人，活动于河口、黄疆、蝉石、清溪、下朗一带；第三组组长申正存，组员 8 人，活动于梅花地、马山、葵垌、东坑以及塘口乡以北；第四组组长张寿荣，组员 10 人（包括龙门税收组 3 人），活动于石门及上下双各村；第五组（长枪组）组长曾相，组员 7 人，活动于石门附近村庄。

第三武工队，队长黎运端，共 29 人，分为 3 个组：第一组组长关崇泮，组员 13 人（包括下陂朗税收组），活动于金堡、石湖洞、莲花、黄什以北村庄；第二组组长邹振清，组员 10 人，活动于河口乡东南部、木头坡以及双捷茶水、乐安一带；第三组组长关庆勋，组员 6 人，活动于程村以北、三坑、大溢仔、大窝村、上店、下店一带。

第四武工队，队长林儒逊，共 29 人，分为 4 个组：第一组组长吴春田，组员 6 人，活动于那旦、新埠一带；第二组组长林儒端，组员 7 人，活动于潭簕乡各村庄；第三组组长林儒逊（兼），组员 8 人，活动于新圩、潭簕以西、河口以东一带；税收组组长陈励，副组长陈胜高，组员 8 人，在小水河设站收税。

全区建立 12 个交通联络站，工作人员 29 人。

（1）老虎坳站，站长林二叔、叶金生，交通员林妍、叶林保、廖承炎，联络屋背冲、梅花地、古屋寨、铺仔寨，是八团交通干线站。

（2）屋背冲站，站长刘开崧，交通员4人，联络虎头山（邓其峰处）梅花地、老虎坳，是八团交通干线站。

（3）古屋寨站，站长关崇泮，交通员3人，联络老虎坳、铺仔寨或大头角，是八团交通干线站。

（4）铺仔寨站，站长陈焕（后陈全），交通员3人，联络漠东（宁村、屋面塘、古屋寨、老虎坳），是八团交通干线站。

（5）大塘站，负责人黎英华，交通员2人，联络阳江城、团部、金横区。

（6）梅花地站，负责人何木桂，交通员2人，联络莫屋田、龙门。

（7）莫屋田站，负责人廖木榕，交通员2人，联络梅花地、老虎坳。

（8）白坟坡站，负责人袁魁儒、严焕等，联络磨刀水、莫屋田。

（9）磨刀水站，负责人刘水，联络梅花地、莫屋田。

（10）龙门站，负责人韦鼎儒，交通员3人，联络梅花地、老虎坳、上双。

（11）上双（书房屋）站，负责人杨木生，交通员2人，联络龙门、梅花地。

（12）潭箖、河政朗站，负责人林炎，负责了解春城、岗尾、铺仔情况。

1949年春，党组织在金横区建立农会近百个，会员达3000多人。其中金旦乡农会30多个，会员约1000人；龙门乡农会20多个，会员约800人；横山乡农会20多个，会员600多人；程村乡农会 10 多个，会员 300 多人；河口乡农会 10 多个，会员 200 多人。每个农会设正副会长，有共产党员的村由党员出任农会会长，形式是公开推选；没有共产党员的村由农民骨干出任农会会长。金横区人民民主政府控制全区 70% 村庄，在这些村庄实行了二五减租，农民少交给地主租谷约 1500 多担，农民看到了解放军威力强大，也看到自己组织起来的力量，增强了革命信心。

5 月 14 日，中共金横区委在金堡小学球场召开"反三征"壮丁（民兵）大队成立大会，2 个壮丁大队共 500 多人参加了大会。姚立尹、黎新培和壮丁队代表分别在会上讲了话。提出"有力出力，有枪出枪，武装起来，保卫家乡"的口号。大会制定民兵公约："一、一切行动听指挥，协助解放军作战；二、反对国民党征兵、征粮、征税，协助解放军筹粮筹款；三、维护地方治安，保护群众利益，搞好生产；四、一方有事各方支援，团结战斗打击敌人。"金堡地区建立壮丁队后，金横区委掀起建立民兵组织的热潮，不到一个月，全区普遍建立起壮丁队。为加强对壮丁队的组织管理和训练，金横区委根据上级指示，成立金横区壮丁总队，黎新培任总队队长，八团党委派金横区委书记邝炎培兼任总队政委。全区壮丁总数 4000 多人，编成 16 个大队，有枪 500 多支。金横区民兵组织到处设岗放哨。4 月中旬，国民党阳春县保警 1 个中队夜间由河口圩向葫芦颈、肖背迳进犯，企图拉丁抢粮，搜捕武工队，天色微明时被路鸦山民兵发现。民兵当先鸣锣吹角，后开枪射击，各村纷纷吹角鸣锣报警，壮丁队 1600 多人赶至路鸦山附近山头，开枪阻击，各村妇幼也登上山头，喊声震天，县保警中队见状狼狈逃回河口圩。

1948 年下半年，大塘党支部莫凤兰发动大塘村 30 多名妇女成立识字班。1949 年春，在各村成立农会、壮丁队的浪潮影响下，大塘识字班妇女串联发动木头坡、张公岭、垌尾、茅蓬等村妇女 100 多人，成立大塘妇女会，莫凤兰为会长，黎道桐婶为副会长。妇女会动员妇女学文化，鼓励亲人参军参战，支援游击队打国民党。5 月，八团主力攻打河口圩，妇女会会员煮饭煮粥送到山头阵地，对战士、民兵鼓舞很大。

冬，黎运琪组织 20 多名儿童成立儿童团，经常在村前村后演习站岗放哨。1949 年 3 月，金堡小学三年级以上学生 60 多人，大塘村三、四年级学生 20 多人，没上学的 20 多人，共 100 多人，建立金堡儿童团，推选邹家琪为团长，邹惠珠（女）为副团长。他们日间上山放牛，同时在山上放哨，监视来往形迹可疑的陌生人。5 月，在八团和民兵反击国民党军的战斗中，东坑、油铺等村的儿童团员，在村里放哨，监视坏分子、特务的行踪，积极配合民兵战斗。7 月中旬，国民党军进入张公岭、木头坡一带"扫荡"，在张公岭山上放牧的儿童团员发现国民党军，即飞跑回村，报告住在邹鸿华家的武工队，黎道璇等及时转移，使国民党军"扫荡"扑空。

大力发展游击战争

一、党组织的建设和部队整编

1948 年 12 月，漠东工委领导成员和第六团奉广阳支队司令部的命令，到阳春、新兴边境整训。冯燊、吴有恒、欧初亲临指导整风，开展批评与自我批评，进行整改。

12 月，香港分局作出决定：将茂名、电白、信宜 3 县的党组织及人民武装划回粤桂边区党委领导；中共广南分委和广南军分委同时改名为中共粤中分委和粤中军分委，直属香港分局领导，统辖地区包括粤中地委和西江以南的高要、新兴、云浮、郁南、罗定。冯燊为书记，谢创、吴有恒、欧初为常委，周天行、郑锦波、谢永宽、唐章为执行委员。冯燊为军分委主席，吴有恒为第一副主席，欧初为第二副主席。同月，中共广阳地委成立，书记郑锦波，委员杨子江、吴枫、李信、郑鼎诺，管辖阳江县、阳春县、新兴县和恩平县的锦江以北地区、开平县西北部地区以及云浮县飞地西山。部队方面，加强广阳支队领导，郑锦波任司令员兼政委，杨子江任副司令员，吴枫任政治部主任，领导第五、第六、第七团和漠南独立大队。

同月，中共粤中分委决定，中共漠东工委改为中共阳春县委，县委书记吴子仁，委员陈庚、陈枫。原漠东工委属下清那区划归恩平县委领导，阳春县委领导春北、春中、春南、春城、江北等

173

区委和西山特别区党组织，总计有党员 123 人。春北区委，书记郑文，委员黎光、杨斌、曾进；春中区委，书记陈运福，委员马洪、严仕郁；春南区委，书记刘奇，委员陈洪、朱存；春城区委，代号大地，书记容忍之，委员李达通；江北区委，书记杨超，委员陈冬、钟景宏；西山特别区党组织，负责人陈池。1949 年 1月，连成一片的春中、春南、江北 3 块根据地的春中区委、春南区委、江北区委合并为东南区委，书记杨超，委员陈运福、刘奇、陈洪、陈冬、马洪、陈钧。

同月，粤中军分委决定对六团和春北独立大队进行整编，撤销春北独立大队番号，合并为六团，全衔为"广东人民解放军广阳支队第六团"。吴子仁为政委，曹广为副团长，陈庚为政治处主任，陈亮明为政治处副主任。原春北独立大队的连队整编为南海连，为六团主力连，梁春为连长，梁健民为指导员。六团下辖各区中队。

1949 年 1 月，中共粤中分委和粤中军分委决定，集结分散于广阳地区（新兴、恩平、阳江、阳春全境及开平西北部）的原东征支队各连队，组建军分委主力独立第一团，挺进三罗。21 日，粤中人民解放军独立第一团在云浮县富林圩正式宣布成立。黄东明为团长兼政委。粤中军分委司令部命陈亮明率领云阳边区民兵随主力部队向三罗地区进军，陈池留在云阳边游击区工作。

1 月 24 日，粤中分委、军分委决定将三罗支队整编为中国人民解放军粤中第四支队，云浮县的部队整编为第四支队第三团，其中云阳边区的部队整编为第三团第二营。3 月初，阳春六团南海连奉命开赴恩平县调入广阳支队钢铁营，六团从各区中队上调人员组建团主力连队。

二、阳春县人民民主政府成立

粤中各山区游击根据地逐渐形成以后，中共粤中分委、粤中军分委及各地区党组织、人民武装便组织力量，从政治、经济、文化等方面，大力加强解放区的建设，培养解放区人民群众当家作主的精神，使根据地更好地为人民群众服务，为武装斗争服务。其中，建立人民政权，让解放区人民当家作主，是加强游击根据地建设的首要任务。1948 年 8 月，香港分局就提出"经过减租减息之后的地区，均应着手进行建立政权"。建政的方式可视情况不同分为两种，"一种是完全一面的民主政权"，"一种是秘密的两面政权"，"各地可加强研究，灵活采用，但不可只凭自己需要急性的建立一面的公开政权"。9 月，中共广南分委根据粤中区的实际情况，明确提出建立公开的一面政权必须应具备 4 个条件：一，比较稳定地控制了相当的地区；二，作为政权基础的乡村群众，组织已相当普遍与巩固，群众敢于抛弃对国民党的正统观念；三，已经有了相当的上下层政权工作干部；四，有了为保护这一面政权所必需的主力基干队与普遍的区乡队及民兵组织。

12 月，随着反"清剿"斗争的不断胜利，粤中人民武装已较稳固地控制了相当一部分地区，建立人民政权的条件已经成熟。中共粤中分委认为在所属各县中，阳春建立人民政权的条件较成熟。经中共粤中分委批准，粤中区第一个县级人民政权阳春县人民民主政府，于 1948 年 12 月在蟠龙正式成立，县长黄云（此时在中共华东区党校，仅用其名扩大影响），副县长陈庚、陈枫。副县长分工：第一副县长陈庚兼管六团政治工作随部队行动；第二副县长陈枫管行政工作，常驻蟠龙鹊垌，领导根据地游击区组建农会、民兵和开展二五减租，征收军粮。1949 年 2 月，阳春县人民民主政府设立东南区办事处，管辖春中及阳江县珠环、大八区根据地的政权事务，严仕郁为办事处主任；接着设立春北区办事处，郑文为主任。

同月，为适应根据地建设需要，中共粤中分委相继开办各种干部学习班，培训干部。中共阳春县委派陈运福、曾进参加党的组织建设学习班；严仕郁、钟景宏、梁源等参加广阳支队军事干部（连排级）学习班。组织建设学习班采取游击方式进行，开班于新兴县低村，结束于阳春县蟠龙，历时3个月。

三、加强税站工作，保障部队给养

1948年12月底，阳春县人民民主政府成立后，漠阳江牛暗埗税站、平坦乡北部石壁税站、茶园乡山中间税站，都使用阳春县人民民主政府税票征收税款和军粮。漠南独立大队设立的小水河急鸡坡税站也向过往船只征收税款。其中漠阳江牛暗埗税站，平均每天能收税金银元二三百元，圩日能收到银元500元和大米2500多斤。税站收入成为六团部队给养的重要来源，并上缴40%给广阳支队司令部。1948年底到1949年初，国民党政府发行的钞票法币、关金券、金圆券已经全部崩溃失去信用，物价上涨至一担稻谷售价数亿到十多亿元，商民拒绝使用国民党政府钞票，市面流通使用银元、铜元，或以稻谷换购货物。国民党阳春县政府在漠阳江古良设置的税站，被人民解放军六团部队和武工队三次攻打，其税收人员被缴械遣散，再也无人敢来恢复税站收税。国民党省保警、县保警对解放军设置的税站反复"扫荡"，解放军六团和武工队为保护税站，与国民党军进行了长期激烈的斗争。

——漠阳江税站。1946年11月，两阳武工委设立漠阳江税站，站长曹广，在春南地区的新圩、登梘、牛暗埗铜鼓庙之间流动，向过往商船、竹木排收税，使用"中国人民解放军第六团关防"税票。后来税站固定在牛暗埗铜鼓庙前江边，可以把漠阳江干流和支流小水河全部来往商船、竹木排税款收齐，保障六团部队给养。

1948 年 1 月，李学接任漠阳江税站站长，工作人员有张志林、郑计双、黎启让等 6 人。5 月至 10 月间，国民党军警重点"肃清平原"，为建立税站积极工作的黄昌廉被枪杀于新圩乡。漠阳江税站人员撤回山区跟随六团主力反"扫荡"，税收中断，部队给养极为困难。

1949 年 2 月，六团党委在阳江边境宁村开会，决定恢复和加强漠阳江税站，保障部队给养。六团党委派副官黄放兼漠阳江税站党小组组长，派刘邦为站长，带领关定和、张志林、黎启让、郑计双、龚干、黄颐等 12 人，配有冲锋枪、步枪、快掣驳壳枪和手榴弹等武器。税站以宁村为据点，以郑计双家为堡垒户，日夜在牛暗埠铜鼓庙一带漠阳江边收税。朱存带领春南区中队保护税站。税站人员在向过往商船收税之后，还向船客发放传单，起到宣传队的作用。漠阳江税站恢复收税不久，阳春、阳江两县保警集中两个营共 6 个连（中队）来包围"扫荡"税站。

2 月底，吴子仁、曹广率领南海连和春南区中队集结于屋面塘村。阳春县保警一个营前来骚扰屋面塘。吴子仁认为部队给养困难，漠阳江税站一天也不能停止收税，遂率领部队从黄榄根渡过漠阳江进入宁村，保护税站。3 月 1 日，阳春县保警纠合岗尾乡和轮溪乡的联防中队，追到宁村，南海连登上大瓮岭反击。阳江县保警一个营纠合双捷联防队也从南边向宁村合围过来。六团副团长曹广富有战斗经验，听到西边枪声，判断只是两县保警的火力，决心以少胜多打击保警气焰。大瓮岭东北方是陡峭山坡，阳江县保警不易攀登，且有阳江县八团增援，故只派一个班把守。主要力量放在西南方，两挺机枪子弹不多，曹广举旗指挥射手只准连射 3 发，射则必中。战士分组占据有利地形，沉着阻击。阳春县保警 7 次冲锋都被打退，最后曹广指挥部队从制高点冲杀下去，保警分作两路溃退。阳春县保警刚逃走，阳江县保警才向大瓮岭冲锋，六团战士用机枪、步枪准确扫射，用手榴弹一齐投放，打垮了阳江县保警的冲锋，阳江县保警急忙撤退。大瓮岭一战，两县保警、联防队死伤数十人，谎称遇到"共军"2000 人。从此，六团税站人员长驻宁村，日夜到牛暗埗收税。

两县保警集中主力"围剿"税站失败，又设计暗算。3 月间，阳春县保警在岗尾圩江边布置一艘船，伪装成运生猪、杂货商船，船头放满猪笼，船舱埋伏 10 多人，架上一挺机枪，企图在税站人员登船收税时突然袭击。阳春县保警的伪装被岗尾圩开往阳江商船上的人看得清清楚楚，立即先行开船到六团税站报信，税站人员撤至山坡埋伏，待阳春县保警伪装船到达税站河边，即集中火力射击，保警船慌忙掉头逃跑。两县保警曾几次袭击牛暗埗和宁村，放火烧了郑计双的家，但每次税站人员都及时转移，人员、税款没有损失。有时阳春县保警一两个连乘船来往于春城与河口圩之间，到了牛暗埗税站河面也先开枪示威开路而过，不敢登岸寻战。7 月间，阳春县保警又一次袭击税站，姚立尹率领八团两个连恰好来到，给予猛烈扫射，县保警狼狈逃跑。从此，县保警、联防队再也不敢进犯漠阳江税站。

——漠南龙门税站、小水河税站。1947 年 3 月，姚立尹带领武工队员 8 人到漠南地区石门乡活动，处决惯匪陈家有、钟三槐、黎杏锡等，向土匪申明从阳江县塘口圩至阳春县龙门圩山路是解放军保护范围，不准任何人抢劫过往商民。武工队制服了国民党的盐警和密探，控制了龙门坳，设点收税，陈碧为站长，武装收税员姚久、钟明。1947 年 9 月至 1948 年初，龙门税站由胡斌负责，1948 年由陈励负责，1949 年 3 月至 10 月由邹鸿柱负责。

1947 年 7 月，漠南武工队在阳春潭簕乡急鸡坡设立小水河税站，双滘、八甲、三甲、潭水、河口各圩场商船运出生猪、家禽、竹木、柴炭及运进货物，均在小水河税站交税。1947年7月至1949年1月由陈励任站长，工作人员有林效、黄方、陈圣高、陈全。1949年1月至10月，由林儒逊任站长，税站武装工作人员8人。

——春北山中间税站、石壁税站。1948年春，春北武工队以马狮田为根据地，逐步扩大游击活动。4月间，春北武工队刘奇、梁源、顾铭、陈飞到茶园乡活动。茶园乡刘大权中队在春湾镇往恩平县的陆路通道上设立山中间税站，黄振南为站长，孔国、刘东俊、温艺贤等5人为武装工作人员。1949年6月，林川接任站长。

1948年6月，春北独立大队在平坦乡漠阳江边石壁设立税站，从春湾经石壁往阳春城、阳江城的商船在石壁交税，领了税票之后经过春南漠阳江税站验票放行不再交税。石壁税站第一任站长刘邦，工作人员覃伍、刘福。春北武工组负责人顾铭、陈飞也参加收税。10月，顾铭、陈飞接管税站。1949年2月，严土生接任石壁税站站长，梁振为副站长，武装税务人员有黄巨兰、邓满、覃伍、陈林、温木火5人。有一次，县保警1个连乘船从春湾开往春城，船民被监视无法挂出有军警的信号，只好把船尽量靠西岸航行。东岸税站武工组负责人陈飞喝令停船靠岸，放枪一发击中船帆主缆绳，船帆滑落，船身倾侧。县保警登西岸向东岸开机枪扫射，却不敢到东岸寻战。保警回到春城拘捕船民，用毒刑逼供，船民坚决不吐露税站信号，被罚重款保释。县保警当中传说春北税站有"神枪手"陈飞、大眼仔（严土生），闻风丧胆。有一次，郑文与严土生等7人从石壁税站对面西岸的元湖圩出来，正遇县保警一个中队在大庙前树下休息，郑文一行从庙前大路径直走过，保警有人欲举枪，严土生大喝一声："我是大眼仔，我叫你们不要开枪!"保警惊惶不敢动作,郑文等安全退出圩外,徐徐上船渡江回石壁税站。

解放战争期间,阳春县境内游击队税站共征收税款(折成白银计算)约44.7万余元,其中漠阳江税站收入税款36.7万多元,大米81万斤(405吨);龙门税站收入1.98万元,小水河税站收入3.96万元,山中间税站收入2750元,石壁税站收入1.98万元。各武工队征收军粮约1.91万担,港币、纸币一大批。税站扩大收入来源,保障了游击队、六团不断发展壮大。

四、1949年春季攻势

1949年1月,中共阳春县委执行粤中分委、广阳地委的指示,开展春季攻势,采取的措施是:一,县委直接领导春城的统战工作。二,春中区委、春南区委、江北区委合并为东南区委。三,六团主力部队、各区中队、武工队采取主动进攻方针,各区区委带领武工队挺进平原,开辟新区,威胁各乡镇,深入春城四郊,开展强大的攻势,到处张贴解放军胜利传单和县人民民主政府的布告,深夜鸣枪射击国民党军据点,使国民党军惶恐不安,鼓舞群众的斗志。四,对国民党区乡政权和军队开展统战和策反工作,争取国民党军投诚起义,集中优势兵力拔除游击区内和交通要道上的国民党军据点。五,布置春城地下党员搜集春城有关情报,及时送给领导,积极配合武装斗争。

——发动金旦乡起义。2月间,陈庚到春南区部署金旦乡起义。由朱存和陈永溪发动金旦乡副乡长韦士桓、乡队副洪铁杰起义。2月23日,金旦乡乡长离职待新乡长接替,韦士桓、洪铁杰率职员、乡兵起义,加上教师、学生、农民共30多人,携长枪30多支参加春南区中队。3月初,南海连上调广阳支队司令部钢铁营,开赴恩平县。吴子仁、陈庚在宁村把春南区中队70人整编为六团第一连，代号太行连，连长陈来，副连长洪铁杰，指导员马洪，副指导员陈永溪。朱存把先农、岗尾、轮溪、新圩等乡的武工组和民兵骨干重新组建春南区中队，先农武工组 40 余人大部分抽调之后，武工组邓泰坚与周道桓又组建 30 多人枪的队伍保护先农根据地。

　　——挺出平原开辟新区。中共阳春县委派出强大的武装工作队，挺出平原新区和城镇近郊，实行政治和武力相结合，大力宣传共产党解放军的政策，宣讲辽沈、平津、淮海三大战役的重大胜利，解放大军即将南下，蒋家王朝即将覆灭。陈运福带领李海武工组从蟠龙出头堡、黎湖，直达阳春城北各村庄活动。龙湖乡乡长托人向陈运福捎话："游击队在龙湖乡境要来就来，我不管。"龙湖乡设在头堡寮背村钉点的自卫队也不敢出动。陈运福又带李海武工组西渡漠阳江到河西平原的三湖、更古坑、龙岩、牛肚朗、崆峒等乡村活动。李海武工组常到阳春中学、阳春师范、农校等中小学校张贴《粤中人民报》和散发传单，夜间向阳春中学后面蟒螃山的县保警地堡和县城四周的碉楼开枪袭扰，使国民党军政人员寝食不安。陈洪带领先农乡邓泰坚武工组逼近岗尾圩，渡过漠阳江在潭簕、新圩、马水各乡活动。六团团部直属的李培武工组直插河西平原的盘石乡三丰、田圫头和崆峒乡上下石角、黄竹头、合岗、九头坡等村庄活动，组建河西武工组，并北上活动到龙湖乡的更古坑和高南乡南部一带。春中区内的老根据地蟠扶乡和先农乡在 1947 年就成立了农会，有民兵 429 人。武工组在龙湖、盘石、崆峒乡和先农乡的高朗、新云开辟 182 条村庄，组织"同心组"（秘密农会），共有组员 760 人和民兵 521 人。国民党县保警中队到龙湖乡围捕春中武工组人员，龙湖乡赖朝业、冯水木被捕牺牲。严仕郁带领武工队欧圣通等人，从蟠龙北过留垌、茶河游击根据地，逼近第二区合水镇周围农村活动。陈冬带珠环、大八武工队挺进江北平原塘坪、白石开辟新区。郑文率领武工队向春湾镇附近的大小河乡、那乌乡西部、平坦乡西部和漠阳江西岸的高北乡、青山乡开辟新的活动区。

5月，中共阳春县委撤销东南区委，恢复春中、春南、江北3个区委。

——组建五台连。3月，陈亮明、陈池派出侦察员李东泰等4人，化装进入圭岗圩，了解到云浮县驻西山区收兵连连长蔡木率其部下远赴庙龙乡捉壮丁，连部空虚，李东泰等突袭其连部，收缴军装70余套及军用物资一批。

4月2日，西山武工队在那林乡发动群众70余人集体参队，收集民枪30多支，编成一个连，序列为六团第三连，代号五台连，杨才琳为连长，陈恒升为副连长，陈池为指导员，欧圣聪为副指导员。陈亮明在那林召开四乡群众大会，宣传解放战争和广阳地区武装斗争的胜利形势。新成立的五台连活捉国民党区分部书记、西山四乡联防主任黄楚庭，带到会场认罪罚款。陈亮明、陈池率领队伍挺进上四乡，军威大振。4月23日，五台连在赖仁贵组织的内线力量配合下，袭击永宁警察所，俘虏12人，缴枪12支。4月29日，五台连与信西大队在庙龙圩会师。30日，联合攻打信宜县新堡圩，开仓分粮。陈亮明率领五台连转回西山东北部的三垌乡吉垌峡，遭到国民党春西联防办事处李鸿万部队优势兵力的袭击，五台连奋勇作战，击退李鸿万部队，仅伤战士1人，安全撤回漠东山区。

——输送学生参加游击队。3月，中共阳春县委为了迅速扩大六团、区中队、武工队人民武装，指示春城区委分批输送学生党员、青盟盟员和积极分子参加游击队。

3月，最先参加游击队的是阳春师范党支部书记林举英和阳春中学女党员范梅芳。范梅芳在早操时到各个课室分发传单，被人发觉。春城区委立即通知林举英、范梅芳从马水迁回到先农沙田垌转入漠东山区。4 月，春城区委分批输送阳春师范、阳春中学学生参加游击队。阳春师范党员邱先、伍辉、李宗伙、张兆林和青盟盟员范家禧、范家钊、林茂芬、韦业环、林游、林举宣、岑祖良 11 人，有的由党员区西带领乘电船到岗尾圩涌口转入部队，有的从蟠龙转入部队。阳春中学先后入队的有党员彭美英、薛启谋、庞荣鉴、黎英华和积极分子柯明光、黎运侵、湛达道、梁兆年、韦鼎慰、范绍智等 22 人，柯明光等 12 人由党员交通员陈运庆引导入先农根据地，彭美英、范绍智等 7 人由女党员交通员梁楚云引导入蟠龙根据地，庞荣鉴、薛启谋、陈彦庄家住蟠龙根据地和先农根据地，由组织安排进入部队。青盟积极分子到游击队后，大多数在部队参加中国共产党。

阳春师范、阳春中学大批学生参加游击队，使国民党阳春县政府大为震动，警察局分别传讯与入队学生经常接触的学生。县长邓飞鹏亲自率领县保警 1 个中队，在凌晨包围阳春中学，架起机枪集中学生到操场训话，拘留教师戴鸿炜，追捕女教师黎钊民（农工民主党人士），搜查教室和学生宿舍，翻箱搜被，一无所获。容忍之从内线获得情报，迅速通知阳春中学学生党员陈思桐，转告所联系的学生积极分子，连夜转移或销毁了进步书报和游击队传单，从容应付封校大搜查。

5 月下旬，在中山县四区中学当教师的阳春县三甲乡人刘传敏，发动中山县立中学和二区、四区中学学生刘坤、吴中立等 14 人离开中山县，6 月初到达阳春县参加六团。这批参队学生大部分是新民主主义青年团团员，在开展组织活动时被发觉，紧急撤离。因吴子仁原籍中山县，故中山县学生来阳春加入六团。

7 月，中共春城区委为了保持学生运动的连续性和筹建新民主主义青年团及县学生联合会，批准阳春中学党小组吸收新党员

2 名和青年民主同盟盟员 7 名。

——平坦起义。5 月，中共阳春县委执行粤中分委、广阳地委指示，指挥六团及区、乡人民武装，连续发动攻势，发动起义，拔除据点，包围城镇。

此前，广阳支队钢铁营营长郑祯和春北区委委员杨斌就与国民党平坦乡联防队长陈启饶取得联系，化装进入合水镇侦察。5 月，中共阳春县委部署策反平坦乡的陈元辉父子起义。平坦乡鱼塘村的县参议员陈元辉，1925 年任阳春县县长，参加过弹劾县长马北拱，对国民党政府的贪污腐败表示厌恶。其长子陈启彬在国民党县政府当科长，次子陈启饶在平坦乡当联防队队长。陈元辉父子在全县有较大影响，发动陈家领头起义可以震动全县。陈庚、郑文通过在抗日时参加过六团的黎南桥、黎宗权、黎宗源、黎宗平、黎宗伟兄弟，面见陈启饶，进行策反，经过 3 次协商，定下起义计划。陈启饶串联了平坦乡乡长李鉴成和自卫队队长崔熙煌、高南乡副乡长吕士德和陂面县界维持自卫队长吕宗宪、高北乡自卫队队长陈杏祥一同率领乡兵参加起义。

同时，广州仲恺农业技术学校学生黎新恺回到家乡平坦乡塘潮村，与杨斌、陈飞取得联系。杨斌发动黎新恺组织一批教师、学生、农民，与其表兄陈启饶同时起义。黎新恺发动了贫农张德崇、雇工李均等 28 人，集中在黎姓五和堂公祠开会，把五和堂公尝所属长枪 10 多支和民枪收集起来，共有长枪 20 多支，驳壳枪 1支，左轮 2 支。黎宗权发动合水镇教师陈鸿煜、林业宣、李郁灿、林业芹、柯圣华和圩镇居民项里光等 8 人参与起义。

6 月 2 日，两股队伍开到平坦乡鱼塘村前担沙朗集中，宣布起义。郑锦波率领钢铁营及七团一部，吴子仁、陈庚、陈枫和曹广率领六团主力，都到平坦乡陂朗村接应起义队伍。起义队伍开到恩平县那吉圩，编为张家口营，直属广阳支队司令部领导，陈启饶为营长，吕士德为副营长，郑文为教导员，下建两个连，吕宗宪为第一连连长，陈杏祥为第二连连长。平坦起义对国民党阳春县当局震动很大，县长邓飞鹏派兵到合水镇逮捕陈元辉，要陈元辉写信劝儿子出山自新，陈元辉大骂邓飞鹏："你们的末日快要到来了！"拒绝给儿子写劝降信，邓飞鹏把陈元辉枪杀于孔庙前的木棉树下。国民党军警又逮捕了吕宗宪和黎新恺等人的家属入狱，查封房屋。李鉴成和一批乡兵动摇逃跑回家向国民党"自新"。7 月，广阳支队司令部鉴于张家口营减员，同时要加强地方武装工作，将张家口营整编，大部分人员编为 1 个连，代号大别（山）连，归六团建制，吕宗宪为连长，陈杏祥为副连长，范家钊为代理指导员；少部分人员由黎新恺带领调到春北区委的武工队。陈启饶、吕士德、黎宗权等则分散回地方隐蔽活动。

——拔除独竹庙据点、沙田垌据点。5 月初，陈庚和春南区委策划拔除国民党据点。16 日，陈庚指挥第一连和春南区中队，夜袭轮溪乡独竹庙联防队，内应陈朝通开门接应，俘获联防队队长黎德流、副队长姚才道等 33 人，缴获长短枪 36 支。联防队员经过教育，19 人参加六团，14 人遣散。19 日，陈庚指挥一连和春南区中队，夜袭岗尾圩警察所和联防队，警察、联防队员逃跑，六团开岗尾乡凉水井谷仓，分粮 200 多担给农民度荒。

5 月间，春南区委与邓泰坚策划拔除国民党设在先农乡沙田垌的据点。先是武工队在沙田垌村及周围各村加强活动，控制据点自卫队员出城及上山的通道，然后散布沙田垌据点自卫队队长曾昭伟"通共"，藉国民党县政府通知曾昭伟到春城开会之机，由陈运福与邓泰坚武工组出面劝告曾昭伟，不要重蹈马水乡乡长陆孚五入城开会被枪决的绝路。武工队员每晚在据点外围喊话。曾昭伟大惧，率队 30 多人携枪起义加入春中区中队。后来，曾昭伟回去自首，沙田垌据点则被武工队拔除。

六团在夜袭独竹庙联防队和岗尾警察所后，第一连扩大到5个排。5月21日，六团在宁村由第一连分出两个排组建第二连，代号吕梁连，连长梁源，林举英任副指导员。至此，六团发展到3个连。7月，春南区武工队副队长郑秉业，发动胞兄、新圩乡副乡长郑秉扬携枪参加春南区武工队，新圩乡境完全在武工队控制之下。

——袭击珠环，智取塘坪。上半年，中共阳春县委派六团主力到江北区活动，支持江北区武工队开辟新游击区。

4月26日夜，曹广、陈枫率领六团1个连到珠环乡，27日凌晨，由被策反过来的乡队副黄开疆叫开乡公所大门，一枪不发，俘国民党珠环乡乡长黄基仲等19人，缴枪30多支、子弹700多发和手榴弹4枚，被俘人员教育后释放。

5月23日，八团主力300多人到达塘坪乡，支援江北区武工队攻打塘坪圩，乡兵逃跑，联防队龟缩炮楼之内。部队进入塘坪圩向居民宣传，24日主动撤离塘坪。

6月27日，江北区区委书记陈冬设计派农民送假情报说游击队少数人住在鲫鱼塘村，塘坪乡自卫队、联防队倾巢往鲫鱼塘村围捕。区中队队长苏观保带武工队负责警戒。陈冬带武工组3人突袭塘坪乡公所，乡长陈国昭和正在开会的保长40多人全部被俘，缴长短枪7支，俘虏教育后全部释放，陈国昭罚交军饷后释放。

6月28日，六团主力第二连进驻塘坪圩，阳江县保警1个中队前来攻打，二连进行阻击，击伤保警副中队长1人，撤出塘坪圩，苏观保负伤，班长欧聚凡牺牲。

——解放龙门圩。5月中旬，金横区中队成立不久，为了扩充区队的枪械，在收缴了河口、蝉石保公所10支步枪之后，派出区中队1个班，由排长黎道璇带领，会同张寿荣等武工组，以及石河、龙门部分民兵共 30 多人，到梅垌收缴保公所的枪支，未经战斗，即缴获了 8 支步枪，当武工组向保丁、群众宣传全国解放战争形势的时候，国民党石门乡乡长曾繁燊带领乡兵 30 多人，企图截击武工组，黎道璇立即指挥武工组登山还击。枪声打响，梅垌等村的民兵鸣锣吹角集中 200 多人，从四面八方向梅垌开来，住在葫芦颈村的区中队闻讯，也立即奔向梅垌，曾繁燊见民兵人多势众，狼狈逃跑。区中队和民兵 100 多人（后增加到 400 多人）乘胜追击，乡兵逃回龙门圩，龟缩于石门乡公所。区中队和乡兵在梅垌刚刚打响的时候，即派民兵向驻扎在金堡圩的八团团部报告。这时已是下午 4 点多钟，八团战士吃过晚饭，即奔向梅垌。中途得悉曾繁燊正逃回龙门，于是直插龙门，黄昏时候进抵距龙门圩 200 米的关帝庙和龙门小学，这时龙门周围山头都被区中队及民兵占领。八团领导即召集金横区委、区中队的领导了解情况，石门乡兵及联防队有 60 多人，龟缩于乡公所和保公所内，倚仗围墙碉堡据守，较为难攻，但兵力不多，且大多数是从农村抽来的壮丁，欠缺战斗力，而八团兵力数倍于乡兵和联防队，且在击毙阳江县常备自卫队第六中队队长江玉麟和智取儒洞不久，士气旺盛，又有金横区中队及数以千计的民兵配合。金横区群众基础较好，西南靠上双、下双、河尾大山，粮食后勤毫无问题。这时期六团在春北地区频频出击，国民党集中兵力对付六团。因此，这是攻打龙门圩的大好时机，于是决定采取总攻战术，攻打龙门圩。由区中队派出两个排及石河、下双、龙门的部分民兵，分别警戒河口、潭水、八甲及塘口方向，八团派出一个连及部分武工组作主攻，部分武工组、民兵做好后勤物资供应。塘口横山、梅花地也上来民兵 1000 多人在附近山头摇旗呐喊，并作第二重警戒。晚上 9 时多，连长陈发带领一个排登上龙门圩东南面的山头作警戒，主攻连队由申存、张昌仁等武工组作向导，直插乡公所、保公所、联防队炮楼 3 个据点附近。9 时 50 分战斗打响，至第二天下午 2 时多结束。首先解决龙门联防队，进而解决保公所，乡公所见大势已去，举白旗投降。

攻下龙门圩，俘石门乡乡长曾繁燊等 67 人，缴长短枪 57 支，弹药一批，威震漠南，大大鼓舞了士气，鼓舞了群众。龙门圩解放后，金横区人民民主政府在龙门圩一间歇业商店挂牌办公，区长邝炎培与区干部接待来访群众，帮助群众解决问题。区人民民主政府热闹非常，平均每天到访群众约 100 人。

——攻打河口圩。邓飞鹏闻报"共军"攻陷龙门圩，其乡保政权开始崩溃，大为震惊，当即纠集县保警及联防队反扑。

5 月 19 日，阳春县保警两个中队沿河背山向龙门圩进犯，民兵当先发觉开枪阻击，附近各村一时鼓角齐鸣，数以千计民兵手持土枪、禾叉、三齿，登山向县保警压过去。八团接到情报，立即派出一个连从客滩渡河登蝉石高山，向猴子岭进击县保警；金横区中队从葫芦颈过河冲向河背山。县保警见状慌忙向河口圩逃窜。八团主力连、区中队、民兵追至河口圩闸门之外，至黑夜，主动撤出战斗。

邓飞鹏得知前锋两个中队在河背山受到阻击退守河口圩，急忙调集县保警 3 个中队和潭水、三甲、八甲联防队共五六百人，于 5 月 20 日天刚微亮，以优势兵力向金堡肖背迳进犯。前哨一个排到达马头岭，被在路鸦山日夜守卫放哨的民兵发觉，民兵立即派人向八团团部报告，并向各村民兵发出信号。八团派两个连分两路反击，一连与阳江县路南区中队直奔路鸦山反击马头岭县保警，二连与金横区中队向肖背迳河背插向县保警后路，黎新培发动 2000 多民兵分 5 路在外围监视县保警。中午 11 时，县保警退回河口圩碉堡，以一个连据守木磨岭。傍晚，据守木磨岭的县保警也惊慌逃回河口圩碉堡内。当夜 9 时，八团和金横区委布置，金堡武工队队长黎运端率领民兵从金堡圩抬来一门迫山炮，在距碉堡 150 米的狗梗岭尾安放，装满火药和秤砣、犁头铁等，向碉堡开了一炮，把碉堡旁的小楼打穿一个洞，炮声地动山摇，县保警吓得丧胆，乘夜撤出河口圩。是役，毙保警一人，伤保警数人；八团和武工队伤两人，八团战士韦荣汉、罗运符和民兵张杏忠牺牲。八团攻打河口圩，打败兵力数倍于己的县保警，影响很大，金横区民兵配合主力作战，受到广东人民解放军广阳支队司令部表彰。

夏季以后，阳春县金旦乡、石门乡的国民党政权已被完全推翻，国民党河口、潭簕等乡公所也名存实亡，河口乡乡长王德林、河口圩保长王子光与金横区人民民主政府订了互不干扰条约，王子光在河口圩收税后缴交给金横区人民民主政府。地跨阳春县、阳江县的金横区，实际上已成为阳江县人民民主政府和八团的主要根据地和大后方。

——进军西山。5 月 22 日，吴子仁、陈庚、曹广率领六团西渡漠阳江进入河西平原马水、盘石、石菉等乡，国民党阳春县保警第二营 100 多人前往拦截，激战于潭武垌，伤县保警一人，缴长枪一支和子弹 30 余发，保警向县城撤退。六团乘胜从石菉岭进军西山，从南向北纵贯西山山脉，沿途宣传解放战争的胜利形势，宣传中国共产党阳春县委员会、阳春县人民民主政府已经解放阳春广阔地区，人民民主政府县长巡视西山。进军途中，与在新江、大河、那柳活动的赖仁贵武工组，与在三垌、北河活动的李东泰武工组取得联系，支持两个武工组扩大队伍。六团到达北河乡云容，西出渡过漠阳江进入那乌乡，回到漠东山区。县委抽调陈池组建一个 16 人的西山武工队，又称"飞行队"，从云阳边区重返西山游击区，与在松柏乡活动的严超贤武工组和在三垌、云容活动的李东泰武工组会合，扩大西山武工队。

第六节 配合南下野战军解放阳春

一、反抢掠、反"扫荡"斗争的开展

1949 年 4 月 21 日，毛泽东主席、朱德总司令发布《向全国进军的命令》，号召中国人民解放军"奋勇前进，坚决、彻底、干净、全部地歼灭中国境内一切敢于抵抗的国民党反动派，解放全国人民，保卫中国领土主权的独立和完整"。

7 月 15 日，中共粤中分委、军分委召开干部会议，传达上述通知精神；18 日，向全区各级党组织和武装部队连以上单位发出《关于成立粤中临时区党委及粤中纵队的通知》，宣布粤中临时区党委和粤中纵队即日起正式成立，粤中纵队全称为"中国人民解放军粤中纵队"。8 月 1 日向外公布。原广阳支队番号改称"中国人民解放军粤中纵队第二支队"，下辖钢铁营（8 月下旬扩编为第四团）、五团、六团、七团、八团。

粤中人民武装力量按照上级要求，更加广泛地开展了以占领、解放广大农村为主要目的的外线作战，有力地打击了地方反动武装，使各区小根据地由山区扩展到平原农村，并向着连成大块根据地的局面发展。

面对残局，国民党广东省余汉谋集团一方面向粤东、粤北派驻军队，构筑广州外围防线，抵御南下大军入粤；另一方面向粤中、西江、粤桂边地区增派兵力，妄图控制广湛公路和西江沿线，

为其败退海南和向广西逃窜作准备。

6月下旬，为南逃海南岛扫清障碍，保护广湛公路畅通，国民党正规军一个整编团——六十二军一五四师四六一团（"雷勋团"）向漠南地区重点"扫荡"。为解决兵源不足及给养问题，国民党疯狂拉丁捉人，抢掠粮食财物。

"雷勋团"一到漠南地区，地下党及时将情报送达八团驻地龙门。中共阳江县委、八团党委立即召开反"扫荡"斗争紧急会议，电白独立连的领导应邀列席。会议研究反"扫荡"对策，决定由阳江县人民民主政府县长兼八团党委委员姚立尹率八团第一连和电白独立连向西转移，进入茂、电、信山区进行西征，引国民党军向外；阳江县委书记、八团团长兼政委赵荣率县委机关、八团团部及八团第二连在金横区坚持斗争；区中队转移到程村乐安一带活动。

西征部队自龙门出发，历时七天七夜，在阳春、茂名、电白、阳江山区转了一大圈，行程约300公里，吸引国民党军10多个连沿途追赶和堵截。在缺乏群众基础部队难以隐蔽的新区，在艰苦、严峻的环境中，以不怕牺牲、艰苦奋斗的精神和坚韧不拔的意志，打退了国民党军一次又一次的围追堵截，经历大小战斗13次，毙伤国民党军数十人。西征部队伤亡3人，电白独立连失散的一个排和八团被俘的几名战士后来平安回来，在木头坡与赵荣率领的第二连会师，再转到漠东地区活动。

国民党地方反动武装也向漠南地区进行"扫荡"，7月19日，国民党阳春县县长邓飞鹏率县保警两个连，从阳春县河口圩沿葫芦颈向龙门和上双、下双"扫荡"，武工队得到情报提前转移。国民党军抓不到武工队，便捕捉民兵和积极分子张德儒、张德源、张德贤、张水生、张伙明、张德新及群众和3个保长共10人，押到龙门圩旁的洗脚塘集体屠杀，制造震惊两阳的"洗脚塘惨案"。

龙门乡落入敌手，曾繁燊重新作威作福，并在附近的山坡上修建炮楼，在炮楼周围挖条壕沟据守，直至解放前夕，曾繁燊才弃楼逃跑。

7月，潭籍铺仔寨交通站站长陈焕、交通员陈全与"扫荡"的国民党军相遇，陈焕被迫跳河逃走，国民党军开枪射击，陈焕中弹牺牲；陈全被捕，在河口圩被国民党军施以起手甲、吊飞机等严刑，也决不暴露部队情况。后国民党军用船解押陈全回那旦准备枪杀，至那旦渡口已深夜，陈全乘国民党军熟睡之机跳水逃脱。

夏收期间，国民党阳春县政府派一个保警连到蟠龙配合乡公所的自卫队，向农民强征田赋谷，抢得粮食近百担，装满6只小船，准备运回春城。夜间，春中区办事处主任严仕郁组织民兵和群众100多人进行反抢粮斗争，派武工队监视碉堡里保警和自卫队，四面放枪威吓，保警和自卫队不敢出来，6船粮食全被夺回。这批粮食，二成交给部队作军粮，八成归担粮群众。

7月，阳江县保警200余人进犯漠阳江牛暗埗税站，税收人员和武装人员安全撤出，保警烧毁宁村的税收基地郑计双屋。

同月，西山武工队接到内线情报，得知云容自卫队到冲根等村收自治经费，陈池带武工队设伏于庙仔咀，后知自卫队正在韦森荣家做饭，武工队突然袭击，一枪不发，俘20多人，缴长枪13支，谷20多担，处决叛徒盘在隆，其余教育释放。

7月29日，阳江九区联防队到东安乡一带村庄抢粮。翌日晨，八团二连、六团二连联合大八武工队共120人，在飞来寺伏击，俘联防队12人，缴获步枪11支，夺回被抢的粮食还给农民。

平坦起义以后，李赞周任平坦乡乡长，柯圣宏任平坦乡自卫队队长，带30人在平坦乡东部山冲咽喉窄路风柜石设立据点，阻拦游击队从瓦盎、那软根据地东出活动，并强迫平坦乡5个保的农民出工出料，在风柜石对面 500 米高的山口岭顶筑碉堡，与风柜石据点互为屏障。8 月，郑文率领武工组严土生、陈飞、黎新恺、柯圣华、邓福乘夜到岗腰圩黎宗泉店，由黎新恺以堂兄身份逼第三保保长黎新权来见郑文，诱捕了第二保、第五保的保长和第一保保长儿子等 5 人。郑文与保长约法三章：一不准征兵，二不准在山口新建碉堡，三要给游击队送情报。经过教育，释放了保长等人，枪决了特务陈猪仔。春北区委决定拔除风柜石据点，几天后，六团领导派李培协助郑文率武工队和马狮田民兵 30 多人，深夜突袭平坦乡平东游击区咽喉要路石柜顶的碉堡据点，经猛烈射击后，开展政治宣传攻势，国民党兵动摇欲投降，班长练十二拒降，众人抓住练十二后开门缴械，缴长枪 20 多支，驳壳 2 支，平毁了石柜顶据点，处决了练十二。

8 月 18 日，中共江北区委委员、武工队队长钟景宏，带领队员林冬、黎道雄、陈世伦、欧华贵等活动于塘坪赤岗村，由于坏人告密，被阳江县保警大队敖敏超部围捕。经顽强反击，战到弹尽，钟景宏和武工队队员林冬、黎道雄、陈世伦、欧华贵被捕，40 余村民被捉。当天，陈世伦、欧华贵被杀于塘坪圩，钟景宏、林冬、黎道雄解返阳江县城关押。9 月 6 日，钟景宏、林冬、黎道雄 3 人就义于阳江县城郊。就义时，3 人被押解游街示众，他们沿街高呼："打倒国民党，解放全中国！""中国共产党万岁！"慷慨激昂，群众悲恸！

中共广阳地委书记、粤中纵队第二支队司令员兼政委郑锦波对迎接解放的准备工作十分重视，于 8 月中旬到两阳检查工作。对六团、八团的工作作了具体布置：一，做好策反、扩军、情报工作；二，加紧破坏公路桥梁，以阻国民党军南逃，配合南下大军歼灭国民党军。接着中共阳春县委通知春城（大地）区委书记容忍之，负责统战工作的林举铨、李丽华，分别到春南区屋面塘村和荔枝根村碰头，布置策反、情报和迎接解放阳春工作。中共阳江县委率八团所属部队，把白沙到儒洞60多公里的公路桥梁大部破坏，其中金横区武工队和区中队就烧毁乐安至程村桥梁近10座，对阻止蒋匪军南逃西窜、配合大军歼灭刘安琪部起了积极作用。

9月，六团攻拔二区南在乡留峒坳仔村据点，国民党县保警中队队长蔡世瑞逃跑。从此，平坦乡乡长、南在乡乡长和二区联防队全部龟缩在漠阳江边的合水镇内，第二区形成了游击队包围合水镇的态势。

3日，阳江保安二营敖敏超部第四连、第六连、大工连特务队及大八联防队200多人，进入大八石梯村"扫荡"，六团一个连和大八区队迎战。大八联防队主任梁某被击伤，保安营、联防队狼狈逃窜。

——攻克南浦据点。南浦村是阳春县中南乡与云浮县双富乡接壤的一个村庄。村外是凌霄岩，村中有炮楼，村前有座小山，向外只有一条通道，地势险要，易守难攻。村西南有高峻的石山为屏障，村前田垌有一座30米高的石山，山顶筑起碉堡，控制从北面入村的道路；全村用木栅围成围墙，十分坚固；村内民房的窗口屋角配有射击的枪眼；各大屋建筑坚固，屋内有炮楼；村东面的保长大屋更坚固，双层火砖内夹一层泥砖筑成碉堡，配有炮楼；东面鱼塘边还有一座高大的独立炮楼。这个村有一支六七十人的自卫中队，队长程义丫与罗阳练仁三自卫队互相勾结，多次袭击游击队交通站，破坏云罗阳地区交通线，阻挠武工队活动，经武工队警告仍顽固如常。因此，为了使游击区连成一片，中共云浮县工委、粤中纵队四支队三团、粤中纵队二支队六团的领导人经过研究，决定拔除这个据点。

8月底，六团副团长曹广和政治处副主任陈亮明率六团主力

3 个连，从阳春县东面山区连续行军两天到达云浮县双富乡与四支队三团会师。三团副团长郑毅、政治处主任罗杰和六团陈亮明担任作战指挥，六团 3 个连（太行、五台、大别）和三团一个连以及云阳地区民兵 500 多人围困南浦村，北面由三团一个连包围，东西南面由六团 3 个连包围，陈亮明指挥六团太行连和五台连担任主攻。第一天晚上，太行连从南浦村西南面以塘基为掩体，涉水砍倒木栅围墙，逐屋凿墙占领南浦村西南面房屋，逼近自卫队据点；太行连三排从西边房屋凿墙，筑起机枪掩体对自卫队炮楼射击，掩护战士袭击炮楼；民兵在山上敲锣打鼓，摇旗呐喊，鼓舞士气。第二天晚上，太行连三排攻打保长的大屋炮楼，在巷战中击毙自卫队员两名。战士用煤油、棉花火烧大屋炮楼，自卫队龟缩到炮楼里，六团太行连从西面逼近大屋炮楼，五台连从东面逼近大屋炮楼和鱼塘边的独立炮楼。自卫队被迫从大屋炮楼举起白旗要求谈判投降。在谈判时，解放军把地雷放在墙边以震慑对方，自卫队不接受投降条件，解放军采取果断措施结束战斗，击毙自卫队两人，俘 70 多人，缴枪 72 支和弹药一批。程义丫化装成农民出走，被六团大别连张德崇排俘获。

南浦战斗历时三昼夜，六团太行连三排班长、共产党员黄齐高和五台连战士李东林牺牲。

六团和三团拔除南浦据点，解放云浮双富乡，把程义丫押解回富林圩枪决。从此，阳春、云浮游击根据地连成一片。

8 月底，二支队钢铁营在反"扫荡"中壮大了队伍，扩编为二支队第四团。六团将第 3 连（五台连）上调支队司令部，归第四团建制。

——马岭伏击战。1949 年 9 月，中国人民解放军粤中纵队第二支队司令员郑锦波带领第四团钢铁营到两阳地区活动，驻在阳江珠环，后转到阳春石梯。10 月 11 日，粤中纵队第二支队司令部决定，第二支队第六团、第四团联合行动，以"围点打援"战术消灭前来增援的阳春县保警和拔除蟠龙响石村蟠扶乡公所自卫队据点。司令部制订围点打援的作战方案，拟将响石村蟠扶乡公所内的联防中队包围起来，吸引县保警前来支援时进行伏击，后再拔除据点。由严培、严仕郁带武工组到头堡与蟠龙交界处选择伏击阵地，再由钢铁营营长郑祯到伏击地点马岭，绘制地形图。

六团政治处主任陈庚率领第一连及阳春春中区中队一部围攻响石村蟠扶乡公所自卫队据点；支队司令员郑锦波、副司令员杨子江指挥第四团钢铁营、第六团第二连及春中区中队一部共400多人在马岭伏击增援之国民党军。

10月10日晚，参战部队从石梯夜行军到达蟠龙的孔塘村，11日天亮前进入埋伏位置。指挥部和重机枪阵地设在狮子岭顶，六团一个连埋伏在门楼迳山顶，郑祯带领钢铁营和武工队埋伏在茅坡北边荒地稔子树丛和料坑，负责冲锋歼灭县保警。陈庚带第一连及春中区中队一部分围攻响石村蟠扶乡公所。当围点的枪声打响之后，暂不切断电话线，让被困的联防中队向春城告急求援。县保警在春城有两个连，立即派出一个连和一个排向蟠龙被困的联防队增援，以一个排作尖兵先行，一个连在后，彼此保持相距两公里。尖兵排怕有伏击，到达茅坡时，先派机枪班占领马岭山顶，另两个班才从大路前进。进到料坑，解放军的枪声打响，四面高山弹雨齐下，埋伏在料坑和北坡的解放军战士直冲县保警队伍，迅速抢占马岭山顶，不到10分钟就解决战斗，全俘阳春县保警一个尖兵排32人，缴获轻机枪一挺、长短枪28支、弹药一批。后来增援的另一个连逃回春城，解放军、武工队顺利拔除蟠扶乡响石据点，接着乘胜拔除龙湖乡头堡寮背据点，直逼阳春城外村庄。

二、大军南下及支前工作的开展

1949 年 10 月，阳春县有中共党员 150 人，武装人员 1118 人。根据地村庄 1656 条，人口占全县总人口的 28.5%；六团及各区中队、武工队的游击活动区人口占全县总人口的 73%。根据地和游击活动区普遍成立了农会、民兵组织。春中区武工队经常在阳春县城的城北、城南、河西一带活动。阳春国民党保警 6 个连及 7 个区联防队有 1000 人，只能龟缩于县城和圩镇。

北京天安门广场举行开国大典的时候，中共阳春县委、阳春县人民民主政府、粤中纵队第二支队第六团在漠东山区珠环圩召开军民大会，热烈庆祝中华人民共和国成立。

庆祝大会后，郑锦波到阳春县蟠龙上洒村，召开阳春县委、县人民民主政府、六团领导干部联席会议，研究部署迎接南下解放大军进入阳春县境和支援前线，接管全县政权，建立县区乡党政机构的问题。决定成立阳春县军事管制委员会，吴子仁为主任，陈庚、陈枫、曹广、林举铨、李希果、曾昭常为委员。陈庚负责县人民民主政府的全面工作，陈枫负责支援前线司令部工作。会议还研究了各区党、政机构负责人名单。会议结束，吴子仁、陈庚到春南区，布置春南片建立党政机构的工作，派交通员通知在春城的林举铨、李华夫妇回到岗尾乡荔枝根村老家，布置林举铨和李希果、曾昭常做好保护粮仓、电力厂等公共财产，迎接南下大军进城，支援大军过境工作。陈枫带领武工组到马狮田，向春北区委传达县委关于迎接南下大军入境解放全县的决定，布置组建第二区（合水）区委和第三区（春湾）区委，把春北区武工队和武装民兵组成六团第四连，命名为凯旋连，杨斌为连长，刘维忠为指导员。春北区委派出侦察员到新兴县境，了解南下大军进军的情况，以便及时到春湾镇迎接南下大军。

10 月 14 日，南下的中国人民解放军第四野战军解放广州。两阳边境的国民党省保安第八团一部，溃散窜到阳春蟠龙恶坑，六团二连连长梁源、副连长苏观保率战士 10 人于石井伏击，突然跃出活捉保安团副营长，命令其余的 60 多人缴枪，共缴获机枪一挺，掷弹筒一支，枪榴弹 4 支，长枪 49 支，手榴弹 400 个，子弹 10000 余发。

南下的第二野战军第四兵团在解放清远县城之后，绕过广州市，取道四会、三水直插新兴、阳春、阳江，包围国民党军刘安琪兵团。10 月 20 日，新兴县城解放，国民党广州"绥靖"公署西江指挥所主任中将叶肇率领残兵从新兴逃入阳春奔窜西山。第四兵团右路军第一梯队前锋于 10 月 21 日进入阳春县，陈枫、郑文率凯旋连在春湾镇迎接第十四军第四十师第一一九团。郑文、黎宗权迅速组织军粮柴草供应过境部队。辗转于西山一带的陈池带领 200 余名民兵进入春湾参与迎接南下大军。22 日，春湾圩期，陈枫会见一一九团团长，为使日夜兼程步行南进的部队得到及时休息，阳春县人民民主政府征调木船 100 多艘运送部队。陈枫陪一一九团团长同乘一条船，率领船队鱼贯南进。后续到达春湾的南下大军各团，分别从漠阳江东西陆路南进。

10 月 22 日，阳春解放。22 日傍晚，一一九团乘船到达阳春县城漠阳江边蒟埠、康王庙泊船登岸，进入电力厂，进驻春城。春中区武工队亦于傍晚挺进到阳春中学后背蟥蟧岗，把阳春县保警蟥蟧岗地堡一个班缴械，然后入城与中共春城区委取得联系，迎接水陆两路大军。邓飞鹏带陈兆云保安营逃往石菉，后带少数随从逃往广西梧州，阳春县保警第一营及县警察局 400 余人被缴械遣散。

阳春城内曾昭常、容忍之、刘传发等组织电灯局工人护厂队，赶走企图破坏康王庙电力厂的警察，保证电厂发电，供全城通宵照明。春城区委发动统战人员，保护春城粮食仓库稻谷 8262.8 担，不准国民党官员调卖。民主人士、陈源盛米店老板陈文彬在工商界中带头献粮支援前线，被阳春县军事管制委员会任命为阳春县支援前线司令部副司令员。春城区委组织群众星夜到仓库搬运稻谷，分送到各间米店连夜加工大米，供应南下大军，保证每个战士吃饱饭装满米袋继续进军。舂米、做饭通宵不停。地下党员、青年民主同盟盟员和工会会员，组织群众在经过县城的各条道路设茶水站，端茶慰劳解放军。

10 月 23 日，黎明、陈枫和一一九团团长离船登岸进入春城，吴子仁、曹广、陈庚等率六团主力连队从漠东山区经通宵行军，也进入春城。已入县城的南下大军要求六团派人做向导。吴子仁、曹广立即命令二连副连长苏观保、排长李光浩率领一个班 12 人，分别为各路先锋队带路。23 日 12 时，南下大军一二五团在岗尾至轮水之间包围国民党省保警冯思轼加强营 1000 多人，全部缴械后，俘虏交给六团处理。傍晚，水路南下大军与八团在潭簕圩会师。右路军与左、中路军会合全歼刘安琪兵团于阳江县白沙至平岗之间。

右路军第十四军第四十师师长廖运周、第四十二师师长刘丰等路过阳春，会见吴子仁、陈庚、曹广等，并提供中央文件，让阳春县党政军领导人了解形势。第三十八师师长徐其孝经过阳春，留下一个营协助地方警戒盘踞在西山的国民党叶肇残军，兼收容伤病员。

10 月 23 日下午，中共阳春县委、六团在春城举行欢迎第十四军入城仪式，场面极其热烈。南下大军把缴获省保警的六〇炮 4 门、机枪 8 挺，在欢迎仪式上送给六团。

23 日，阳春县人民民主政府改为阳春县人民政府，与阳春县军事管制委员会在旧县署挂牌办公，阳春县支前司令部在西门街救济院（原博爱善堂）挂牌办公。支前司令员陈枫，政委吴子仁，副司令员徐守忠、陈文彬，工作人员10余人。支前司令部先后调动全县民船820艘运送南下大军和粮食物资。24日早上，阳春县支前船队到达阳江城，解放军前线指挥部立即调用阳春运输船50艘在漠阳江上搭成浮桥，渡车渡兵。解放军过江后，国民党军飞机轰炸浮桥，排船遭炸毁，船民损失惨重。阳春县人民政府拨款给船民新造运输船50艘。国民党军飞机又飞临阳春，扫射支前船队，陈文彬在电船上中弹牺牲。阳春县人民政府派出征粮工作队征收军粮8.7万担和柴火一批，其中运送到阳江支援南下大军的稻谷达6.4万担。陈枫率领民工队1600多人，随南下大军开赴茂名县，支援粤桂边战役，抢救伤病员。到达茂名县时，桂南战役已经结束，支前民工返回阳春，留下100人，运送一部分伤员回阳江、阳春治疗。阳春县支前司令部还组织船队运送物资、军粮，支援大军渡海作战，解放海南岛。

4

第四章

社会主义建设探索时期
（1949 年 10 月—1978 年 12 月）

第一节 清匪反霸，巩固人民民主政权

一、区、乡政权的建立与党组织的发展

1949 年 10 月 22 日傍晚，中国人民解放军第四兵团一一九团前锋部队在官亭口码头登陆解放春城。春中区委武工队从头堡当先进入春城配合解放军进城。春城区委带领全体地下党员和积极分子，发动群众做好迎接解放大军工作。

10 月 23 日早，粤中纵队第二支队第六团及中共阳春县委、阳春县人民民主政府、阳春县军事管制委员会领导成员进入春城开展接管工作，实行军事管制。接管主要事项有：一，接收国民党阳春县保安二连、保安三连、保安四连、特务中心、自卫总队、警察局及各区乡联防队、自卫队等官兵共 259 人（经甄别后，部分留用，部分教育后遣散）。收缴轻机枪 15 挺，八二迫击炮 1 门，步枪 1622 支，短枪 320 支。二，接管国民党阳春县政府、国民党阳春县党部、参议会、法院、警察局、看守所及全县 6 个区署、42 个乡（镇）公所，部分人员留用。接收卫生院、卫生分院（3 间）及邮政局、电报局，人员全部留用。三，接管国民党阳春县立中学、县立师范，私立农校、菁莘中学、瑞云中学、潭水中学及文教馆、春风剧社、服务社。四，接收国民党阳春县税捐系统结余的白银 1369 元。五，接收国民党阳春县政府粮仓，内有留存稻谷 8262 石。六，收容国民党散兵游勇 100 余人，每人发给大

米，遣回原籍。

10月24日，阳春县军事管制委员会命令原国民党阳春县各级行政机关、团体、学校及公共事业单位，限期造册呈报，听候人民政府查点接收。

11月28日，阳春县城各界人民群众举行盛大集会，热烈庆祝阳春解放，并于晚上6时举行了火炬大游行。36万阳春人民从此进入社会主义改造时期。

1950年1月28日，中共阳春县委员会下设宣传部、组织部、秘书室、青年委员会，妇女委员会。阳春县人民政府下设秘书室、民政科、财政科、粮政科、建设科、人民法庭。同月，阳春县人民法院成立。

1950年春，全县各地开始建政，建立区乡政权。沿用民国时期划分的六个区（不含西山）42个乡（镇）建制，取消保甲制，全县重新建立乡政府辖下的399个行政村（街）。全县各地农村相继成立农民协会。2月底，召开各区（镇）工人代表参加的工人代表会，宣布成立阳春县工会联合会。3月23日，阳春县首届农民代表会在春城召开，出席会议代表370人，会议的中心议题是：生产救荒、剿匪肃特，完成征粮任务。同月，举办全县青年干部训练班，60多名青年学生经过一个多月的培训，成为区乡建政、征粮支前的骨干。

1950年10月，县委组织部召开第一次组织工作会议，要求组织工作必须按照广东党建方针，以整顿、发展、壮大为主要内容，健全党的组织制度和生活制度。截至10月1日，全县已建立22个党支部。

二、剿匪与镇压反革命

1949年10月26日，国民党西江"剿匪"指挥所主任、中将叶肇率其残部及各县地主武装逃入西山。各县的匪首有新兴苏锦华、云浮刘汉青、德庆严博球、罗定练仁三和彭冲汝、信宜刘汉光、西山李鸿万和杨才汉、八甲王其标等。叶肇匪帮自称"广州绥靖公署西江指挥所反攻救国军"，胁迫西山群众加入匪部，并封任李鸿万为独立第一旅旅长、苏锦华为第二旅旅长、杨才汉为第三旅旅长、王其标为第四旅旅长，下编13个团和10个独立营，号称1万多人，盘踞西山和八甲大山。

刚刚解放的阳春，面临剿匪和镇压反革命的重任。县委、县人民政府和军事管制委员会分析形势，对剿匪和镇压反革命，作出严密部署。

加大政治攻势，迫使国民党残余势力走上穷途末路。11月上旬，国民党阳春县自卫总队队长陈承德率部百余人携械投诚；国民党阳春县保警第一营营长陈兆云、第二营营长黄瑞庭、特务中队队长余仲邦、警察局局长柯昌藩先后率部携械投诚。

11月26日至月底，国民党飞机向盘踞西山的叶肇残部空投物资，并扫射春湾、合水、春城漠阳江上的支前船只，击沉支前船只7腹，击伤4人。

11月，西山叶肇残部先后攻打松柏、三垌、永宁、新江等乡人民政府，杀害干部群众，抢劫民财。

12月16日，粤中纵队第二支队第六团政委吴子仁和阳春县副县长陈庚、陈枫，分别率领六团一部及各区中队，配合中国人民解放军第四野战军三六六部队、粤中军分区第十九团和第二十团，兵分三路，从松柏、石菉、陂面进入西山围剿叶肇残部，俘获匪徒110余名，缴获轻机枪12挺，步枪90多支。19日，匪首叶肇、李鸿万等分别逃往香港、台湾，盘踞西山51天的叶肇匪帮土崩瓦解，西山全境解放。

12月21日，解放军在阳春与新兴交界地区截击向东逃窜的叶肇部下残匪，俘获阳春保安团第一营第一连连长石其英等 50 余人，缴获十三咪机关枪 1 挺、轻机枪 9 挺、步枪 30 多支。同日，我民兵将流窜至青山乡的残匪围歼，俘敌 30 余人，缴获轻机枪一挺、步枪 30 余支。

12 月 23 日，我军在河塮黄泥塘围歼从西山流窜的叶肇残部，毙敌 70 余人，俘匪总队长、营长、连长、无线电台台长及匪徒共 300 余人，缴获电台 3 部，轻机枪 7 挺、掷弹筒 2 支和军用物资一批。

1950 年 1 月 1 日，原粤中纵队第二支队第六团在西山圭岗圩改编为粤中军分区阳春县大队。县大队辖 3 个连，二连上调粤中军分区第十九团，实有一、三连。武器有机枪 13 挺，步枪 176 支，手枪 14 支。大队长曹广，政委吴子仁，副大队长尹炳根，大队党委由吴子仁、曹广、尹炳根、杨斌组成。

1 月 14 日至 18 日，盘踞在八甲大山的叶肇残部第四旅旅长王其标（原八甲巡官）率领匪众先后袭击八甲乡、乔连乡和三甲圩第四区人民政府，解放军和县大队及时增援，将土匪击溃。

1 月 30 日，匪首蓝清池率 100 多个匪徒围攻三垌乡人民政府。是日清晨，预先埋伏在乡政府周围的匪徒企图冲入乡政府，乡长李东泰指挥乡干部退入屋内，关闭大门，固守乡政府。敌在强攻、劝降失败后，采用火攻，在危急关头，救援部队赶到，击退敌人的进攻。刘汉英、萧克传、萧松传、萧家宏、萧家添等在战斗中牺牲。

2 月 2 日，群众举报有一股土匪从山上溜回三垌乡垌心塘村一座炮楼，阳春县大队一个连和粤中军分区第十九团一个营奉命前往围歼。炮楼易守难攻，而我军求胜心切，经四天三夜攻坚，虽攻克炮楼，俘敌 6 人，但牺牲 13 人，伤 20 多人，损失很大。

2 月 4 日，匪首谢清泉率领匪徒攻打西山特别区新成立的永宁乡、新江乡人民政府，许多干部惨遭杀害。12 日，阳春县大队和粤中军分区第十九团主力向匪首展开攻击，很快收复失守乡村。

1 月，阳春县军事管制委员会布告：中国国民党、三民主义青年团（三青团）、民主社会党（民社党）、中国青年党（青年党）均属反动党团；中国国民通讯局、国民党中央政府国防部保密局、国民党中央政府国防部第二厅均为反动特务组织。各非法党团机关人员及特务组织人员，应迅速到指定地点登记，不得玩忽自误。国民党区分部部长以上、民社党支部长以上、青年党组织长以上人员，限期到县军事管制委员会登记。国民党机关及各地各级党团机关人员、各特务组织人员均应向公安局履行登记手续。区级以下的党团机关人员，均应向所在地的区政府履行登记手续。

3 月中旬，西山特别区成立"劝降委员会"，向潜伏在山上的土匪宣传党的"坦白从宽，抗拒从严，立功赎罪，立大功有奖，首恶必办，胁从不问"政策，收效很大，有的土匪在家属陪同下向人民政府自新。但还有小股顽匪二三十人不肯投降，继续潜伏在偏僻角落，日潜夜动，打家劫舍，暗杀革命干部。同月，国民党广州"绥靖"公署西江指挥所叶肇部下师长严博球见大势已去，四面楚歌，在三甲中寮社角坑仙人座饮弹自尽。

4 月 11 日，西山剿匪指挥部发出《关于悬赏拘捕匪首的布告》：一，如能生俘或击毙匪首王其标、刘光、游大郁、刘显机、罗南仔者，各奖雪粘谷三十担；二，如能提供上述匪踪而被捕获或击毙者，则各奖雪粘谷十五担；三，凡勾、通、窝、庇、济匪者，坚决严惩不贷。

4 月 19 日，粤中军区第十九团三营在双滘俘获匪李鸿万旅部参谋长李锦新（原阳春县保警营长）。

4 月 25 日，阳春县春南剿匪指挥部发布战报：在粤中军分区第十九团、阳春县大队和八甲、三甲、双滘等乡民兵配合下，全歼盘踞在八甲大山仙家洞的匪旅长王其标部，击毙王其标及匪徒 104 人，俘匪团长刘光等 6 人，缴获轻机枪 1 挺，步枪 36 支，手枪 52 支，各种子弹 6677 发，其他物资一批。

4 月 30 日，全县匪徒基本被肃清。据清匪肃特统计：共击毙匪徒 124 人，俘 424 人，投降自新 834 人。除被击毙的外，被判处死刑执行枪决的 252 人，关押 408 人，监管 24 人，教育释放 574 人。共缴获六〇炮 1 门，十三咪机枪 1 挺，轻机枪 4 挺，长短枪 1239 支，手榴弹 187 枚，子弹 26000 余发。

12 月 16 日晚上 10 时 30 分，盘踞在西山的游大郁和杨志茂匪帮 120 余人，包围进攻五区（潭水）凤来乡人民政府。乡政府全体人员顽强坚守还击，至次日清晨 5 时 20 分，击毙匪徒 3 人，伤数人，其余匪徒四散逃窜。

10 月 24 日，阳春县军事管制委员会发出布告，命令潜伏在各乡村、城镇、圩场的国民党政府各级行政人员、特工人员、反动武装人员进行自首登记。并发布三条命令，要求上述人员尊令执行，不得破坏，否则必将严惩。

1951 年 2 月，进驻永宁剿匪的粤中军分区第十九团第十连指战员突入深山密林，击毙隐藏在信蓬岭古园潭灰窑的匪团长谢清泉。

3 月，县委向上级递交《加强西山剿匪工作的报告》，请示组建西山工作委员会。31 日，粤中军分区司令部发布命令，成立"西山工作委员会"和"西山剿匪指挥部"，粤中军分区副司令员阮海天任西山工作委员会书记兼西山剿匪指挥部指挥长，阳春县委书记吴子仁任西山工作委员会副书记兼西山剿匪指挥部政委。此后，清剿残匪工作进展顺利。3 月 21 日，县委发出《关于逮捕反革命分子归案法办的指示》，并制定了有关逮捕对象和逮捕手续各五条规定。全县镇压反革命取得重大成果，7 月 30 日，县委向中央报告 1950 年 12 月以来全县开展镇压反革命情况：枪毙反革命分子 258 人，释放 728 人。至 10 月，历时一年的第一次镇压反革命运动第一阶段结束，全县逮捕反革命分子及其他犯罪分子 1083 人，其中土匪 781 人，恶霸 57 人，特务 242 人，刑事犯罪 3 人，被判死刑 327 人。

三、开展土地改革运动

1950 年 12 月，阳春县土地改革委员会成立，由 14 名委员组成，县委书记、县长吴子仁为主任。下设秘书室、组织科、宣传科、调研室、总务室。同时组建了 8 个土改大队。同月，县委以一区蟠扶乡为全县土地改革试点，抽调干部 100 多人组成以县委委员、副县长陈庚为团长的土改工作团，深入开展土改试点工作。土改试点工作分五步进行：一，组织力量斗争地主当权派；二，划分阶级；三，没收地主的土地财产；四，分配斗争果实；五，民主建政。试点工作至次年 5 月下旬结束。

1951 年 6 月，全县铺开土地改革运动。原奉命前来阳春剿匪的粤中军分区副司令员阮海天及其部属有 301 名军队干部和战士参加土改，与地方抽调的 364 名干部共 665 人组成土改工作团，阮海天任土改工作团团长，并兼任阳春县委第一书记，前来参加土改的粤中专署税务局局长陈奇略任第二书记，原阳春县委书记吴子仁任第三书记。下旬，阳春县第一次土改干部扩大会议在春城召开，参加土改的工作人员被编成 8 个大队，在会议结束后分赴各地开展土改工作。

1951 年 12 月 15 日至 1952 年 1 月 6 日，县委召开第四次土改干部扩大会议。会议主要是总结前段土改运动开展情况，检查整顿干部的思想、立场、作风，部署下一步土改运动的开展。会议通过整队，纠正各种不良作风，提高工作效率，使土改工作顺利进行。

11 月 26 日，全县第一批乡完成土改第二阶段工作（第一、二、五区各乡全部完成土地分配工作），第二批乡全面铺开土改第二阶段工作。

11 月 27 日至 12 月 16 日，县委召开第七次土改干部扩大会议，参加会议干部 1124 人。会议传达陶铸的形势报告和粤西区党委三次扩大会议精神，进行整队整党，开展"三反"，评功表模，总结秋前土改工作，部署今冬明春土改运动的开展。

3 月，县委召开第八次土改干部扩大会议，总结全县土地改革运动第二阶段分配土地工作，部署开展第三阶段土改复查工作。

4 月 25 日，阳春县开展土改复查工作，一区黎湖乡、三湖乡、龙岩乡为先行点，各区派代表参加。土改复查目的是巩固阵地，发展生产，消灭残敌，巩固专政，纠正执行政策偏差，加强贫下中农之间的团结。

5 月 19 日，县委召开干部扩大会议，部署全面开展土改复查工作，解决有关纠正错划阶级成分、丈田发证以及改善干群关系等问题。下旬，全县开始土改复查工作，分为四步进行，第一步，召开农干训练班；第二步，解决土改遗留问题；第三步，丈田发证，查田定产；第四步，搞好党团组织建设。

7 月，阳春的土地改革复查工作全面结束。全县划分阶级的结果是：地主 2541 户，富农 7526 户，中农 24652 户，贫农 40654 户，雇农 14130 户，工商业 117 户，小土地出租者 477 户，自由职业 116 户，小商贩 544 户，手工业者 480 户，其他 1997 户。

土改前土地占有情况（缺附城、岗水、升平、新云、黎湖、三圩 6 个乡土地面积数）：全县耕地总面积 612577 亩，其中公户（公偿等）占有 256575 亩，地主 140460 亩，富农 37601 亩，中农

108855 亩，贫雇农 64552 亩。土改后土地占有情况（缺上述 6 个乡土地面积数）：公田占有 9577 亩，地主 18870 亩，富农 34808 亩，贫农 236159 亩，雇农 64774 亩，中农 229423 亩。

四、支援抗美援朝运动

新中国成立不久，爆发朝鲜战争，战火燃烧到鸭绿江边，中国派出志愿军抗美援朝。1950 年 10 月，阳春全县各地大张旗鼓开展"抗美援朝，保家卫国"的宣传活动，群众积极响应，踊跃捐款和报名参军。至次年 10 月，全县认捐 20144 万元（旧人民币），黄金 6 两 2 钱，银元 2364 元。热血青年纷纷报名参军，300 多名青年开赴朝鲜战线。圭岗籍青年谢东盛于 1950 年在阳春一中读书时应征入伍，1951 年他随中央慰问团到朝鲜慰问，留在朝鲜战场荣立三等功。

阳春老区人民走上集体化道路

一、在土改中建立第一个农业生产互助组，全县农业生产合作社逐步发展

1952 年 4 月，阳春县第二次调整行政区域，全县调整为 8 个区，149 个乡和 3 个镇（1 个区级镇、2 个乡级镇）。一个月后，根据上级决定，阳春县由原来从属粤中地区划归粤西地区管辖。

10 月 3 日，县委第二书记陈奇略在新云乡河坡寨发动伍绍辛办起第一个季节性的临时互助组。这是在土改火热进行中的农业生产体制的新鲜产物，对日后全县农业生产合作社的蓬勃发展具有十分重要的意义。同年冬，建立起一批重点互助组。如一区曾宪治、袁开浓互助组，二区黎杰互助组，三区严文佳互助组，四区蓝华互助组。至 1953 年冬，全县共组织起 6130 个互助组。

农业互助组分临时互助组和常年互助组两种。临时互助组是农忙临时性的帮工组织，灵活机动安排各户的农活，如插秧、收割，被帮户为帮工户安排三餐便饭作为报酬，活来组成，活完组散；常年互助组有简单的记工制度，多投入劳力、畜力和工具的农户，由少投入的农户付给报酬，一般以实物稻谷支付。

1954 年 5 月，全县办起互助组 11268 个，参组农户占总农户的 50%。至同年冬，全县建立常年互助组 2983 个，临时互助组 4487 个，参加互助组的农户共 45777 户，占总农户的 49.65%。

二、农业生产合作社在全县兴起

1954 年春，县委规划办 10 个初级农业生产合作社（以下简称初级社）。4 月 8 日，县委书记马如杰在县委扩大会议上作报告，提出"互助合作运动，要全党动员，全民动手，把它当作一切工作的中心来抓"，并指出互助合作运动发展缓慢。从此，各级领导办社热情高涨，抽调干部抓初级社的建社工作，以一区高塅为建社重点。1955 年 1 月，全县先办的七个老社，规模不断扩大，高塅社扩大到 131 户，辖 10 个生产队。至 9 月 1 日统计，全县 14 个区 186 个乡，已有 76 个乡办起 92 个初级社。同年冬，县委贯彻"全党办社"的方针，全县农业合作化运动深入开展，共建立初级社 132 个，入社农户 5000 多户，占农户总数的 5.5%。县委第一书记马如杰到一区七星乡办点建社。建社做法：首先，进行社会主义前途以及工业支援农业和组织起来避免两极分化、防止破产的教育。其次，是算土地统一经营、劳动力统一使用和收益按股、按劳分配（土地股份占四成，劳动报酬占六成）的好处，提高干部群众对办社的认识，统一思想，报名入社。在此基础上，做好评定土地产量、劳力工分底、耕牛和农具定价工作。

初级社属集体所有制，比互助组提高一步。一是实行土地入股，凡自愿入社的农户，即将其土地按"阳光、水利、土质"条件优劣，评定常年产量入股。二是评定劳动力等级，入社户的全劳动力、半劳动力和辅助劳动力，按劳力强弱、技术高低、劳动态度好坏，评出社员底分。三是耕牛、农具的使用及权属，耕牛实行"私有、私养、公用"制，按牛的老嫩、大小、强弱评定底价，以银行利率付息为租额；大农具实行"私有、私管、公用、公修"制，评价按耕牛办法付息；小农具实行"私有、私管、私用"制。四是股金，社员入社股金主要是种子、肥料两项，种子按入社土地负担，收割时还种；交家庭肥记工分计算报酬。五是分配，实行土地、劳动"四六"分红，即入股的土地分红占四成，劳动工分分红占六成。六是自留地，允许社员保留占本社土地面积 1%—2% 的自留地，作为家庭种植蔬菜、饲料之用。

本县第一个初级社，是一区高塱社。县委派县委副书记李振卿及农业科副科长黄德基为首的办社工作组，于 1954 年 1 月 3 日到高塱建社，至 3 月 1 日建成。该社共有 13 户，52 人，26 个劳动力，192 亩耕地，14 头役牛。社的领导机构是社委会，社委成员九人，其中正、副主任三人，会计员、出纳员、保管员各一人。社委会下设生产队、副业队；队设正副队长、记工员等。

高塱社第一年的第一造获得增产，早稻 148.68 亩，平均亩产 188.66 公斤，总产 28050 公斤，比 1953 年早造增产 14069 公斤，增长 99.37%。社增产，社员户户增收。社主任柯里浓，全家四口，2 个半劳力，收入稻谷 1570 公斤，比 1953 年早造收入 692 公斤增长 126.88%，除口粮、公粮外，尚有余粮 915 公斤。寡妇柯黎茂，已丧失劳动能力，从事辅助劳动，收入稻谷 216.5 公斤，比上年同期 150 公斤，增加 66.5 公斤，除口粮、公购粮外，尚有余粮 66.5 公斤，另有社的公益金照顾给她的稻谷 150 公斤。

1955 年 1 月 15 日，成立中共阳春县委生产合作部，具体指导农村合作化工作。同年 10 月，县委组织干部学习毛泽东《关于农业合作化问题》的讲话，加强党的领导，开展声势浩大的多种形式的宣传教育，加快了合作化发展的速度，原来的互助组全部转入初级农业生产合作社。

至 1956 年 1 月，全县办起初级社 1736 个，参社农户 69831 户，占全县总农户的 76.6%。

1955 年冬，县委提出由初级农业社转高级农业生产合作社（下简称高级社）的条件、要求。高级社的主要标志是取消初级社的土地报酬，其他生产资料也用付给代价的办法转为公有，即全体社员集体所有，实行按劳分配，以公益金保证无劳动力、丧失劳动力的人的生活津贴。以公积金解决部分生产资料和还贷资金；建立计划、财务和劳动管理制度；分成若干个生产队和副业队，按劳动强弱、技术高低，评定底分；搞好定额，按件计工，按劳取酬。

1956 年 1 月 29 日，县委作出初级社转高级社的政策规定是：土地为全社集体所有，取消土地报酬；社员自留地不超过耕地总面积的 5%；私有鱼塘也归集体所有；耕牛、农具折价入社；初级社折价未还清的款，要继续还清；山林果木分为成、中、幼林，按大小、木质折价入社，分期偿还。其他财物的处理：初级社的冬种作物由高级社经营；原初级社之间悬殊而社员或新入社农户不同意的，则归原社分配，谁种谁收；春耕备耕的工分，调整平衡转入高级社；初级社的公有财产和资金，全部转入高级社，债务也由高级社偿还；社员个人债务由个人偿还；原社的副业项目，年终结账，归高级社经营；生产费用和股份金，在转高级社时做好平衡结账工作。

1955 年冬至 1956 年春，以附城区高垌初级社转高级社为试点，山口、平山坡、自由、加祥、高尧、新云等初级社也跟着试点转为高级社。1956 年春，在 14 个区 186 个乡中办起 96 个高级社。

1957 年 8 月，在 36 个大乡（已撤区）中，经全面进行整社，办起 1024 个社（包括 103 个初级社）。至同年 11 月，把初、高级社并为 556 个高级社。从此，本县实现了从私有制改变为社会主义集体所有制的历史性变革。高级社土地为集体所有，其经营方式是以所有权与经营权统一的集体经营为主，分配原则是兼顾国家、集体、个人三者利益。

第一个高级社附城区高埇社，有 65 个生产队，1080 户，采取社对队包工、包产、包成本的"三包"管理制度。1957 年由"三包"发展为按产计酬的大包工形式，干部、群众比较满意。

1957 年 3 月 9 日统计，全县退社发展至 7286 户，达到了高峰。同年 2 月 16 日，县委颁发《关于处理退社户经济等问题的十条意见》。3 月 21 日，县委又转发湛江地委书记孟宪德《对处理退社户几条补充意见》，在 20 天内发动回社、入社的有 7760 户，抢救回 50 多个三类型社和 4 个垮台社。

在执行县委"十条意见"中，有的干部强迫命令，以粗暴方式代替思想工作。如八甲区中田乡提出"消灭单干"的口号，黄坡乡把社与单干户相连的田基挖掉，导致被强迫入社的人有思想抵触，干群关系紧张。1957 年 5—6 月，到县委合作部求访的单干户、退社户和社员有 78 人，提出要求退社等问题。县委采取措施，开展整风整社运动，扭转闹退社的被动局面。当年农业社得到巩固，生产有了发展，生活水平稳定提高，被称为新中国成立后第二个黄金时期。

1958 年 8 月，县委组织干部到河南省参观学习建立人民公社（以下简称公社）的经验后，即派副县长林举英到岗尾乡搞试点。9 月 3 日，在本县建立起第一个人民公社。同月 8 日，又将附城乡与春城镇合并，建立附城红旗公社。至 10 月 1 日，全县 14 个乡建立为 14 个公社，下辖 61 个生产管理区，1023 个生产队。从 1958 年建人民公社开始至 1983 年 8 月，公社体制经历了 25 个年头，其中社的规模有八次变动。经营管理体制，主要分为"公社统一核算"和"三级所有以（生产）队为基础"两个时期。

从 1949 年 11 月开始，到 1978 年 12 月，这 29 年的岁月中，阳春老区人民走过一条不平凡的道路，始终坚持"自力更生奋发图强"的精神，为改变老区的贫穷落后作出不懈努力。

第三节 文化教育改观，经济领域发展

一、注重教育，扫除文盲

1949 年 10 月 22 日，阳春县军事管制委员会通令全县"保护一切公私立学校，文化教育事业及一切公益事业"。

1950 年，阳春县人民政府文教科和各区公所派员接管所属各类公私立中小学校，全面整顿和改造旧学校。政府通令改革农村私塾、蒙馆，不教"四书""五经"，强令私塾教师参加扫盲活动。此外，县城机关举办职工夜校，区乡小学办农民夜校、补习班、识字班。

1951—1952 年，整顿、发展中小学教育，开展教育普查，制定中学调整方案及中心学区实施计划。这个时期阳春教育有较大的发展。普通中学有县中、潭水、春湾、三甲 4 所；中等专业学校有师范、农校各 1 所；初等教育有小学 182 所，1242 班，在校学生 37118 人，教职工 1576 人；公办幼儿园 1 所；业余教育有职工业余夜校 8 所，入学职工 1017 人，家属 105 人。

1953—1957 年，第一个五年计划期间，教育的主要任务是：发展文化教育、科学研究事业，提高科学技术水平，积极地培养为国家建设，特别是工农业建设的人才。阳春县委对学校加强党的领导，建立学校党团组织，小学建立少先队组织，加强学生的思想政治工作。这个时期的学校教育教学工作逐步走上正轨，教育稳步发展，全县的基础教育工作进入了一个崭新的阶段。全县有小学 187 所，在校学生 39098 人，教师 1475 人；初级中学 3 所（潭水、三甲、春湾），在校学生 2461 人，教职工 131 人；小学附设初中 3 所（圭岗、合水、岗美）；县立完中 1 所，在校学生 203 人；幼儿园 1 所，36 人；业余学校 11 所，学生 1132 人。

1958—1965 年，教育呈波浪形发展。1958 年的"大跃进"，1959 年的"反右倾"，严重地打乱了正常的教学秩序，致使教学质量严重下降。1961 年贯彻党的"调整、巩固、充实、提高"八字方针，一方面裁并"大跃进"发展起来的中小学和半工半读的农业中学，一方面开办教师进修学校，各学区设讲课站，提高小学教师素质。从 1963—1965 年，各中小学执行中共中央颁布的《全日制小学暂行工作条例（草案）》，学校工作以课堂教学为中心，发挥教师的指导作用，恢复正常的教学秩序，使教育工作重新走上正常发展的轨道。

新中国成立初期，执行教育部发出的《关于开展 1949 年冬学工作的指示》，向工农开门，大办冬学，开展扫盲运动。1950 年，执行粤中区《关于迅速举办工农业余文化补习学校的指示》，组织全日制小学，农会、工会、妇女会、新民主主义青年团办冬学、民校和职工学校。全县开办扫盲班 732 个，入学人数达 21668 人。1954 年 12 月，县成立扫盲办公室，配备专职人员 10 人，下乡举办农民业余学校，以扫盲为主要任务。当年统计，全县有文盲、半文盲 181607 人。开办扫盲班 305 个，入学 9366 人，脱盲 3200 人。脱盲人数仅占文盲总人数的 0.18%。

1956 年，县成立扫盲协会，接着 10 个区共成立 107 个扫盲协会。县委召开扫盲誓师大会，要求在三五年内扫除文盲，在全县范围内开展扫盲运动。是年，在全县各地扫盲班入学的人数达 46618 人（其中职工 2181 人，市民 2018 人，农民 42419 人），脱盲8972人。1958年，县委县府提出"一年争取，两年保证，扫除全县青壮年文盲，实现无文盲县"的号召，各公社集中当地部分干部和全部中小学教师，利用课余时间分片包干，工农群众晚上在夜校学，白天在田头工地学，村头路边设"识字站"，所有物件挂识字牌，掀起了扫盲高潮。当年，全县的青壮年文盲169435人，组织参加学习的占95%，宣布脱盲134265人。由于突击扫盲，加上统计数字有些浮夸，"复盲"现象十分严重。1959年，经各公社组织人力全面普查，实际脱盲为41212人。经济困难时期，全县扫盲工作处于低潮。1961年，全县仅有农民扫盲班48个，机关团体扫盲班24个，共有学员4162人。1973年，在扫盲工作中使用了《识字课本》，1975年，把扫盲工作纳入农村政治文化夜校，但扫盲效果甚微。

1978年，执行国务院《关于扫除文盲的指示》和省革委会批转省教育局《关于开展扫盲、业余教育工作的意见》。1979年，湛江地区成立工农教育委员会，阳春也相应成立了工农教育委员会。工农教育委员会下设办公室，教育局设立业余教育股，具体负责扫盲工作。同年9月，各公社成立相应机构，安排1名专职干部负责扫盲工作。当时提出"奋战一二年实现无盲县"的口号，大搞扫盲运动。当年，全县开办扫盲班351个，入学人数6684人。

1980年11月，经湛江地区检查验收，全县总人口708708人。12—40周岁少、青壮年总人数31613人，占总人口的4.46%。全县文盲15429人，半文盲20111，共35540人（其中生理缺陷1016人）。当年，全县办扫盲班862个，入学人数1665人，基本脱盲1158人。

1981年后，继续抓扫盲的扫尾工作。至1982年，基本扫除了青壮年文盲，经省检查验收被评为扫盲先进县。

二、大办交通，兴修水利

（一）交通事业的发展

1950 年 3 月，县政府成立建设科，兼管交通运输业，同年 11 月 15 日，科内设筑路计划股，主管交通工作。

1955 年，县政府设交通科。1958 年更名为阳春县交通局，1958 年 11 月至 1961 年 2 月与阳江县交通局合并为两阳县交通局。1961 年 3 月恢复为阳春县交通局。1969 年 1 月 4 日，并归县交通邮电工作站。3 月，又并入工交工作站。同年 12 月又复交通局至今。县交通局是政府主管地方交通的职能部门，对县内国营运输单位的运输进行检查督促和管理。

交通局属下设有两个股级机构。一个是交通管理站，专门负责民间运输的管理；1956 年成立县搬运总站，1962 年改为民间运输总站。另一个是地方公路管理站，负责县道公路的维护管理。

1952 年 2 月，成立广东省筑路委员会阳春县分会，县长吴子仁兼主任。1955 年 5 月设立春江公路专业养护道班第三班，有员工 6 名。1958 年 11 月至 1961 年 2 月，归属两阳养路工区。1961 年 3 月设阳春养路工区。1969 年 1 月与汽车站、公路站并为阳春公路运输站。1972 年又从阳春公路运输站分出，改为公路工区。新中国成立后，阳春的公路建设实行"公助民办"，政府投资建桥梁、涵洞。公路所经地方，由当地区、乡征集民工义务开筑路基，验收后交由养路部门管养。

1. 水上船运

新中国成立初期，县城至春湾、合水、马水、岗尾、河口、潭水圩渡，阳春城至阳江城的"三三八快渡"，春湾至阳江城的"长河渡"，仍有来往；一些圩镇和一些主要村庄也有圩渡来往。这段时间，农村正在开展土地改革运动，航运业出现货源不足、客商稀少的景象，不少专业运输船处于歇业或半歇业状态，航运人员转行搞副业、捕鱼、上山砍柴、务农。

1957 年 10 月以后，农业生产蓬勃发展，大规模兴修水利；阳春钢铁厂、春湾煤矿、地豆岗铁矿等工业企业纷纷上马，水运货源不断增加，航运业因而复苏。1958 年全县水运完成货运量 36.6 万吨，比 1956 年增长 113.5%；周转量 1833 万吨公里，比 1956 年增长 38.8%；运输收入 165 万元，比 1956 年增长 69.9%。

1958 年至 1960 年，航运业有了新发展，运输船由 1958 年的 1037 艘 5262 吨，增加到 1960 年的 1061 艘 8827 吨。货源除了有传统的石灰石、粮食、农副产品外，这段时间，增加了铁矿石、煤等。阳春铁矿石质优价廉，广州钢铁厂从阳春购进铁矿石，每年达 5 万多吨。春湾、合水的煤，销往阳江、恩平、开平等地，每年达 7 万多吨。由于货源充足，1960 年全县水运完成货运量 47.9 万吨，周转量 2678.8 万吨公里，运输收入 224 万元。

从 1961 年至 1970 年，出现航运业停滞不前。1971 年至 1976 年阳春航运业出现了快速复苏，1971 年，全县水运完成货运量 38.9 万吨，周转量 2016 万吨公里，运输收入达 202 万元。

1977 年以后，因双捷陂的堵截，水上运输线路环节多，运输周期长，成本增大。而随着阳春通往各镇及阳春通往阳江公路建设的不断改善，大量的铁矿石、石灰石、建材、肥料、农副产品等物资都转由陆路运输，公路运输代替了水路运输。

2. 公路运输

新中国成立初期，阳春的修路工程以修复原有公路为主。1950 年，动工修复阳春至阳江和阳春至新兴公路阳春路段，同年上半年完成了春江段路基修复工程。1951 年上半年，完成春新公路阳春路段春城至合水新建路基及合水至春湾段的路基修复工程和春江段全部桥梁的架设工程。1955 年初春城至轮水路段 29 公里通车，5月春江路全线通车，为简易砂土路，全程62.35公里。1957年春城至春湾路段通车，为简易砂土路，全长39公里。同年春城至三甲路段亦修复通车，为简易砂土路，全长38公里。同年11月，兴建春电公路三甲至电白县那霍边界路段，为简易砂土路，全长36.5公里。1958年修复春湾至沙湾路段，为简易砂土路，长8公里。5段简易砂土路共长147.35公里。

1958年以后，逐年分段修筑公路。1958年修筑简易砂土路三段，共长50公里；1959年修筑简易砂土路八段，共长26.2公里。1959年2月，漠阳江大桥（木桥）建成通车。1969年11月17日，成立"阳春县漠阳江大桥工程指挥部"，成员13人。1970年2月15日，省革委会批准，由阳春县和石菉铜矿各投资60万元，合建春城漠阳江大桥，至同年12月建成通车。70年代起，对省道扩宽并改建成沥青路面，增建县、乡道的砂土路。1949年之后，阳春新建的公路是逐段进行修筑的。1958年修筑3段，共长50公里。1959年修筑8段，共长26.2公里。1960年修筑3段，共长17.5公里。1961年修筑1段，2公里。1962年修筑1段，11.3公里。1963年修筑6段，共长46.7公里。1964年修筑5段，共长19.8公里。1965年修筑9段，共长56.2公里。1966年修筑2段，共长27.9公里。1967年修筑5段，共长35.9公里。1968年修筑3段，共长17.5公里。1969年修筑10段，共长81.4公里。1970年修筑6段，共长10.3公里。1971年修筑5段，共长72.1公里。1972年修筑7段，共长32公里。1973年修筑5段，共长24.8公里。1974年修筑7段，共长43.7公里。1975年修筑8段，共长55.2公里。1976年修筑11段，共长60.5公里。1977年修筑4段，共长25.7公里。1978年修筑1段，长17.7公里。至改革开放前，新建公路共110段，734.4公里。

地处西山的永宁老区，在20世纪70年代前一直没有公路，进入永宁工作的干部靠徒步，肩挑行李，永宁镇至县城要爬过一座900多米高的大山，全程60多公里。1971年开始，县城至永宁修公路，老区人民自力更生，靠人工筑路。至此东山、西山、八甲大山等老区都通公路，县境交通四通八达，全县18个乡镇和5个国营农林场的所在地已全部通车，全县309个行政村，可通汽车的有291个，占94.17%。

（二）大规模的水利建设

新中国成立后，阳春老区人民进行大规模的水利建设，水利设施逐年增加。1954年以前，以建小山塘、小水陂为主，实行"民办公助"，由受益户或互助组、生产合作社自筹资金，自出劳力，国家适量给以贷款支持。在公社化后，1962年间，国家银行对这些贷款多数给予豁免。1950—1951年，全县兴建小型陂头79宗，其中有牛迳陂、枧头陂、乾墩陂三宗受益面积较大，均在2000亩以上。1952年，全县兴建小型水陂89宗，受益面积9644亩，修复小水陂701宗，受益57933亩。该年银行贷款19431元，修建水利44宗（其中水陂23座），受益总面积1297亩。1955年后，逐步兴建灌溉万亩以上的水陂、水库工程，由国家投资，社队出人力建设。这些工程由国家设立机构管理。1955年冬，最早在合水区建成以水泥构造的那座陂，有效灌溉面积6911亩。

1951—1980年，全县共投放劳动力7264.7万工日（平均每年242.16万工日），完成土石方6188.52万立方米（平均每年206.28万立方米），投入总工程费12178.1万元。1949—1986年，县财政对水利投资支出，包括水利工程建设拨款、机电排灌及小型农田水利补助费、防汛和岁修保养费、水土保持费、抗旱经费、水利机构费等，共2497万元。

在社会主义建设探索时期，阳春老区修建的主要蓄水工程有北河水库、合水水库、岗美水库、仙家洞水库4宗。

北河水库地处县境北部的松柏镇沙塱峒心村侧。1965 年 9 月动工兴建，1967 年停建，1970 年冬续建。县委采取高度集中人力和物力建设该水库，农闲突击大干，组织全县各公社社员以及各机关、工厂、学校的干部、工人、师生到工地支援，冬春期间上场施工的达二三万人，农忙固定 3000 余人专干，至 1973 年，库区工程基本完成。1975 年冬，库区、灌区工程全面竣工，库区集水面积 58.3 平方公里。共完成工程量：土方 124.07 万立方米，石方 3.18 万立方米（其中浆砌石 1.2 万立方米，混凝土 5236 立方米），投入劳动工日 295.1 万个（公社社员按完成土方发工米补助，记工分回生产队参加分配），总工程费 765.76 万元。最大坝高 43.6 米，相应库容 5246 万立方米，有效灌溉库容 4829 万立方米，蓄水面积 4000 余亩，是一个以灌溉为主，发挥多功能利用的中型水库，结合发电、养鱼等。在输水涵管出口建坝后水电站一座，装机二台，容量 500 千瓦，年发电量 200 万千瓦时。分水走向南北两干渠，南干渠离出口站 800 米处又建二级水电站，装机 2 台，容量 250 千瓦，年发电量 100 万千瓦时，电站出水引入石咀支渠作灌溉使用。库水灌溉松柏、石望、春湾、陂面四个乡镇的耕地，灌区由南干渠、北总干渠、高干渠和石望干渠四条大干渠引水，总长 49.26 公里。其中南干渠长 15 公里，引水流量 2 立方米每秒；北总干渠 12.26 公里，引水流量 8 立方米每秒；高干渠长 8.5 公里，引水流量 2.8 立方米每秒；石望干渠长 13.5 公里，引水流量 3 立方米每秒，其中有跨石望河的架空反虹吸长 350 米。该库设计受益面积 105506 亩，实际受益 6.5 万亩，成为一个全面使用、合理调节的水利灌溉网。

北河水库的建成，老区人民作出了牺牲和贡献，库区移民人数 1790 人，他们离开故乡热土，异地发展。

合水水库位于县城东北公路里程 19 公里的合水镇东侧 700

米。1959 年 9 月动工兴建，1960 年 4 月竣工。总工程量：土方 87 万立方米，石方 2.7 万立方米（其中浆砌石 1.29 万立方米，混凝土 0.81 万立方米），投入劳动工日 186 万个，工程费用 243 万元。库区象盘地，分一、二、三、四、五、六坝，一坝是主坝，最大坝高 12.8 米，坝长 430 米。集水面积 2.64 平方公里，在上游 5 公里的山口河建永久性水泥平中陂，以灌区尾水引水入库，集水面积扩至 53.4 平方公里。水库蓄水水位 34.3 米，相应蓄水库容 1145 万立方米，其中死库容 40 万立方米。设计灌溉面积 1.35 万亩，已达灌溉面积 9600 亩。

岗美水库地处县境东南距县城公路里程 17 公里的岗美镇南侧 2 公里。1958 年 10 月动工兴建，1959 年 11 月完成初建规模。该库分蛤山、那马两个部分，相互联通。初建时，那马水库坝顶高 20 米，距设计高程低 2.1 米，坝顶宽 2 米；蛤山水库坝高 18 米，距设计高程低 2.7 米，库区内建筑物配套较差。1965 年冬续建，分别使那马、蛤山两库按设计标准完工，同时建好溢洪道。1972 年 11 月 5 日，蛤山库蓄水水位至 17.2 米时，于 14 米高程处出现涌水险情。1975 年又进行除险加固。两库集水面积共 22.11 平方公里，蓄水库容 1378 万立方米，主要负担灌溉岗北、岗南、埠洿、荔塅、黄村以及龙岗、新圩一部分农田。干渠三条，总长 26 公里，设计灌溉面积 1.35 万亩，实际灌溉面积 1.5 万亩。

仙家垌水库地处县境西南部距县城公路里程 55 公里八甲圩的东侧八甲大山仙家垌。以堵截仙家垌河和白水河成两水库，用隧洞沟通，白水河水库水引注入仙家垌水库。整个库区集水面积 30.7 平方公里。

仙家垌水库龙门副坝，1968 年冬开始动工，于 1970 年 5 月 14 日竣工。该坝处于龙门四个坳口处，坝轴为折线，共长 335 米，最大坝高 14.6 米，坝面宽 4 米，均为土质坝。在副坝兴建的同时，仙家垌主坝于 1969 年 3 月动工兴建，1970 年 8 月 15 日竣工。主坝为混凝土外壳箱型构件浆砌石重力坝直墙，坝长 115 米，坝面有桥梁，可通汽车。有效库容 1740 万立方米，相应库容 2035 万立方米，20 年一遇洪水位相应库容 2115 万立方米。

白水河水库，坝长 75 米，溢流坝高 33.7 米，坝顶可通汽车，坝面宽 4 米，溢流段用双曲拱桥连通。坝的建筑结构为混凝土石坝。该库起引水入仙家垌水库作用。有效库容 105 万立方米，相应库容 130 万立方米，最高洪水位相应库容 228 万立方米。于 1969 年 9 月动工兴建，1971 年 9 月 15 日竣工。白水河引水隧洞于 1969 年 8 月动工兴建，1972 年 2 月 3 日竣工。隧洞长 252.8 米，洞径三米，在正常蓄水位下泄量为 61.8 立方米每秒。隧洞建造为钢筋混凝土结构。

总工程量：土方 626606 立方米，石方 54163 立方米，浆砌石 34524 立方米，混凝土 23510 立方米。使用材料：钢材 163.3 吨，水泥 7455 吨，木材 167.6 立方米，炸药 77.1 吨。投入劳动工日 118.81 万个，工程费 404.16 万元。

水库建成后起到调控漠阳江支流防洪、调锋、发电综合作用。

仙家垌水库原属湛江地区投资兴建及管理，1983 年划归江门市，1988 年转归阳江市。

1950 年至 1978 年，县委县政府带领全县人民，兴建西山陂等主要引水工程，解决土地灌溉，使农业生产稳步发展。

西山陂地处春城西北公路里程 28 公里的陂面圩西山河下游飞鹅岭脚西风坑口。1957 年 11 月 15 日动工兴建，1958 年 3 月 15 日主陂体完工，同年 5 月 5 日灌区渠道工程完工。集水面积 768 平方公里。陂高 12 米，底宽 14 米，面宽 3 米，陂下消力池长 27.2 米。拦河水陂工程量：浆砌石 2.68 万立方米，混凝土 0.32 万立方米，花岗岩条石 0.19 万平方米；投入劳动工日 125 万个，工程费 269.64 万元，其中国家投资 114.29 万元，国家贷款 54.2 万元，农业社投资 9.87 万元，其他各项收入 2.4 万元（不含全县劳力投入值）。工程以灌溉为主，多余流量用于发电加工，综合利用。设计引水流量 12 立方米每秒，引水干渠 64 公里，灌溉陂面、春城、马水三个乡镇的 33 个村的 82711 亩农田。干渠沿西山岭脚走，通过流量为 10 立方米每秒，流经河表水库涵管出口汇成一条渠道，灌溉到潭水十二排。沿渠建筑物有渡槽 12 座，水陂二座，反虹吸三座，渠底涵七座，泄洪暗涵 22 座，溢洪道 31 座，较大支渠有 17 条共长 102 公里，架设跨渠人行桥 66 座，可过运输车桥 14 座。渠道工程总土方 126.19 万立方米。当年兴建西山陂总指挥、副县长林举英写下两句诗："堵截西山千曲水，灌溉河西万顷田。"鼓舞着参建人民和受益人民的士气，现在阳春人民继续流传着。

1958 年 10 月，建成的西山陂，是阳春第一宗大型水利设施，造福阳春"河西走廊"，流传"抬头看见西山陂，就会想起马书记"，是对时任阳春县委书记马如杰的赞誉。

龙湾陂位于县境北距县城公路里程 80 公里的河㙟镇中联大头湾村与田头屋之间的龙湾河，是漠阳江上游发源地，陂上河流地属云浮县富林。1954 年冬动工兴建，1956 年冬竣工初次通水，1957 年 4 月起正常通水，集水面积 272 平方公里。该陂是水泥浆砌块石结构，陂身长 60 米，高 5 米，设东西两个冲沙闸，溢流堰顶设有叠梁式木板闸，总引水流量 2.8 立方米每秒。有东西两大干渠，其中东干渠长 18 公里，引水流量 1.1 立方米每秒，设计灌溉面积 1.1 万亩，最远灌至春湾镇新明村的农田；西干渠长 28 公里，引水流量 1.7 立方米每秒，设计灌溉面积 1.7 万亩，沿渠有花岗岩石 120 米，用人工凿通的涩塘角隧洞，最远灌至陂面镇那座村庄的农田。两条干渠沿途联结有围河、大冲塘、禾叉塘、潭必塘四个小型水库和一批小水陂、山塘，联成结瓜工程，进行引水蓄水调节补充灌溉，实达到灌溉面积 2 万亩。

响水陂位于县境西南面距县城公路里程 38 公里的三甲圩三甲河上游 2 公里的响水仔处。时任潭水党委书记谭耀邦同志根据潭水新凤、双凤及其他村大面积受旱，人民最需要解决水问题，经研究、探测，县府批准 1957 年 7 月动工兴建，1958 年 4 月竣工通水，用一个秋冬春发动和组织潭水人民建成。集水面积 186 平方公里。陂身长 60 米，高 3.7 米，引水流量 3.6 立方米每秒。引水干渠一条，长 37.44 公里，沿渠建有混凝土渡槽 5 座，泄洪道 43 座，分水闸 3 座，人行桥 95 座。支渠 4 条，渠道总长 23 公里。干渠设计通过流量 2.8 立方米每秒。总工程费 78 万元，其中国家投资 10 万元，农业社投资 5 万元，银行贷款 11 万元，其余为社队投工值。灌溉三甲、潭水两个镇的 14 条村庄的农田。设计灌溉面积 2.8 万亩，已达灌溉面积 2.2 万亩，其中灌溉三甲镇的双和、三圩村农田 800 亩，灌溉潭水镇的 12 条村的农田 2.12 万亩。建立一个旱涝保收、稳产、高产农田基地。

龙门陂位于县城西南公路里程 50 公里的河口镇龙门下双南冲寨。1970 年 10 月动工兴建，1971 年 5 月 1 日竣工，渠道于 1972 年 12 月完工通水，集水面积 96 平方公里。陂身结构是水泥浆砌石硬壳陂，长 70 米，高 5.2 米，顶宽 0.8 米。工程浆砌石 20560 立方米，土方 31.64 万立方米，混凝土 2100 立方米。工程费 74.26 万元。引水干渠 23.8 公里，引水流量 3.5 立方米每秒。于陂下渠道四公里处建水电站一座，装机一台，容量 55 千瓦。实现灌溉面积 7000 亩。

建设提水工程，1974 年起，在低洼地区建筑防洪堤的同时，开始兴建机械排灌工程。至 1987 年，全县有固定机械排灌站 764 个，装机 764 台，功率为 4563.3 千瓦，排水面积 0.35 万亩，灌水面积 1.92 万亩。1981 年后，联产承包户因不能统一安排生产，机械排灌使用量渐少。1987 年，经各乡镇水管会检查，机械排灌工程保有量虽不变，但管理不善，机件损坏失修，效益逐步下降。1974 年兴筑堤围的同时，兴建电动排灌工程。至 1978 年，电动排灌工程保有量为 220 台，容量 5190 千瓦。1980 年为 232 台，容量 6148 千瓦。1963 年，在圭岗和永宁公社山村始建第一批水轮泵站。同年县水利局在东湖水库举办培训班全面推广，使用30 - 6 水轮泵和 40 - 6、20 - 6 水轮泵，扬程一般在 10 米左右。70 年代初，形成建水轮泵站高峰期，1973 年共有 453 个水轮泵站，水轮泵 693 台，灌溉农田 2.56 万亩。有些站还综合加工碾米、发电，作用较大。但使用时间不长，其原因有二：一是水轮泵配件质量差，易损，购零件难；二是管理不善，欠维修，水轮泵使用只有几年时间。其后，又因开山造田使用效果不理想而渐减。至 1987 年仅存水轮泵站 38 个，水轮泵 38 台，提水灌溉面积 4500 亩。

（三）水电工程兴建，小水电星罗棋布

1958 年冬，始在圭岗公社大塪河牛鼻头兴建第一座小水电站，装机容量 30 千瓦。此前，阳春老区电力技术人员为零。原水利局局长陈仁春是刚毕业分配到阳春的电力技术员，他设计大塪河牛鼻头水电站，规模不大，却是开先河之作，为日后阳春老区的小水电星罗棋布发挥引领作用。20 世纪 60 年代，执行国家办中型水电站，集体兴建小水电站的方针。至 80 年代，发展至国家与集体联合办，部门与集体联合办，群众联合办等形式，全县水电事业蓬勃发展。1970 年，有农村集体小水电站 187 个，装机容量 2457 千瓦。1978 年，全县有小水电站装机 720 台，容量 14714 千瓦。1979 年至 1987 年，县财政投资 331 万元支持社、队建设水电站 37 宗，增加装机容量 34450 千瓦。至 1987 年，县内共建有水电站 249 宗，装机 326 台，容量 72114 千瓦（含市属八甲电厂

2.07 万千瓦）。

水电工程建设发展迅速，全县拥有一批骨干水电站——

八甲电厂位于本县八甲镇八甲大山仙家峒。1966 年 9 月 15 日经中央电力部批准兴建，是一个处级单位电厂，由省、地水电技术人员设计，同年 10 月由湛江地区水电局组织开始施工。至 1971 年 4 月和 10 月，分别建成电站 1 号机组和 2 号机组并网投产。后经扩建，至 1981 年全厂共装机 9 台（单机容量为 3000 千瓦六台、400 千瓦三台），总容量为 1.92 万千瓦。建有仙家峒、白水河、三蛊水水库 3 座。采用梯级开发电站 4 座（含三蛊水一、二级水电站）。国家总投资 1877.11 万元。1971 年成立水电厂，为市属处级单位。1987 年，厂下设行政科、政保科、生产科、供应科、工会、妇工委员会，分管电厂各项工作。

山坪水电站辖三、四两级站，总装机七台，总容量 8200 千瓦。1975 年 10 月动工兴建，1978 年 5 月投产。位于山坪圩侧。此站是三甲河水力资源开发计划的第四级水电站，故称四级站。省、地投资 135 万元，县投资 103 万元，县属各单位借款 32 万元。该站引渠通过隧洞，于黎冲石溪村对岸建站，装机四台，容量 5200 千瓦。1987 年，建成三级站，装机三台，装机总容量 3000 千瓦。

三、工业商贸，齐头并进

（一）阳春工业的发展

1. 国民经济恢复时期的工业发展

1950 年，县人民政府对电灯局和一家官商联办印刷所，实行保留扶持发展。1951 年初，县地方财政拨款 5000 万元（旧人民币，合新人民币 5000 元），给印刷所购买一台切纸机、两台四开机和一台方箱机，支持发展生产。同年 5 月，县政府根据中央政务院"对企业中公股公产清理办法……"的规定精神，对原阳春电力股份有限公司进行清理，把该公司资产 29580 元（折合新人民币）收归国有，并对私股进行垫息退本处理。1952 年电灯局、印刷所转为地方国营工业，分别命名为地方国营阳春电力厂和地方国营阳春印刷厂。

1951 年下半年，新增两家国营带集体的矿山采场，即合水留垌钨矿和马水锡山钨矿，隶属广东省工业厅粤西有色金属管理处领导。两矿均属国家投资，民营开采，产品由国家统购统销。

1952 年底，全县有工业、手工业和私营工业共 231 家（其中县属地方国营工厂 3 家、公私合营 1 家、私营 5 家、个体手工业 222 户），从业人员 1150 人，工业总产值 484 万元（1980 年不变价，下同），比 1949 年的 283 万元增长 71%，全员劳动生产率 3378 元。主要产品有印刷品、发电量和钨精矿、锡精矿。

2. 第一个五年计划时期的工业发展

1953 年，国家第一个五年计划开始。在这期间，国家对私营工业实行委托加工、计划订货和统购包销的办法，对个体手工业采取组织联营企业、实行联产联销等生产自救方针。使全县工业、手工业得到一定恢复。嗣后，逐步实行社会主义改造，国营工业开始逐步发展，先后新建合水联合加工厂和阳春烟丝厂两间地方国营工业企业。同时完成对阳春饼干厂、陶器厂、皮革厂、阳春镀厂、春湾电厂等私营工业的社会主义改造，建立起一批公私合营的工业企业。

在合作化高潮推动下，矿山工业得到迅速发展。1953—1956 年，先后建立留垌、塘朝、大岗侧、石菉、那霖等一批国营带集体的矿业生产合作社（组），并在圭岗、合水、潭水设立矿产收购站，扶助农民采矿。1955 年将矿业生产合作组发展成为矿业生产合作社。留垌矿业生产合作社为粤西第一个矿业社，全社矿工由原来 500 人增至 960 人，开采量为人均日产钨精矿 2 公斤。

本县地下矿藏种类繁多，得到广东省和湛江地区的重视。从 1956 年开始，先后派 14 个地质队对县境矿产资源进行普查勘探，并在七星荔枝林开发水晶矿。

第一个五年计划期间，对工业一手抓私改，一手抓建设，县内工业日渐发展。尤其是私营工业，经过社会主义改造后，从原来的个体手工业转向集体，成立各种合作社。如铁器社、木器社、竹器社、农具社等，由小到大，逐渐发展成为具有一定规模的厂家。到 1957 年底，全县已组织起工业企业 77 家，其中全民所有制工业企业 24 家，公私合营 4 家，集体企业 2 家，个体手工业 47 家，全县职工 2670 人（其中国营职工 1343 人）。固定资产 54.74 万元，工业总产值 1319 万元，比 1952 年增长 1.73 倍。

3. 老区工业经历兴起、衰落、恢复过程

第二个五年计划刚开始，广东省政府和湛江专署，把阳春作为发展重工业基地，计划将春城河西一带划为工业区，建设三茂铁路阳春地段，大力开发阳春矿产，把阳春建设成为工业城市

1958 年 3 月 1 日，县委作出关于"苦战一百天，消灭肩挑"的决定，动员全县人民进行一次消灭肩挑实现车船化的大会战。

1958 年 7 月 12 日，县委成立钢铁领导小组。同时，县委贯彻"15 年内赶上和超过英国"的口号，在全县掀起大炼钢铁高潮。动员全县 12 万个劳动力上场大炼钢。7 月 31 日，广东省省长陈郁在中共湛江地委书记莫怀以及省人委领导干部等人陪同下，来本县视察重工业基地筹建工作。9 月，广东省在本县建立阳春钢铁联合公司，10 月 2 日县委组成"钢铁师"，成立"钢铁司令部"，建起七处高炉群。仅半年时间，计已投入生产的大小高炉 1081 座，坯窑自然通风炉 3654 座，并利用石灰窑 444 座、山坑 12 处、炮楼 9 个、旧屋 70 间。大炼钢铁一直持续到 1958 年 12 月

24 日，两阳县委才宣布结束。根据统计，共炼出生铁 63827 吨（其中土钢 3227 吨、土坯炉铁 5.7 万吨），其中大部分是烧结矿，不能用，是废品，后用以铺路垫码头。

1958—1960 年，广东省在本县兴办阳春钢铁联合公司，省、地还在县境办阳春钢铁厂地豆岗铁矿、锡山钨锡矿等 6 家厂矿企业；有 3 家公私合营企业转为地方国营；县办企业增加 15 家。1958 年冬，人民公社把全部个体手工业归并组成集体所有制工业企业 48 个。至 1960 年止，原阳春县境共有工业企业 112 家，职工 7329 人，其中全民所有制企业 38 家，职工 4310 人，公私合营企业一家，集体所有制企业 73 家。工业总产值 3123 万元，全员劳动生产率 3150 元。

1961 年，贯彻中央关于"调整、巩固、充实、提高"的方针，进行大调整，在"工业要退够"的前提下，一大批国营工厂和矿山"下马"。省、地驻阳春的厂矿，除阳春钢铁厂和新生铁矿减员下放给县管理外，其余全部"下马"。1962 年，国营企业仅有 22 家。县属工业大批压缩，裁减工人回乡。到 1963 年，全县工人从 7000 多人减为 1000 多人，工业产值只有 1688 万元，比 1960 年下降 45.95%。

1964 年，贯彻执行"工业为农业服务"方针和《国营工业企业工作条例》（即工业七十条）精神，对工业企业加强管理，恢复化肥厂、硫铁矿和手工业联社。至 1965 年，全县已恢复、发展起工业企业 100 家，其中全民所有制企业 37 家，职工人数增至 3500 人，固定资产原值 456.24 万元。自 1963 年以来对工业的三年调整，工业生产回升，工业总产值 2188 万元，比 1962 年工业总产值年平均增长 11.34%，全员劳动生产率为 5611 元。

4. 第三个五年计划时期的工业

第三个五年计划时期公私合营的工商企业全部转为国营，全民所有制独立核算的工矿企业产值下降幅度较大。1970 年，全县独立核算国营企业的工业总产值下降到 692.87 万元（1970 年不变价），年平均下降 10.8%，其中县属工业企业产值只有 388.63 万元，年平均下降 12.8%。

1971 年 9 月，贯彻中央整顿和加强工业企业管理指示，县内同业有所发展。1971 年，地、县重建阳春矿冶煤公司，办起阳春冶炼厂，促进小铜矿、小有色金属、小氮肥、小水泥、小糖业、小机械等地方工业的发展，先后建成 31 立方米炼铁炉，四座"东风"炼焦炉，办 444 条小煤窑，1971 年原煤产量 105978 吨。至 1976 年底，全县有工矿企业（含省、地厂矿）123 家，比 1970 年增长 16%，其中全民所有制工业企业 42 家，全县职工人数增至 8905 人，比 1970 年增加 40.3%。拥有固定资产 14999 万元，比 1970 年增长 6.5 倍。工业总产值 8074 万元，比 1970 年增长 1.73 倍，全员劳动生产率 9547 元，比 1970 年增长两倍。

（二）阳春商业贸易的发展

新中国成立后，商业是国营、集体公有制为主体，个体商业、集市贸易为补充。

20 世纪 50 年代，实行恢复、稳定、发展经济的政策，在创办社会主义的新型国营、集体所有制商业同时，仍允许私商、集市贸易继续发展。1957 年，私营商业社会主义改造运动结束，全县有国营商业、集体商业、公私合营、合作店组、经销代销、个体商业、集市贸易构成多成分、多形式商业体制，渠道畅通，贸易兴旺。1958 年起，贯彻"高度集中统一"政策，所有制高度集中，搞"又大又公"单一公有制商业，私营商业和大部分集市贸易被取消；管理手段高度集权，人财物、产供销按行政命令办事，企业没自主权；经营方式高度统一，指令计划决定一切，统购包销、统分统配。

1974年之后，国营商业、集体商业机构、网点、人员相继增多，经营扩大。而对合作商业、个体商业均在严管、限制下实行淘汰和代替。集市贸易虽没明令关闭，但严禁农副产品上市，流通渠道梗塞，买难卖难，贸易衰退。

1949年之后，集市贸易作为国营、集体所有制商业补充，曲折发展。

1949年10月至1957年，恢复经济，稳定集市，活跃贸易，虽然从1954年起相继实行粮油、木材、生猪指令性计划购销，但农民交售任务后有余及逐年丰产增收产品，上市品种数量日增，价格平稳，贸易兴旺。1956—1957年，为新中国成立后集市产品最丰富、物价最便宜的年份。1957年，全县集市上市主要产品达452种，成交总额300万元。

1960年起，集市产品奇缺，集市贸易陷于低谷。群众吃、穿、用物质资料尤其艰难。1961年起，调整经济，恢复生产，增加商品，丰富市场。复开被关闭集市，调节民生急需，供求紧张状况开始缓解。1962年，全县集市上市主要产品245种，集市成交总额162万元，物价逐步回落。连续三年，集市贸易产品品种、数量及成交指数逐年回升。至1965年，集市日用生活必需品议价与国家牌价基本持平。

在20世纪50年代初，私营商业如旧经营。土改运动中，除地主兼工商业商店、极少数违法经营被罚和自动弃商归农倒闭商店外，其余商户行情稳定，行商摊贩且有发展。1956年，私营工商业社会主义改造（简称私改）前夕，全县在业私商1574户、2205人，资本总额25.52万元。私改运动结束，除保留原来的210户继续个体经营外，其余私营商户全部组织加入社会主义、半社会主义集体所有制商业组织，引导私营商业走上社会主义道路。从此，私营商业体系全部淘汰。

1957 年 1 月起，私营商业社会主义改造运动结束，允许个体继续经营商业 210 户，从业人员 210 人，资金额 1.1 万元。大部分在街边、路旁摆摊档卖水果、凉茶、饭汤及小百货、小日杂，还有下乡从事废品收购货郎。此后，行商摊贩逐渐增多。1965 年，全县个体商业发展到 596 户，596 人，资金额 2.75 万元。

1966 年起，个体商业经营业务全由国营、供销社商业代替，全县只存留个体商业 74 户，77 人，资金额 1925 元，均在集市街边摆摊叫卖，其经营数额与国营、集体商业相比，微不足道。

集体所有制商业，新中国成立后组建。含供销社商业、合营商业和合作店、组商业以及机团、厂矿、乡镇办商业（简称其他商业）。这些商业组织在各时期的流通领域，发挥着各自的独特作用。

1951 年 8 月 7 日，成立县供销合作总社，1955 年改名县供销合作社，是组织上群众性、管理上民主性、经营上灵活性的集体所有制商业。1958 年 3 月至 1961 年 9 月，1969 年 1 月至 1975 年 7 月，两度并入国营商业。1975 年 7 月后，复分出县供销社。1984 年起，经济体制改革，组建县供销合作社联合社，恢复 50 年代"三性"体制。1987 年底，行政管理配员 55 人。属下设农业生产资料、土产、日用杂品、副食品、供销合作贸易、果菜食杂、供销综合、供销储运公司和春江卫生用品、春花食品、供销副食品商办工厂等企业经营机构，企业员工 983 人。全县基层供销社 16 个，参社 115895 股，股金 342983 元，固定资产 610 万元，置 53 个分店，514 个网点，供销系统职工共 2560 人。

供销社在农村发挥商业主渠道作用，以支援农业、发展商品生产为核心。根据国家计划、农业生产和农民生活需要，执行食盐专卖，全面安排农、副、土特产品收购和生产、生活资料购销。随着生产发展、群众生活需求增长，购销效益逐年扩大。

20 世纪 60—70 年代，随着经济结构调整，多种经营恢复。供销部门扶持农村广种棉、麻、烟、茶、果、菜、药、杂，及采集野生纤维、油脂、淀粉植物，加强废品回收，农、副、土、特可收购产品品种达到 102 种。1961 年执行中央发出的《关于改进商业工作的若干规定（试行草案）》，开设货栈，增进购销，购进上升。1962 年，总购进金额 1168 万元，其中农采 506 万元，其他副食、日杂等商品购进 662 万元。"文化大革命"期间，农民对农、副、土、特产品生产狠抓不放，品种增加，国家规定一切农、副、土、特产品只能卖给国营、供销部门。1972 年，坚决落实国务院《关于改进服务工作的通知》，帮助社队开展多种经营，增加农采商品。1973 年，供销社执行国家指导性计划收购部分二类和三类产品，品种扩大到 300 多种。全年总购进金额 2144 万元，其中农采 828 万元，其他副食、日杂等商品购进 1316 万元。

1952 年，全社商品总销售金额 75 万元，其中生产资料销售 11 万元、生活资料销售 64 万元。1957 年，为新中国成立初期生产发展水平较好年份。群众购买力增强，生活必需品销量大增，全年商品总销售金额 1473 万元，其中生产资料销售 227 万元，生活资料销售 1087 万元，饮食经营 159 万元。

1962 年，调整恢复经济，商品生产有所发展，农、副、土、特产品和日用工业品品种上市量增加，商业转旺，全年商品总销售金额 1914 万元，其中生产资料 554 万元，生活资料 1006 万元，饮食经营 110 万元。

1966 年后群众生产积极性、社会购买力仍在加强。全年商品总销售金额 2841 万元，其中生产资料 1012 万元，生活资料 1382 万元，饮食经营 124 万元。

1976 年，供销社商业属农村商业唯一渠道，农业生产资料和农民生活日用品、副食品，绝大部分由供销社供应。全年商品总销售金额 4571 万元，其中生产资料销售 1109 万元，生产资料销售 2829 万元，饮食经营 223 万元。

新中国成立初期，在春城组建摊贩联合会，团结、联系、管理春城地域流动摊贩。1965 年改组为春城合作商店管理委员会，1979 年 8 月再更名阳春县综合服务公司，归口县商业局主管春城合作店组集体行政、业务管理机构。

1965 年，县供销社私改股下设合作商店管理委员会，主管农村公社合作店组。1981 年，改建为县供销综合商业委员会，为管理乡、镇合作店组集体行政机构。

县合作店组于 1957 年 1 月组建合作店 441 户，从业人员 666 人，资本额 5.65 万；合作小组 479 个，从业人员 627 人，资本额 2.69 万元；经销、代销 43 户，从业人员 64 人，资本额 8515 元。属集体所有制商业，独立核算，自负盈亏。

1958 年 2—9 月，合作店组部分从业人员分别过渡到国营、供销社为职工，其中过渡到供销社的 277 人。10 月，春城合作店、组成立春城镇综合商店，含商业、饮食服务业门店 10 个，归春城公社管理。1961 年冬，经济调整，原已过渡的合作商店、组人员又从国营、供销社分出来，重组合作店 22 个，从业人员 151 人；合作组 21 个，从业人员 83 人。

1966 年起，合作店、组连续调整、整顿、限制、淘汰，人员转业退休，合作店、组商业削弱。

1979 年 8 月起，县综合服务公司下设商业、饮食、服务门店 13 个。农村公社合作店、组仍归供销社主管。

1950 年起，县贸易公司、供销社和私营商店经营纺针织品，自主经营，自负盈亏，随行就市，议价购销。

1954 年 9 月 11 日起，成立中国花纱布公司粤西分公司阳春支公司，为统销纺、针织品企业机构。15 日起，实行棉花、棉纱、棉布统购统销。纺针织品属县纺织品公司独家经营，牌价购销。商品计划调拨，按行政隶属范围从地、市二级站进货，由国家按人口发布票。1955 年纺针织品购进总额 64 万元，销售总额 63 万元。

1957 年，为新中国成立初期经济发展较好，物质较丰富，人民购买力较强的年份。私营纺织品商业全部收归国营批发，业务逐步扩大。为了适应人民生活需要，加快商品流转，节省流通费用，经批准按商品流向直接从省一级站进货，并派采购员驻站催拨商品。全年购进商品总额 181 万元，销售中部分纺织品减收布票，针织品放宽供应，销售总额 164 万元，比 1955 年分别增长 182.8% 和 160.3%。

1962 年，经过纠正"大跃进"浮夸风，人民生活逐步好转，纺针织品经营从前三年大落中略有回升。市场商品仍供不应求，按行业人口发放年度布票定额人均 2.03—2.37 米，全年总购进 81 万元，总销售 93 万元。

1967 年，国营购销有所增长。全年购进总额 412 万元，销售总额 290 万元。

1976 年，劳保商品从百货公司划归纺织品公司经营。全年购进总额 819 万元，销售总额 825 万元。

1950 年 6 月 8 日起，县贸易公司主导经营生猪、活禽食品，从农村采购回猪、禽，在集市敞开销售。1952 年，购销猪肉 1989.7 吨及部分禽、蛋，纯购进总额 95.89 万元，纯销售总额 130.63 万元。私营屠商、个体农民的猪肉，可以继续上市，肉食品商业多渠道经营。

1955 年 10 月起，成立县食品公司，配 36 人，基层设春湾、潭水、岗尾三个购销站，隶商业局，取代贸易公司肉食品业购销，主营猪、禽、蛋，兼营种苗、饲料。发挥县城和区、乡购销网点作用，自主经营，自由选购，敞开供应。次年购进生猪4.79万头，肉重3150吨，活禽19.26万头，240.8吨，购进总额312.46万元；内销、上调猪肉2778.5吨，活禽19.26万头，重240.8吨销售总额363.2万元。私营屠商经营渐少。

1958年，降低收购大猪毛重起点，大购大销，加强禽蛋采购，兼营残牛。全年购进生猪5.04万头，肉重1890吨，活禽27.23万头，重343.8吨，购进总额232.43万元；内销、上调猪肉3185.1吨，活禽27.23万头，重343.8吨，销售总额440.81万元。

1961年，经济调整。国家实行派购生猪政策，农户生猪"购七留三"，农林场生猪"购六留四"，对卖猪农户给予粮食奖售。购销价格按国营牌价执行，严禁其他部门和肉贩子经营猪、禽、蛋。生猪从收购到屠宰、销售，实行"一把刀"。食品部门人员下乡登门串户收购猪、禽，市管部门在集市围追堵截猪、禽外流。全年购进生猪4998头，肉重210.7吨，活禽13.65万头，重170.6吨，购进总额48.3万元，为1958年的20.7%。市场猪肉销售告急，只凭肉票定量供应医院病号和妇产室的产妇、婴孩。对机关干部提出"不吃猪肉"口号。全年猪肉供应52.8吨，上调125.15吨，共177.95吨，销售活禽13.65万头，重107.6吨，销售总额62.74万元。

1966年，经济复苏，猪、禽存栏量增加。实行生猪"购六留四"，对卖猪户奖售粮食、棉布政策，全年收购生猪13.52万头，肉重6750吨，活禽65.67万头，重820.9吨，购进总额1094.93万元；猪肉销售凭肉票给非农业人口每月人均定量供应2元。全年猪肉内销4565吨，上调2135吨，共6690吨，销售活禽65.67万头，820.9吨，销售总额1242.96万元。

1975年，商业渠道单一，流通梗塞，商品奇缺。食品部门贯彻"生猪购六留四、任务到队，超额奖售粮食"政策。派员驻队凭生猪户口册逐头收购大猪，并采取多种办法收购禽蛋。市管、公安部门协助管理，惩治外运和私杀生猪者，供销社门店配合凭完成猪禽蛋任务证供应日用品——火柴、煤油等商品。全年购进生猪93395头、肉重6401.5吨，活禽25.43万头、重310.7吨，及一些鲜蛋、残牛，购进总额835.87万元。猪肉销售对非农业人口每月人均凭票供应2元（合猪肉1.25公斤），销售总肉4703.75吨，其中内销2961.6吨，上调1742.15吨，销售活禽25.43万头，重310.7吨，及部分鲜蛋、牛肉，销售总额936.34万元，亏损83.51万元。

5

第五章

改革开放发展时期
（1979 年 1 月—2012 年 10 月）

勇立潮头，锐意进取

1978 年 12 月，党的十一届三中全会召开，开启了改革开放时期。阳春老区人民在县委的领导下，贯彻党的路线方针政策，奋发有为，开拓创新，开创了阳春各项事业的新局面。

一、拨乱反正，处理冤假错案

根据中共中央指示精神，本着实事求是、有错必纠的原则，对冤假错案进行平反。1978 年 10 月，成立县委落实干部政策办公室。至 1979 年 12 月，在全县和基层单位先后召开平反大会 44 次，对在"文化大革命"期间 309 宗，377 人的冤假错案宣布平反，其中集团性冤假错案 3 宗，71 人；个人冤假错案 306 宗，306 人。对"文化大革命"期间受处分案件进行复查复议共 694 宗，其中撤销或改变原处分的 161 宗，改动率占 23.2%；列入审查对象的干部 313 人，修改结论、改变处分和不作结论的 140 人，改动率占 47.6%。1979 年 12 月，撤销县委落实干部政策办公室。1981 年 3 月，恢复县委落实干部政策办公室，平反冤假错案、落实干部政策。到 1984 年底止，对土地改革、内部肃反、"反右倾""四清"和"文化大革命"的案件进行复查、复议共 2258 宗，全错全纠 420 宗。1985 年以后，市（县）委组织部、市（县）人事局分别安排 1 名干部作为正常工作来抓，直到 1998 年基本结束，共复查 215 宗申诉案，其中实事求是给予纠正的冤假错案件 189 宗，204 人得到妥善处置。

1979 年 2 月 11 日，县委召开三级干部会议，参加会议 2142 人。会议传达贯彻中共十一届三中全会和中央工作会议精神，解放思想，拨乱反正，把工作重点转移到以经济建设为中心的社会主义现代化建设上来，形成共识：贫穷不是社会主义，要让老区人民富起来。

1980 年 12 月 16 日—21 日，阳春县第七届人民代表大会第一次会议在春城举行，出席代表 446 人。会议听取和审议县革委会工作报告和县年度财政决算、预算的报告；审议通过《重新成立阳春县人民政府，取消阳春县革命委员会的决议》《关于政府工作报告的决议》《关于坚决制止乱砍滥伐森林的决议》。确定今后三年经济建设和发展各项事业的任务。

二、企业改革，经济发展

县委制定全县政治、经济、社会、科教文卫以及城乡一体化、城镇建设的发展蓝图，做好工业生产、农业建设、城乡建设、计划生育、精神文明建设等方面的规划，努力把国民经济搞上去。工业进行"调整、整顿、改革、提高"，对企业加强领导和管理，推广了先进技术，大搞技术革新；开展增产节约运动，提高产品质量，降低消耗；在分配问题上，学习推广"清远经验"，初步扩大企业分配自主权，调动了企业积极性，使工业有较快的发展。

1980 年，全县工业企业已发展到 137 家，比 1976 年增长 11.4%。其中全民所有制工业企业 38 家，在全民所有制国营工业企业中，省、地厂矿企业 14 家，增长 55.6%，县属独立核算的地方国营工业企业 19 家，增长 46%。职工总人数 16616 人，比 1976 年（比较年份，下同）增长 111.6%。其中全民所有制职工 13277 人，增长 98.8%。在全民所有制职工中，省、地厂矿职工

9176 人，增长 153.5%，县属独立核算的地方国营工业职工 3661 人，增长 19.68%；固定资产 22581.5 万元，增长 50.34%。其中省、地厂矿企业固定资产 2493.3 万元，增长 26%；1980 年工业总产值 13110 万元（1980 年不变价，下同），占全县工农业总产的比重为 47%，比 1976 年增长 71.47%。其中全民所有制 10006 万元，增长 54.35%。在全民所有制的工业产值中，省、地厂矿工业产值 5497 万元，增长 72%；县属独立核算地方国营工业产值 3914 万元，增长 34%，年平均递增率上升 6.6%。全员劳动生产率为 9882 元。上缴国家产品销售税金 639 万元，利润 906 万元。

1981 年，贯彻执行"改革、开放、搞活"方针，逐步推行经济体制改革，扩大企业自主权，落实经济责任制，对企业进行了整顿和技术改造，采取"砍重保轻，关停并转"措施，调整"下马"了一批亏损严重、拖经济发展后腿的企业。将县属氮肥厂、冶炼厂、立德粉厂、崆峒煤矿、陶瓷厂、三甲磷选厂等实行了关停并转，新建和扩建了一批经济效益好的企业。特别是重点发展蔗糖工业，将原来停办了的氮肥厂转产为河西糖厂，新建起春湾糖厂，扩建了春城糖厂、合水糖厂、岗美糖厂。1983 年使糖厂生产能力从 1980 年的日榨能力 1400 吨扩大到日榨能力 4200 吨，比原来提高了两倍。同时，对合水酒厂、水泥厂、农机二厂、磷肥厂进行扩建技改，扩大生产能力。并利用原县冶炼厂改造成酒精厂。经过重新调整工业结构之后，工业生产出现了新局面。

1985 年，全县工业企业猛增，尤其是乡、镇企业发展较快，企业单位数已达到 6760 家（全民所有制工业企工 56 家），工业职工总人数达 16603 人，其中全民所有制工业职工 14824 人（中央、省、市属工业职工 9739 人，县属工业职工 5083 人）；1985 年工业总产值 23991 万元（1979 年不变价，下同），工业总产值占工农业总产值的比重为 55%，比 1980 年增长 83%。其中全民所有制工业产值为 15413 万元，增长 54%（中央、省、市属工业产值 8197 万元，增长 53%，县属独立核算地方国营工业产值 5963 万元，增长 52%）；工业产值年平均递增率上升为 11%，全县全员劳动生产率 9358 元。

1985 年止，全部工业企业总投资额达 35531 万元（"六五"计划投资额 11764 万元）。其中全民所有制工业企业投资额 32177 万元（"六五"计划投资 9596 万元，其中，中央省、市属工业企业投资额 24869 万元，县属独立核算工业企业投资额 6866 万元）；工业企业拥有固定资产原值 26683.6 万元（净值 18523.3 万元），增长 18%。其中全民所有制工业企业固定资产原值 23165 万元，净值 15770 万元（中央、省、市属工业企业固定资产原值 16551 万元，净值 10574 万元；县属独立核算地方国营工业企业固定资产原值 6614 万元，净值 5196 万元）。1985 年向国家提供产品销售税金 1556 万元（中央、省、市属工业企业 377 万元，县属工业企业 954 万元），上缴国家利润 1095 万元。

1986 年至 1987 年，全县工业又取得了进步和发展。形成了采矿、冶炼、煤炭、电力、森工、机电、建材、化工、制糖、食品、酿造、纺织缝纫、造纸印刷、陶瓷工艺、造船、木材加工等 10 多个行业为主体的多门类工业结构。全县工业企业单位总数达 9407 家（轻工业 5400 家；重工业 4007 家）。其中乡镇及其以上的 208 家，村以下三级及城镇二级的企业 9199 家。在企业总数中，全民所有制工业企业 55 家，内中独立核算的国营工业企业 36 家（中央、省、市属工业企业 10 家；县属独立核算工业企业 18 家，其他预算外工业企业 8 家）。

1987 年，有工业劳动力 49992 人，其中全民所有制工业职工 17244 人（中央、省、市属工业企业职工 9889 人，县属地方国营工业企业职工 7355 人）；1987 年全县工业总产值 33776 万元（轻工业产值 16293 万元，重工业产值 17483 万元），工业总产值占全县工农业总产值 61530 万元的 54.89%，比 1978 年增长 1.86 倍，年平均递增率上升 11%。在工业总产值中，全民所有制工业企业产值 18632 万元，比 1985 年增长 31%，比 1978 年增长 40%，年平均递增率上升 7.4%。其中独立核算工业企业产值 16946 万元，比 1978 年增长 98%，年平均递增率上升 7%（中央、省、市属工业企业产值 8353 万元，比 1978 年增长 71%，年平均递增率上升 5.5%；县属独立核算工业企业产值 8593 万元，比 1978 年增长 1.3 倍，年平均递增率上升 9%）。全县全员劳动生产率为 10936 元。1987 年向国家提供产品销售税金 2524 万元（省、市属工业企业 515 万元，县属地方国营工业 2000 万元），实现利润 2075 万元，上缴国家利润 1847 万元（省、市属工业企业 716 万元，县属地方国营工业 1131 万元）。

阳春老区工业的主要产品有生铁、铸造、铁矿石，原煤、粗铜、铜精矿、硫酸铜，钨精矿、锡精矿、钼精矿、铋精矿、铅锌矿、硫铁矿、黄金、硫酸、发电量、木材、水泥、磷肥、小型电机、清水泵、污水潜水泵、轴承、曲轴、25 油泵、人工降雨机、手压水泵、脚踏打禾机、铁制中小农具、机制白糖、饮料酒、酒精、饮料、烟丝、饼干、糖果，皮鞋、红砖、大理石、水磨石、藤制品、棉织品、烟花爆竹等 40 多项。其中出口产品有烟花爆竹、藤竹制品、25 油泵、撤型电机、清水泵、芒花扫、三甲切粉、春砂仁、大理石等。

1987 年始，中央、省政府陆续下达关于企业改革的文件，国营工业企业改革的步伐加快，10 月，全面推行厂长（经理）负责制，县内国营工业企业按县政府部署，实行厂长负责制和承包经营责任制。1988 年至 1990 年为第一轮承包经营，1991 年至 1993

年为第二轮承包经营，股份公司模式开始试行。1993 年 3 月，阳春县电机厂改为国有控股、职工及社会团体持股的凌霄机电股份有限公司，此后市属各工业企业都先后进行改制，改制的形式主要有股份制改造、产权转让、承包经营及租赁经营。

1979 年之前，县内没有"三资"（外商独资、中外合资、中外合作）工业。

1980 年，二轻系统率先引进外资、港澳台资和先进技术设备，先后办起服装二厂、塑料制品厂、工艺综合厂、饮料制品厂、华丽纸业制品厂、毛织厂、针织厂。1981 年 8 月，在春城春江路成立玉珠厂（1982 年与玉雕厂合并为工艺厂），为香港建兴宝石有限公司加工玉珠、项链。1985 年 1 月，县经委为棉织厂从南海北约棉织厂引进一条棉织生产线，由港商来料加工毛巾。1985 年，县侨联与广州白云山制药厂、港商、个体户合股投资，在县城北大王坡建立白云山制药厂阳春分厂。

1986 年 10 月，县农委与港商合资成立春华丝袜厂董事会，1987 年 1 月，双方投资 3004 万美元，在县城南春江路西边兴建春华丝袜厂，11 月投产，招收临时职工 600 多人，产值 479.3 万元。1997 年 7 月，经省计委、省外经委同意，与香港凤凰行有限公司以补偿贸易方式投资 3300 万元建阳春苎麻纺织厂，规模为长纺 4200 锭，短纺 2400 锭，1989 年建成投产，由于市场需求行情改变，90 年代初改为可纺毛化纤纱线。另一港商同期投资，于厂内建云仙娇纺织总厂。至 1990 年，全县引进外资和港澳台资兴办的大小工业企业 10 家，其中春华丝袜厂、毛麻纺织总厂的规模较大。1995 年，规模以上的"三资"企业 24 家，生产总值 11.54 亿元。

1996 年后，改革开放继续深入，"三资"工业快速发展。至 2000 年，规模以上的"三资"工业 40 家，年产值均超亿元的企业有春华锦纶纺织有限公司、新南方（阳春）合成板有限公司、恒利家具有限公司、永兴工艺制品有限公司、春晖工艺制品有限公司、永利工艺制品有限公司等。[①]

进入 20 世纪 90 年代中期，阳春撤县设市，不断加大企业改革力度，不断优化产业结构，大力推进工业化、信息化和城市化进程，逐步优化所有制结构和企业组织结构，树立工业富市的思想，把工业作为阳春市国民经济发展的重中之重来抓，不断推进工业化进程。"十五"时期着重加速工业的总量扩张，提高第二产业在国内生产总值中的比重。壮大发展水电、机电、纺织、食品加工、家具、编织等支柱产业，改造优化发展建材、烟花爆竹、矿产、制糖等传统产业，培育发展森工造纸、精密铸造、彩印包装、药材加工等新兴产业，逐步形成以高新技术产业为先导，以传统优势产业为基础，以新兴产业为支柱的工业体系。工业主导地位进一步增强，民营经济比重逐年加大，2005 年工业总产值达到 101.2 亿元，比上年增长 18.1%，五年年均增长 16.2%。民营工业占工业总产值的比重由 2000 年的 33.4% 提高到 2005 年的81.7%，2005 年全市民营工业产值达到 83.4 亿元，比上年增长23.6%，五年年均增长 22.8%。巩固发展了水泥、钢铁、机电、纺织、食品、水电等骨干行业，培育发展了特钢、家具、纸业、彩印、中成药加工等新兴行业。建成了站港、黎湖工业园区。产学研基地建设取得新进展。

实施名牌战略，调整优化企业组织结构。围绕"凌霄"牌水泵系列、"安芬娜"牌丝袜系列、"春花"牌和"阳灵"牌系列饮料酒、"春潭"牌水泥等品牌，通过优化组合，组建若干家大

---

① 阳春市地方志编纂委员会编：《阳春市志（1979—2000）》，广东人民出版社 2013 年版，第 406 页。

型企业集团，发挥名牌效应，增强市场竞争能力。

切实加强现代信息基础设施建设。重点抓好基础电信网、宽带 IP 网和数据接入网的建设，完善本地基础电话网、传输网，促进电信、电视、计算机"三网"融合，实现电信、电视、信息、科技、教育"五网"互通。积极推动信息技术在国民经济各行业各领域的广泛应用。重视研究信息产业发展趋势，培育发展信息产业。政府行政管理、社会公共服务、企业生产管理要运用数字化、网络化技术，加快信息化步伐。创造条件发展电子商务，远程教育等信息服务业，加强信息化的综合管理，强化信息网络的安全保障工作。

阳春革命老区的工业经济呈现高速增长态势。2010 年，全市工业总产值 261.1 亿元，年均增长 21.7%，其中，规模以上工业总产值 194.6 亿元，年均增长 28.0%。工业结构不断优化，工业大项目建设成效显著。总投资 70 亿元的春钢环保技改搬迁项目一、二期和总投资 15 亿元的阳春华润水泥一期建成投产，年产值分别为 100 亿元和 5 亿元；总投资 30 亿元的阳春海螺水泥项目已动工兴建；总投资 80 亿元的阳江抽水蓄能电站项目首期工程已上报国家发改委，准备动工兴建。园区建设效果明显，东莞长安（阳春）产业转移工业园已投入开发资金 6.3 亿元，开发面积 6000 亩。七星园区先后引进企业 14 家，已建成投产 3 家，在建 8 家；南山—石菉工业园整体规划工作已全面完成，园区集聚效应逐步显现。国企改革稳步推进，五年来完成了春钢集团等 27 家国有企业产权改革任务。

全市重点抓好站港工业园（二期）、新吉（工业产业转移园）、南山工业园、石菉工业园等三大园区建设，并新建、扩建一批重点工业项目，规划总投资达 42.15 亿元，使阳春市工业规模明显扩大，民营工业进入快速发展时期，经济外向度明显提高。

阳春革命老区电力发展，在改革开放后，成绩显著。1978年，第一条110千伏输电线路进入阳春，长105公里，35千伏线路8条，长116.3公里。尔后，线路逐年增加。到80年代初，35千伏线路有17条：石菉—春城，春城—钢铁厂，钢铁厂—石菉，石菉—山坪，山坪—双滘，春城—河西糖厂，春城—潭簕，潭簕—河口，河口—二岔，二岔—月光潭，春城—硫铁矿，硫铁矿—潭寮，潭寮—春湾，春城—合水，合水—西山陂，西山陂—圭岗，春城—崆峒水泥厂。10千伏配电网络已遍布城乡，配电变压器星罗棋布。

至1987年底止，全县有110千伏输电线路232.6公里；35千伏输电线路246.70公里；10千伏配电线路1066.8公里；配电变压器975台，总容量为824554千伏安。

加快电网基础设施建设，阳春老区原来电网基础薄弱状况有较大改善。1999年5月25日，马水6.3千伏电压等级供电全部改造升压为110千伏，阳春结束了6.3千伏电压等级供电历史。

1983年至1985年，茂湛电网严重缺电，分配给阳春的电力负荷减少，常限电拉闸，工业用电量下降。1986年后，电网缺电情况逐渐缓和，工业用电回升并逐年递增。1987年，工业用电量达到5414万千瓦时（含省、市企业），比1978年增长131%。阳春水电资源丰富，小水电开发较早。1992年，阳春县委、县政府实行"以电养电"和"谁建、谁管，谁所有、谁受益"等发展小水电的优惠政策，提高全社会集资办电的积极性，国家与集体，部门与镇，国外与国内，股份或个人等联办、自办的中小水电站在阳春境内相继建成，至2000年，有344座，装机501台，总容量14.64万千瓦，年发电量3.28亿千瓦时。其中500千瓦以下的283座，装机338台，容量2.57万千瓦；500千瓦及以上、1000千瓦以下的40座，装机91台，容量2.56万千瓦；1000千瓦及以上的 21 座，装机 72 台，容量 9.51 万千瓦。1996 年，全市工业用电 1.3 亿千瓦时，创历史最高水平。1998 年，工业用电受市场疲软影响，工业用电有所回落，仅为 1.14 亿千瓦时。2000 年，为 1.29 亿千瓦时，占全市用电量的 53.66%。至 2011 年，为 8.473 亿千瓦时。

1996 年，阳春市荣获"全国电气化县"称号。

2000 年，阳春市（县）共建成 220 千伏输电线路 2 条，长 208.50 公里；110 千伏输电线路 14 条，长 283.90 公里；35 千伏输电线路 59 条，长 538.70 公里。

2013 年，供电阳春地区的主要 220 千伏线路 7 条，257.02 千米；110 千伏线路 26 条，365.58 千米；35 千伏线路 25 条，278.84 千米。

三、夯实农业发展基础，老区农村发生明显变化

（一）家庭联产承包责任制改革

1980 年 11 月 3 日，阳春县委召开三级干部会议，传达中央下发座谈会的纪要《关于进一步加强和完善农业生产责任制的几个问题》，会后各公社分别召开党、团员及生产队委员以上干部会议，全面贯彻中共十一届三中全会精神。

1979 年至 1984 年，以推行家庭联产承包责任制为主要内容的改革突破阶段。1981 年夏，阳春县 21 个公社 315 个大队的 9369 个生产队，有 9023 个实行家庭联产承包，余下的 346 个于当年 10 月全部实行家庭联产承包。实行家庭联产承包后，使当年全县早造粮食产量比历史最高的同期增产 2000 多万公斤；晚造虽然受 10 月特大洪涝灾害影响，损失粮食 7300 万公斤（折算金额 1 亿多元），但农业总体仍然增收。当年农民总收入 1.37 亿元，比 1980 年增长 40.45%，人均收入 131.3 元，比 1980 年的 91.7 元增

长 43.18%。

(二) 完善农村经济合作社体制与承包土地调整

1980 年，阳春县承担农业部和省农业厅下达的水稻 "丰收计划" 的任务，1990 年稻谷总产量 32.34 万吨，增加 4.35 万吨，增长 15.26%，平均亩产 333 公斤，比前三年平均亩产增 46.33 公斤，增长 16.16%。

1983 年，执行中共中央《当前农村经济政策的若干问题》（即 1983 年 1 号文件）规定，全面建立多种经营承包责任制和完善提高农业包干合同制，全面落实承包。

1984 年，执行中共中央《关于一九八四年农村工作的通知》（即 1984 年 1 号文件）规定，继续稳定和完善联产承包责任制，帮助农民在家庭经营的基础上扩大生产规模，提高经济效益，实行政社分开。2 月，阳春县委据此把公社、大队、生产队的体制改为社区性的合作经济组织，全县共 305 个大队改称农村经济合作联社，全县共 5993 个生产队改称农村经济合作社，经济合作联社向社员发包土地和分派国家粮食征购任务。以家庭联产承包经营为基础的统分结合的双层经营体制在逐步完善。按照延长土地承包期的政策，县委农村部选定马水区新风乡、圭岗区高车乡、高垌乡为试点，开展调整土地，延长承包期的试点工作，集中领导、集中力量、统一行动，组织县、区、乡、村干部 4169 人，分两批铺开，全面开展调整工作。1984 年底，土地调整工作全部完成，土地承包期一定 15 年不变。

1985 年至 1991 年，进入以建立和完善双层经营体制为主要特征的改革配套阶段。

1986 年 12 月，农村经济合作联社改称村民委员会，经济合作社改称村民小组。

1989 年 6 月，村民委员会改为镇政府管理区办事处，设置的合作组织为经济合作联社，村民委员会改设在自然村，设置的合作经济组织为经济合作社；乡镇一级的集体经济组织设置为经济联合总社。

1998 年，推行村民自治民主选举，管理区办事处改称村民委员会，全市共 309 个，原生产队改称村民小组，全市共 4750 个。

（三）实行第二轮土地承包

1999 年初，阳春第一轮土地承包期满，根据中共中央办公厅、国务院办公厅《关于进一步稳定和完善农村土地承包关系的通知》精神，开展延长土地承包期为 30 年的工作。1999 年 5 月 5 日，阳春市委、市政府组织市农办经管科全体人员和各镇经管站长到春城镇新云村委会，开展为期一个月的试点工作，6 月各镇办点，7 月全面铺开。全市抽调 3358 名干部到农村指导延包工作，投入资金 107.5 万元，召开各种会议 1.38 万场，参加会议的达 80 多万人次。至 2000 年，全市 309 个村委会、5930 个经济合作社（村民小组）完成第二轮土地承包工作，16.32 万户农民签订了 2000 年 1 月 1 日至 2029 年 12 月 31 日止的承包合同，占应签合同农户的 97.7%，颁发土地承包经营权证书 14.06 万个，完成 85.2%。同时，妥善处理人地矛盾，对大多数群众有异议的土地作小调整，解决 1.48 万人无田耕种的问题；做好山水田林路规划，规划建设水渠、道路 634 条，总长 130 公里；按政策对 4760 亩"口粮田"和"责任田"进行清理、整顿，基本结束"两田制"。

1994 年阳春建市后，实施"强农兴工，全面发展"决策，重视把农业、农村、农民引入市场，坚持以市场为导向，以效益为中心，以科技为动力，大力调整优化作物种植结构，初步构建起以粮食为基础，"三高"农业为重点的农业产业体系，产品商品率和经济效益等方面都有较大的提高。2000 年，全市耕地面积

68.76 万亩，淡水养殖面积 7.15 万亩，农业总产值（现行价）33.39 亿元。农业内部经济结构和各业所占农业总产值比重分别是：种植业 16.41 亿元，占 49.15%；林业 1.04 亿元，占 3.1%；畜牧业 10.97 亿元，占 32.86%；渔业 1.96 亿元，占 5.87%。

农业结构的调整，促进种植业的发展，粮食连续 6 年丰收。1994 年，阳春市成为全省首批商品粮食基地县（市）。1996 年，被列为国家粮食自给工程县（市）。2000 年，全市粮食总产量突破 37.58 万吨，人均 454 公斤，自给有余。蔬菜、香蕉、蚕桑、甜玉米等高值高效经济作物迅速发展，蔬菜种植（含复种）面积 29.96 万亩，产值 4.87 亿元；玉米种植面积 8.95 万亩，产值 4423 万元；甜玉米鲜苞价格每公斤 1—1.5 元，亩产量 800—1000 斤，亩产值 800—1500 元；蚕桑种植面积 2.6 万亩，产值 4876 万元；香蕉生产逐年恢复，很多村委会种植 1000 亩以上，试管苗年初种植，能避过霜冻，可当年收获，亩产值达 3000 多元。石望镇新和村委会种植蔬菜 1000 亩；合水镇平南村委会蚕桑种植面积 1000 多亩；潭震村委会连片种植淮山（南药）超 1000 亩。1999 年，大搞综合开发，山地水果稳步发展，共投入资金 3809.6 万元，其中财政投入 112 万元，单位出资 338.6 万元，引资 1149.8 万元，银行贷款 113 元，群众自筹 2096.2 万元。2000 年，由于农村产业结构的调整，农民的积极性提高，纷纷造林、种果。小林场、小果园到处可见，充分挖掘山区巨大的经济潜力。这一年，全市种植水果面积 43.7 万亩，其中 1999 年冬至 2000 年春新种 1.11 万亩。

2000 年，全市畜牧、水产养殖业持续发展，产值 12.93 亿元，占当年农业总产值近四成。全市生猪饲养量、母猪存栏量和猪苗产销量居全省各县（市）之首，淡水养殖面积和渔业产量跃居全省山区县（市）前列。

调整经济结构，经济社会呈现又好又快发展态势

一、注重宏观调控，改革体现特色

1990 年至 2011 年，特别是后期，阳春计划体制的变化是全方位的、彻底的和规范的。在全新的体制下，着力清理、整顿、规范固定资产投资管理，协调、平衡经济发展关系和部门工作关系；加强、改善宏观调控管理，发挥计划与金融、财政、税收、物价等部门在调节经济中的作用，保证经济正常有序运行；协调、平衡、调整和优化经济结构，发展优势产业；确定从农业市向工业市转变的相应战略；确定以旅游为龙头，加快第三产业发展的战略。在稳定、发展第一产业中，发展多种经营和农产品加工业，培植龙头企业，扩大农业集约化经营规模和加大综合开发力度；在工业发展上，打破大而全、小而全的老一套做法，突出重点，充分利用发挥地方资源优势，发展资源型、劳动密集型产业，并逐步增加科技含量，发展高新科技产业，致力民营企业的培育扶持。这个时期，基本形成建材、冶金、纺织、化工、电子、编织等支柱行业，工业在国民经济的比重逐渐加大，工业明显发展，旅游业、市政建设、第三产业、科教文卫事业等都有较大发展。

二、发展个体商业，繁荣城乡经济

改革开放以来，阳春革命老区的商业贸易发展较快，尤其是

扶持个体商业的发展。1978 年，全县个体工商业注册资金共 1.03 万元。1981 年，注册资金 18.6 万元。个体户设置商店、门市部，经营小百货、副食、日杂商品和饮食，总营业额 598 万元。

1983 年，个体工商业注册资金共 25.35 万元，其中饮食业 8.89 万元，服务业 5.65 万。这些个体户经营范围扩大到大小五金、家用电器、茶酒冷饮、旅店、服务、信托等行业。

1987 年至 2000 年，全市（县）个体工商业经营范围无所不及，经营规模和档次足可与国营工商业相比。

个体饮食、服务业摊档小而分散，经营灵活，服务周到，深受群众欢迎。尤其是日夜营业的圩镇饮食、服务业，顾客称便。在春城红旗路经营的个体饮食店与国营、集体饮食店一样生意兴旺；城区灯光夜市的顾客常达两三千人。

1987 年，城乡个体工商户资金额 744.9 万元，营业总额 8235.3 万元。其中饮食业 570 户 1190 人，经营资金 78.03 万元，营业额 883.2 万元，占全县饮食业营业总额 1170 万元的 75.4%；服务业 992 户 1350 人，经营资金 53.2 万元，营业额 716.5 万元。

1988 年，城乡个体工商户注册资金 2582 万元，总产值 3511 万元。其中城镇 4143 户，从业人员 6051 人，注册资金 1250 万元，总产值 1867 万元。按行业分，工业 672 户，从业人员 1612 人，注册资金 490 万元，总产值 3079 万元；建筑业 6 户，从业人员 6 人，注册资金 18 万元；运输业 230 户，从业人员 324 人，注册资金 356 万元，总产值 414 万元；商业 6146 户，从业人员 8247 万元，注册资金 1197 万元；饮食业 643 户，从业人员 1118 人，注册资金 73 万元；服务业 526 户，从业人员 624 人，注册资金 130 万元；修理业 586 户，从业人员 720 人，注册金 320 万元；其他行业 17 户，从业人员 23 人，注册资金 13 万元。

1993 年，城乡个体工商业注册资金 5300 万元。后来，部分个体工商户转办企业，户数相对减少。

2000 年，城乡个体工商业注册资金 6990 万元，年总产值 2.19 亿元，销售总额 6.98 亿元，社会消费零售额 6.28 亿元。其中城镇 5911 户，从业人员 1.27 万人，注册资金 5693 万元。按行业划分，采掘业 50 户，从业人员 247 人，注册资金 336 万元，总产值 2600 万元，社会消费总零售额 2244 万元；制造业 1915 户，从业人员 2395 人，注册资金 2298 万元，总产值 1.9344 亿元，社会消费零售额 1.89 亿元；交通运输业 6 户，从业人员 11 人，注册资金 18 万元，营业额 100 万元；批发零售贸易和餐饮业 7585 户，从业人员 1.04 万人，注册资金 3346 万元，社会销售收入 4.06 亿元；社会服务业 865 户，从业人员 1006 人，注册资金 1022 万元，营业收入额 2.91 亿元，社会消费总零售额 1.68 亿元。

2000 年至 2012 年的 12 年，老区个体工业商业发展速度更快，质量更高。

2012 年总企业数 3087 户，总注册资金 745104.31 万元。2011 年新增个企 611 户，注册资金 80162.1 万元。2012 年新增个企 329 户，注册资金 39726.8 万元。2012 年个体总 18581 户，资金 57387.54 万元。2011 年新增个体 2989 户，资金 8342.75 万元。2012 年新增个体 3388 户，资金 8672.88 万元。

三、城乡建设大踏步前进

（一）道路与桥梁建设

随着改革开放的深入，国家经济实力不断增强，1994 年建成了阳春第一条双向四车道，长 19.5 公里（阳春境内段）的省道 S277 线站港一级公路，2004 年至 2007 年，阳江公路局对省道 S113 线阳春境内段 119 公里作一级公路建设，随着阳春主骨架公路省道 S277、S113 线一级公路的建成，阳春市通达大部分镇的交通条件得到了很大程度的改善。1999 年—2000 年，对全市 180 多公里的县通镇（县道公路）公路由砂土路面改为硬底公路的建设，实现了全市通镇公路通达硬底公路；2002 年开始，动员全市力量，对 831 公里镇通行政村公路（乡道）硬底化改造，至 2005 年底，在完成乡道硬底改造后，又大举对村委会通达自然村道路（村道）作硬底路面改造，截至 2018 年 6 月，全市 5181 个自然村，有 3886 个通达硬底公路（占总量 75%），基本改变了千百年来，农村群众出门路难行的困局。

2009 年，随着云浮至阳江高速公路阳江至阳春段 19.5 公里动工建设，老区公路建设翻开了新的一页。

春城城区的中心枢纽道路及出入口路段拓宽，主要有南新大道、城东大道、春江大道、莲平路、沙岗路、城西大道。路面建设质量明显提高，沥青、混凝土路面硬底化比例达到 90%。建成的街道共 42 条，总长 29.38 公里。

迎宾大道 1994 年建成，东起漠江二桥西头，西至火车站广场，全长 2.65 公里，全线宽 66 米，是河西新城建设发展的主轴线，两侧为新城区开发用地。南新大道 1998 年建成，西起一桥东头，向东北至登宝酒店，与东湖路相交，长 1.98 公里，宽 32 米，是过境公路，两侧多为商铺、酒店和民居，春城镇政府位于中段南侧。城东大道 1998 年建成，南起东湖路侧金鹏酒店，北至人民桥，长 2.9 公里，红线宽 32 米，是过境公路，两侧多为商店、酒店、民居，金鹏酒店、保险公司、中国银行阳春分行、一中、附城中学、交警大队等皆在此大道两侧。春江大道 1998 年建成，北起阳春大酒店，南至牛迳桥，长 2.75 公里，宽 32 米，沿途由北向南两侧分别建有阳春大酒店、钢铁公司、慢病站、丝袜厂、特种钢厂等和居民住宅，是市区至阳江的主要通道。朝南路 1986 年拆迁城南部分民宅和征用土地建设而成，南起南新大道，北至县前路，全长 750 米，宽 24 米，两侧商铺兴旺，街道美观亮丽。龙湾路 1994 年建成，市政府决定覆盖市城区春城中学前桥头至红旗路龙湾河桥头路段龙湾河面，覆盖全长 400 米，在覆盖河面上建成龙湾路，此路从春城中学门前桥头起，止点与南新大道西段交接，全长 600 米。为招商引资建筑，是与西边红旗路平行走向的第二条商业街道。县前东路 1998 年建成，西起城东大道，与县前路东端相接，东至东湖金泉花园小区，与东线过境公路（此公路分两期建设，2012 年建成。现称为"阳春大道"）相接，全长 920 米，宽 18 米，两侧是民宅。东湖路东起东湖水库，西至东沿江路，长 2.46 公里。全路分东、中、西三段，其中东湖水库至南新路之间的路段为东湖东路，路宽 24 米；朝南路与南新大道之间的路段为东湖中路，路宽 32 米；朝南路段至东沿江路之间的路段为东湖西路。东湖路是市区主要街道，商业兴旺，街景亮丽。市教师进修学校和市第二中学位于东湖路南侧。登发大厦位于西路北侧，是市区最高建筑物之一。中心广场位于西路北侧。该路分三段建设，2000 年前已完成东湖西路、东湖中路及东湖东路的大部分工程。

1987 年至 2000 年，春城城区增建漠阳江二桥、人民桥、沙河桥、田螺垳桥、漠阳江三桥（未竣工），改建、拓宽和加固龙湾桥、牛迳桥。

铁路建设方面，三茂铁路贯穿阳春全境。三茂铁路东与羊城铁路总公司在本线 K47＋090 交界，西与柳州铁路局在本线 K368＋310 处分界，是从三水经四会、高要、肇庆、云浮、新兴、阳春、电白至茂名的国家铁路干线，全长 357 公里（含云浮支线 35.6 公里），车站 36 个。其中阳春路段从春湾下山起至八甲官河止，经过春湾、陂面、春城、马水、潭水、三甲和八甲等镇，全长 105 公里，设春湾、潭荪、陂面、黑石岗、阳春、石菉、潭水、三甲、八甲等车站。阳春段动工于 1958 年 12 月（1959 年停工），复工于 1987 年 9 月，征用土地 6200 亩，拆迁房屋 6.6 万平方米，征地拆迁补偿费 4200 万元，建隧道 6 座（最长的八甲俄颈茶亭坳隧道 619 米），架大、中、小桥梁 48 座，筑涵洞 543 座，填土石方 560 万立方米。1991 年 5 月 3 日全线客货运通车。

（二）圩镇建设

1979 年前，阳春老区各镇的圩场小，基本是依山傍水而建，街巷大都是 3 米多宽，当中铺砌花岗岩条，两侧铺砌河卵石或青砖，圩日人流拥挤。除春湾、潭水、合水等较大的圩镇有厂房等建筑物外，其余增建的工程大多是公社（区）一级行政机关、国营药店、学校、医院，市政建设还未列入议程，没有规划。改革开放以后，各公社（区、镇）需增建城区以适应经济发展的需要，各项市政建设先后列入议程。至 1995 年，各镇对 1983—1986 年编制的总体规划完成修编。至 2000 年，全市 18 个圩镇面貌变化很大，都建起具有相当规模的城区。简陋街道屋宇得到改建、扩建，开辟新建街道、商店和住宅楼宇，圩市范围成倍甚至多倍扩大。2000 年，全市城镇城区（含市城区）面积 24 平方公里，是 1980 年的 3.2 倍；街道总长 148.88 公里，是 1980 年的 4.5 倍。原有街道基本扩展，部分街道大幅拓宽或大幅改道，可通汽车，并配有下水道和绿化带的水泥马路，修路总长 158 公里，与周边县（市）、镇、乡村的交通方便通畅。全市自来水厂 13 个，日供水量约 2.2 万立方米，自来水普及率 74.5%，建成绿化带约 45.1 公里，生活生产用电、环境卫生等公共市政建筑设施一应俱全，修建下水道 106.4 公里，安装交通灯 682 盏，建设公厕 50 座，修建农贸市场 6.9 万平方米，人均居住面积 21.38 平方米。

（三）乡村建设

1980 年起，农村逐渐实行家庭联产承包责任制，商品生产大发展，农民收入逐年增加。至 2012 年，全市农村的住房、交通、饮水、用电等条件大为改善。原有住房陆续开始改建或重建，新房逐年增加，面积不断扩大，标准节节升高。2012 年，农村新建房屋增多。新建的楼房一般为二层至三层，个别达四层至五层，只建平房者甚少，泥砖杉木平房结构房子被拆建。新建的楼房以钢筋混凝土结构居多，部分采用框架结构，设计宽敞舒适新颖，用釉面块料、玻璃马赛克、水磨石、大理石、花岗岩甚至铝合金、不锈钢装饰内外和地板。这个时期新的楼房在全市的平原地区和山区到处可见。

1994 年，在全市全面架设电网之后，农村家庭用电普及，大部分农户用上电器。用水条件大为改善，平原地区乡村农户多用自来水、泵井水、深井水，山区农户普遍用塑料管、铁管把山涧泉水引流到家中作生活用水，不再饮用受污染的河溪水。

全市乡村交通日渐发达，至 2012 年，村村基本通公路，全市 309 个行政村，已全部通机动车，大部分公路路面实现沥青或水泥硬底化，村民出行或劳作，普遍骑乘自行车或摩托车。农户购置小汽车大增。至 2012 年底，农民家庭拥有小汽车逾万辆。

四、林业成绩斐然，绿色发展推进

（一）消灭荒山、全民造林

1988 年，县委、县政府响应省委、省政府"五年种上树，十年绿化广东"的号召，作出"两年消灭荒山，五年绿化阳春大地"的决定，动员全县人民，大搞造林绿化。春城镇黎湖村、岗美镇轮岗村、合水镇茶河村、河朗镇石忽村、石望乡新和村、圭岗镇小水村、那柳村、八甲镇徐屋村、罗城村、澄洞村、春湾镇廖施村 11 个行政村实现宜林地植树率 95% 以上，基本达到消灭荒山的标准，同年 3 月 30 日，县人大常委会授予"造林绿化，消灭荒山"的荣誉称号。同年 8 月 27 日，县委、县政府发出《关于在 1989 年全县消灭宜林荒山的决定》（春发〔1988〕11 号），提出 1989 年全县人工造林 40 万亩，飞播造林 40 万亩，山地种果3.8 万亩。要求全县干部职工（含集体合同制职工），省、市驻阳春县的厂、矿干部职工于 1989 年 4 月底前每人包完成 1 亩植树造林任务；不投入劳动者，每人要缴交 15 元作雇人完成造林费用。各级领导实行岗位责任制，县五套班子领导成员包片、包线，县直部、委、办、局领导成员包点，乡镇干部包村，村干部包农户。并实行"七定"（定任务、定人员、定时间、定质量、定树种、定投款、定奖罚），明确任务，立下"军令状"。要求各乡镇党委和政府的主要领导，必须对一年消灭荒山负责，领取任务，签订合同，一次投款，保证完成。若无力完成任务的领导干部，允许在领取任务前提出辞职。凡有承包的荒山（包括自留山）都要限期种上树，否则每亩收缴荒芜费 15 元，并要收回责任山。由于措施得力，迅速掀起造林绿化高潮。1988 年，全县造林 805300 亩，其中飞机播种造林 382200 亩，人工种杉 107500 亩，湿地松245800 亩，种果 17000 亩，其他林 52800 亩。1989 年，全县造林620700 亩，其中飞机播种造林 230000 亩，人工种杉 136700 亩，湿地松 201700 亩，种果 7800 亩，其他林 44500 亩。至 1989 年 3月，全县又有 41 个单位（八甲镇大坡、合路村，春城镇城南村，马水镇九江、河墩村，岗美镇黄塘、那排村，合水镇潭震、军塘、平北村，陂面镇同乐、南河、石尾、大同、湾口村及陂面居委会，春湾镇前进、安民、那星村，石望镇简东、竹步、石望村，松柏镇新团、大车、冲垌、松柏村，圭岗镇都面、山根村，永宁镇那陈村，三甲镇新楼、大垌、中心村，双滘镇永水、古重、旱田村、潭水镇石根、良垌、旗鼓、竹塘村，河口镇河东、河口村）由县人大常委会授予"造林绿化，消灭荒山"的荣誉称号。经多年的不懈努力，于 1992 年 10 月 17 日—24 日，省绿化委员会、省林业厅组成省绿化达标验收组对阳春县绿化达标进行验收。检查验收结果是：一、林业用地绿化，（1）绿化栽植率 96.1%；（2）绿化率 80.8%。二、道路绿化，（1）铁路绿化栽植率 100%；（2）省管养公路绿化率 96.1%；（3）地方管养公路绿化率 88%。三、县城绿化，（1）公共绿地绿化率 100%；（2）专用绿地绿化率 97.3%；（3）绿化用地占建设用地总面积的 34.5%；（4）城区绿化覆盖率 35%。以上各项均达到省定的绿化县标准，阳春县提前一年实现绿化达标。

（二）森林资源持续增长　生态效能逐年提升

1992 年，阳春市实现绿化达标后，林业以管护为中心，森林资源实现持续增长。1993 年森林资源二类调查结果：林业用地面积 374.5 万亩，占全县总面积 587.58 万亩的 63.7%，其中有林地 254.44 万亩，占林业用地 67.9%（在有林地中，林分 247.04 万亩，占 97.1%；经济林 3.98 万亩，占 1.6%；竹林 3.42 万亩，占 1.3%）；疏林地 8.06 万亩，占 2.2%；灌木林地 62.3 万亩，占 16.7%；未成林造林地 30.55 万亩。占 8.2%；四旁植树面积 5.56 万亩。森林覆盖率 54.9%。

2000 年，全市林业用地面积 373.8 万亩，占全市总面积 587.58 万亩的 63.6%，其中有林地 287.7 万亩，占林业用地 77%（在有林地中，林分 278.27 万亩，占 96.7%；经济林 6 万亩，占 2.1%；竹林 3.43 万亩，占 1.2%）；疏林地 7.67 万亩，占 2.1%；灌木林地 56.23 万亩，占 15%；未成林造林地 8.48 万亩，占 2.3%；四旁植树面积 7.25 万亩。森林覆盖率 59.8%。每年活立木蓄积增长率在 4%—4.5%，2000 年底全市活立木蓄积量达 792.56 万立方米，比上年净增 33.2 万立方米，净增率 4.4%。2004 年 12 月，成功创建广东省林业生态县。全市有生态公益林面积为 121.24 万亩。境内建立有百涌、鹅凰嶂省级自然保护区 2 个，信蓬市级自然保护区 1 个，面积 30.3 万亩；建立有花滩、东湖、马牯坳、大河、云帘、金竹大山森林公园 6 个，面积达 35.8 万亩。

2012 年，全市森林蓄积量为 1479.34 万立方米，比 2011 年增加 86.37 万立方米，净增率为 6.2%，全市森林覆盖率为 64.74%，与 2011 年相比提高了 0.75 个百分点，2012 年全市用于林业投入资金 3127 万元，占财政总支出的 4%。林业以生态建设为主的新时代已经开始，促进经济社会与生态环持续、稳定、协调发展。

五、文化教育卫生事业不断进步

（一）文化设施上档次　群众文化生动活泼

1981 年 3 月省文化厅实行"划分收支、分级包干"财政体制，图书馆从文化馆分出，单独成立图书馆，馆址设在文化馆一楼，管理人员增至 3 人。1987 年元旦，阳春县图书馆迁至县前路 229 号青少年宫二楼，面积约 880 平方米，管理人员增加到 10 人。2008 年 7 月，阳春市图书馆综合楼工程开始动工兴建，至 2010 年 10 竣工验收并投入使用，图书馆新馆在 2011 年 2 月 3 日正式对外开放。馆内设有综合部、少儿部、多媒体阅览室、多功能培训室、资料文献典藏室、特藏与地方文献部、采编部、多功能展览厅等，是集学习阅读、信息交流、讲座培训和各类展览等综合文化功能和数字化网络服务于一体的公益性公共图书馆。

阳春市博物馆的前身原属文化馆一部分，1980 年开始筹建阳春县博物馆，在文化馆内设立文物陈列展览室。1981 年 7 月 2 日正式成立阳春县博物馆，馆址在文化馆一楼。1987 年 1 月，阳春县博物馆搬迁到青少年宫三楼，编制 4 人。1992 年县人民政府和广东省文化厅共同拨款 168 万元在中心广场西南侧筹建博物馆大楼，1994 年 12 月 4 日新馆落成并投入使用。新馆楼高三层，占地面积近 900 平方米，建筑面积约 2100 平方米。具备收藏、展示、研究、宣教等多种功能，成为阳春市重要的文化场馆，馆内设有历史文物陈列展览厅、临时展览厅、文物保管库房等。2009 年 1 月 1 日始实行向全社会免费开放，全年开放 300 天以上。2012 年，阳春市博物馆获"广东省文物系统先进集体"荣誉称号。

阳春市粤剧团成立于 1952 年，1969 年 9 月，阳春粤剧团被宣布解散，改为"毛泽东思想文艺宣传队"。1978 年，阳春县委决定恢复"阳春县粤剧团"赴省参加演出。阳春市粤剧团是目前阳江市唯一的国营专业艺术团体，主要承担文艺、戏剧创作及表演活动，20 世纪八九十年代创造出辉煌成绩，享誉两广地区，为阳春文化事业的发展作出积极贡献。市粤剧团属财政差额拨款事业单位，2003 年，阳春粤剧团进行体制改革，成为阳春市第一个实行体制改革的艺术团体。实行团长负责制，人员实行聘任制，对原有人员进行优化组合聘任，以合同形式确定人员与单位双方的责、权、利，通过招贤纳才，使粤剧团逐步走出一条自主经营、自我发展、自我完善的路子。

基层文化站不断发展完善。1980 年全县 19 个镇建立起文化站，其职能是开展文化活动，对辖区内的文化室辅导、文化市场管理。电影队、剧场、灯光球场和图书室归文化站统一管理，将其收入用来发展公社（镇）文化事业，实行以文养文。20 世纪 80 年代以后各站均配有专职站长或专干 1 至 2 人，设施也逐年充实。90 年代全市共建立 19 个文化站，经广东省文化厅的评估和定级，评为一级站的有合水、圭岗、陂面、春城、双滘、河口、八甲 7 个文化站；评为二级的有潭水、春湾、三甲、岗美、松柏 5 个文化站；评为三级的有石望、卫国、水上、山坪、马水 5 个文化站。河朗、永宁未入级。1986 年 8 月,三甲文化站被评为广东省先进文化单位。2000 年,全市各乡镇文化站设图书室、培训室、展览室、录像放映室、游艺室,室外有宣传橱窗或书画走廊。各文化站共有藏书 8.13 万册。2007 年,经省文化厅评估定级,全市 16 个乡镇、街道办事处文化站有特级站 1 个,一级站 1 个,二级站 6 个,达标站 8 个,达标率为 100%。2008 年全市 16 个镇均建立文化站,村委会建立了文化室,形成了市、镇、村三级文化网络。其中合水镇文化站为省特级站,春湾镇文化站为省一级站,其他镇文化站被评为二级站或三级站,在阳江市率先全部上级达标。2011 年,经省评估定级,阳春市现有特级站 1 个,二级站 3 个,三级站 7 个,未达标站 5 个,达标率 68.75%。其中合水镇文化站被评为阳江地区唯一的省特级文化站,春湾、河口、圭岗文化站被评为二级文化站。全市各镇(街道办事处)均设有文化站长,全市文化站共有工作人员 34 人。

(二)阳春老区的教育事业稳步推进。

"文革"结束后,阳春教育事业得到全面恢复和发展。尤其是党的十一届三中全会后,各级党政领导把教育作为社会主义现代化建设的战略重点来抓。县委县政府作出决议,撤出进驻学校的工宣队和贫宣队,清除"四人帮"在中小学教材中的流毒和影响,落实党对知识分子政策,对全县教师在历次政治运动中的冤假错案进行复查纠正,平反昭雪。小学撤销红小兵组织,恢复少先队组织;中学撤销红卫兵和红代会组织,恢复党团组织。贯彻中共中央关于普及小学教育、推行九年制义务教育、改革教育体制等问题的决定,对教育管理体制、学校内部管理、农村中学布局、中等教育结构、思想政治教育、学校体育卫生、教学内容和方法、师资培训等进行一系列的改革,使整个教育事业蒸蒸日上,蓬勃发展。1979 年,根据中央教育部"恢复、整顿、调整、提高”的中学结构改革方案，全县增设了山坪、河西、卫国三个公社的初级中学。各校试行教育部颁发的《中学生守则（草案）》《小学生守则（草案）》。是年，全县 40% 教师提高工资，国家发放中、小学班主任津贴。1980 年经省教育会议确定阳春一中为县级重点中学，创办“广东广播电视大学阳春工作站”（1984 年改为广东电视大学阳春分校）。县师范学校改为进修学校，担负脱产轮训本县中、小学教师及中师、大专函授教学任务。

20 世纪 80 年代初，进行普教系统调整、整顿，充实加强小学，整顿提高初中，压缩普通高中，发展职业技术教育，集中力量办好重点学校。县办高中，公社在集中力量办好小学的基础上办好初中。1981 年创办县第二中学。是年，普通高中由二年改为三年学制。1983 年，把附城中学、三甲中学、永宁中学、圭岗中学、合水中学（后迁至泮山塘独立办校）等高中改为农职高中。1985 年，全县实现普及初等教育，受到上级表扬奖励。施行小学由五年制向六年制过渡的学制，并决定春城镇一小及附城、春湾、合水、三甲、潭水五所镇中心小学为第一批从一年级开始改为六年制的小学，其余小学逐年分批改为六年学制。1985 年，全县进入逐步普及九年义务教育新阶段。同年，全县学校进行分级县、区（镇）、管理区管理，县教育局负责管理电视大学阳春分校，教师进修校，县一中，县二中，附城中学、春湾中学、潭水中学、三甲中学、泮山塘中学，及春城镇一小等，其余中学及中心小学则由所在的区镇管理，非中心小学一律由所在管理区管理。由于落实了分级管理的政策，群众办学的积极性得到进一步的发挥，阳春教育事业开创了一个崭新的局面。是年，国务院作出决定，中小学教师工资进行全面改革。实行基础职务工资制，加教龄和岗位补贴。经过改革，阳春县中小学教师工资平均约提高了30%。离（退）休人员发放临时生活补贴。同年，国家规定每年

9 月 10 日为教师节。县委县政府采取了一系列的措施，整个教育事业步上了新台阶。1987 年全县实现"一无两有"（校校无危房，班班有课室，学生人人有桌凳）同年，教育局设立职改办公室，负责全县教师技术职称的评定及送审工作。1989 年，中学以校为单位，小学以镇为单位，成立教职员工代表大会，学校从此逐渐进入了民主管理阶段。1990 年县人民政府设立教育督导机制，在教育局设立督导办公室，其主要任务是：对下级人民政府的教育工作、下级教育行政部门和学校的工作进行监督、检查、评估、指导，保证国家有关的方针、政策、法规的贯彻执行和教育目标的实现。

阳春市第一间民办学校位于河西的绵登中英文小学。由香港商人麦耀和投资兴建，于 2005 年 9 月 1 日建成投入使用。

恢复高考后，阳春革命老区考上大中院校人数一路攀升。2001—2012 年高考上线人数达 45743 人。

（三）医疗卫生水平不断提高

对医疗卫生单位实行综合目标管理，在抓好医疗单位的内部管理，加强内涵建设的同时，支持各医疗单位引进高层次卫技人才，添置医疗设备，拓展医疗新项目，增强竞争能力。积极推进卫生体制改革，主动适应市场经济新体制发挥了业务技术优势，不断满足人民群众医疗保健需求，不断发展老区卫生事业。

2012 年，阳春市医疗卫生机构总数共 791 个，其中医院 8 间，社区卫生服务中心（站）5 间，镇卫生院 15 间，妇幼保健机构 1 个，专科疾病防治机构 1 个，疾病预防控制机构 1 个，卫生监督机构 1 个，村卫生室 721 间，个体诊所 37 间，民营医疗机构 1 间。全市医疗机构开设床位 2847 张，其中医院 1727 张，镇卫生院及社区卫生服务中心 844 张，专科疾病防治机构 22 张，妇幼保健院 254 张。全市共有卫生技术人员 3014 人，其中执业（助理）

医师 1216 人，注册护士 1080 人。每千常住人口拥有执业（助理）医师 1.417 人，每千常住人口拥有注册护士 1.259 人。全市医疗卫生单位门诊诊疗总数 149.31 万人次，收治住院病人 8.42 万人次，业务总收入 5.26 亿元，分别比去年同期增加 26%、13%、15%。

从 1978 年 12 月改革开放开始到 2012 年 10 月党的十八大召开，这个时期是阳春革命老区发展很不平凡的时期。老区人民认真贯彻党中央、省委的决策部署，励精图治，锐意进取，抢抓机遇，真抓实干，战胜了国际金融危机影响、特大自然灾害等重大考验，是综合实力提升较快的时期，是城乡面貌变化较大的时期，是人民群众受惠较多的时期。

6

第六章

党的十八大以来阳春的老区建设阔步前进

（2012 年 11 月—2017 年 12 月）

第
一
节

经济发展迈上新台阶，综合实力显著增强

十八大以来，阳春老区突出调结构稳增长，经济保持平稳发展。经济运行稳步提升。

一、工业主导，壮大堆头，经济保持快速发展

市委提出在更高起点上、更大力度上实施"工业富市、农业稳市、商旅旺市、科教兴市、品牌立市、生态逸市"六大发展战略。着力打造广东钢铁水泥基地、环珠三角现代农业基地、国内休闲旅游度假胜地和宜居宜业山水园林城市，实现富民强市，建设富裕美丽和谐幸福的新阳春，加快在粤西地区率先崛起。

把工业经济、招商引资、重大项目分别作为实现跨越发展的主支撑、主渠道和主抓手，大力吸引外地项目、资金、技术、人才等要素，成功引进阳春新钢铁环保技改搬迁项目、阳春海螺水泥项目、阳春华润水泥项目、阳春新兴铸管项目等重大工业项目，精心打造东莞长安（阳春）产业转移工业园、南山—石菉工业园和春湾水泥生产基地，有力促进规模以上工业总产值加快增长和三次产业加快发展，不断加速经济总量明显扩张和财政收入明显增长。

2013 至 2015 年，阳春老区工业经济较快增长。2015 年实现规模以上工业总产值 443.6 亿元、增加值 94.8 亿元，分别增长 12.3% 和 12.5%，工业对经济增长贡献率达 51.6%。工业大项目

建设扎实推进。阳春海螺水泥二期日产 1.2 万吨新型干法熟料生产线竣工投产。阳春新钢铁炼钢饱和蒸汽发电项目建成使用。阳江抽水蓄能电站移民安置区、交通洞、上下库区连接道路等工程动工建设。有色金属循环、春潭水泥技改、双兴水晶玻璃、兴业太阳能农光互补等项目全面建设。推动产业园区扩能增效。整合南山、马水工业片区，成功申报省级产业转移工业园南山产业集聚区；马水片区基础设施和阳春新兴铸管等项目动工建设；加强与珠海香洲区合作共建，新吉园区工业规模不断扩大，新建成投产项目 3 个，引进项目 7 个，在建项目 19 个，实现工业总产值173 亿元，增长 9.1%。产学研共建切实加强，科技进步对经济增长的贡献逐年提高。科技创新能力有效提高，新增省级工程技术研究中心 1 家；专利申请量 437 件，增长 189%；专利授权量 242件，增长 89%。

2015 年全市实现生产总值 359.7 亿元，增长 8.3%；人均生产总值 41147 元，增长 7.6%；地方公共财政预算收入 12.6 亿元，增长 5.4%；固定资产投资总额 146.3 亿元，增长 7.6%；外贸进出口总额 20184 万美元，增长 4.9%；金融机构存款余额 285.4 亿元，贷款余额 132.7 亿元，分别增长 18% 和 13.3%。产业结构持续优化，三次产业比例调整为 16.6∶39∶44.4。

2017 年着力扩投资，重点项目有效推进。把项目作为加快发展的重要抓手，做到建设项目与引进项目双轮驱动，有效投资不断扩大。全市固定资产投资 120.3 亿元，增长 11.7%。重点项目加快建设。56 个重点项目完成投资 39.9 亿元。汕湛高速公路松柏至八甲段、省道 369 线春湾至罗阳段升级改造、220 千伏旗鼓岭（潭水）输变电工程等 9 个项目投入使用。合水大桥改建工程基本完成。中阳高速公路阳春段、阳江抽水蓄能电站和大河水库移民避险解困（二次搬迁）等 29 个项目加快推进。引进项目取得实效，坚持"走出去"与"请进来"相结合，赴珠三角、长三角等地开展招商活动，引进中国砂仁产业电子商务基地、兴阳机械等 14 个项目，总投资 39.7 亿元，其中超亿元项目 11 个。

2017 年，阳春老区规模以上工业总产值 356.9 亿元、增加值 67.1 亿元，分别增长 3.3% 和 4.9%；外贸进出口总额 15.2 亿元，增长 5.7%；社会消费品零售总额 240.4 亿元，增长 8.4%。

二、农业稳市，科技兴农，现代农业持续发展

2013 年以来，阳春老区加快现代农业发展步伐，走绿色发展之路。大力推进春砂仁、马水桔、蚕桑、花卉、油茶、火龙果、淮山、生猪、淡水养殖、林木等特色农林水产业规模化、产业化，深化农产品加工，大力发展休闲观光农业。重点打造"十大基地"：优质粮食基地、南药基地、水果基地、蚕桑基地、甜玉米基地、蔬菜基地、花卉基地、禽畜基地、淡水养殖基地、商品林基地。

农业结构不断优化，春砂仁、马水桔、蚕桑、花卉等特色农业规模化、产业化进程加快，农业龙头企业和农民专业合作组织不断壮大，母猪存栏量、仔猪外销量、桂花鱼苗年输出量居全省前列，植树造林 27.2 万亩。现代农业持续发展。转型优化种植业，建立良种柑桔无病害繁育基地，引种火龙果、坚果、油茶、板栗等山地特色经济作物 1.8 万亩。新创建阳江市级现代农业园区 5 个，新增阳江市级农业龙头企业 3 家、农民专业合作社 110 家。农业机械总动力 31.5 万千瓦，增长 4%，水稻机耕率达 95%。建成高标准基本农田 15.05 万亩。西山河治理及 35 宗小型水库除险加固工程全面完成。农业发展创品牌。举办珠海帮扶阳春精准扶贫成果展暨阳春特色农产品展销活动，农业品牌进一步打响，金花坑春砂仁获得国家地理标志产品保护，新增省名牌产

品 2 个。

加快特色农业发展，新增南药等特色经济作物种植面积 1 万多亩。

2017 年，抓住绿色发展这一主线，着力优化环境，生态保护不断加强。以"两考"①为抓手，加强生态建设和环境保护，绿色发展水平进一步提高。生态建设扎实推进。森林碳汇林完成5950 亩，建成生态景观林带 172.8 公里、新增森林公园 3 个，绿化美化乡村 33 条，森林覆盖率 67.7%，春湾镇被评为广东省森林小镇。环境整治成效明显。全面落实"河长制"，设立各级河长 505 名，整治禁养区、禁建区畜禽养殖场 11 个，漠阳江水环境质量总体达国家优良标准。

农业基础设施不断完善，2014 年 31 个高标准基本农田建设项目基本通过阳江市级验收；2015 年 28 个高标准基本农田建设项目已完成县级验收；2016 年 9 个高标准基本农田建设项目已开工建设；2017 年高标准基本农田建设项目已选定项目区范围并开展测量工作。

粮食播种面积 92.6 万亩，总产量 31.2 万吨，粮食面积和产量多年保持稳定。特色农业生产规模不断扩大，水果种植面积61.19 万亩；桑园种植面积 8.9 万亩；花卉苗木种植面积 30.3 万亩；南药种植面积 15.4 万亩。畜牧渔业平稳增长，全市生猪存栏量 74.08 万头，增长 4.2%；渔业总产量 4.4 万吨、总产值 5.3 亿元，分别增长 3.4% 和 3.8%；人工孵化鱼苗 3270 多亿尾，增长4.8%。现代农业园区进一步发展，新增农民专业合作社 18 家，有 3 家市级农民专业合作社升级为阳江市级农民合作社示范社，建成一批特色优势农业示范基地和良种柑桔无病害繁育基地。农

---

① "两考"是指环境保护责任考核和污染减排考核。

业机械化水平稳步提高，全市农业机械总动力达 32.25 万千瓦。

2017 年全市农业总产值 101.8 亿元，增长 1.0%。

三、商旅旺市，擦亮名片，现代服务业加快发展

阳春老区把旅游业、现代服务业作为结构调整和产业升级的战略支柱产业，充分利用人文、自然等资源优势和作为珠三角对接粤西的交通中枢优势，把"中国优秀旅游城市"这张名片擦得更亮，加快旅游资源的大整合和大开发，构建科学合理的黄金旅游线，按照"食、住、行、游、购、娱"系列开发的要求，搞好配套设施，高品位塑造旅游品牌，高标准树立旅游形象；以旅游业为带动，依托大交通，构建大物流，培育大市场，形成大商圈，加快现代服务业发展。

第三产业加快发展，专业市场、大型连锁销售等流通服务网络不断健全，全市接待游客人次、旅游总收入、房地产投资大幅增长，碧桂园、铂金湾、恒生壹号广场、国鼎中央公园等一大批房地产项目加快建设，房地产开发投资完成 26.7 亿元，增长 102.3%。社会消费带动能力显著增强。2017 年全市社会消费品零售总额 242.1 亿元，比上年增长 8.9%。品牌带动战略取得明显成效。

商贸旅游日益兴旺。《阳春市旅游发展总体规划》通过专家评审，《阳春市生态旅游发展规划》制定实施，加强对生态旅游资源保护与开发，着力推进春湾旅游强镇、鸡笼顶景区规划建设，加快一批旅游配套设施改造升级，修建景区道路 11.9 公里。

2017 年，凌霄岩 4A 景区复核通过省检查验收，市政府与香港廊桥投资集团有限公司等企业签约旅游项目 5 个、总投资 45.7 亿元，举办阳春特色旅游展销会、首届春砂仁文化节等活动，接待游客 343 万人次，旅游总收入 55.2 亿元，分别增长 25.6% 和

26%。春湾石林景区玻璃栈道向游客开放，2018 年接待游客比 2017 年翻番。

2017 年全市经济社会保持平稳健康发展。预计全市实现生产总值 379.3 亿元，增长 5.9%。其中第一产业 60.4 亿元，增长 1.4%；第二产业 120.9 亿元，增长 6.0%；第三产业 198 亿元，增长 7.3%。三次产业比例调整为 15.9：31.9：52.2。城镇农村常住居民人均可支配收入分别为 25486.71 元、14707.83 元，分别增长 8.2% 和 9.7%。地方一般公共预算收入 11.3 亿元，增长 11.7%。固定资产投资总额 120.3 亿元，增长 11.7%。外贸进出口总额 15.2 亿元，增长 5.7%。金融机构存款余额 324.9 亿元，增长 6.7%；贷款余额 166 亿元，增长 10%。2017 年与 2012 年相比，全市生产总值增长 43.2%，人均生产总值增长 39.2%，规模以上工业总产值增长 6.3%，地方公共财政预算收入增长 35.1%，固定资产投资总额增长 29.2%，外贸进出口总额增长 117.8%。全市经济实力稳步提升。

第二节 文化教育卫生科技事业呈现新气象

一、文化事业异彩纷呈

大力发展文化事业，蓬勃开展群众性文体活动，2013 年 6 月举办"粤韵欢歌耀阳春"——阳春市首届粤剧周活动。2015 年 9 月举办"粤韵情缘连两广"——阳春市第二届粤剧周活动。扩大对外文化交流，鼓励地方文艺创作，2014 年，本土作家出版了《水墨阳春》《阳春传奇》《华叔话阳春》等 20 多部文学作品。阳春人写阳春人的本土题材廉政粤剧《番薯县令》被列入阳江市宣传文化 2015 "十大亮点工作"之一，2017 年获广东省精神文明建设"五个一工程奖"。2017 年 8 月应中国戏剧文学研究会邀请赴北京梅兰芳大剧院演出，在全国近 3000 个县之中，阳春市粤剧团首例走进最高戏剧殿堂，赢得戏剧界专家和京城观众的赞誉。2016 年，阳春市获得"广东省戏剧之乡"称号。文艺事业的繁荣发展，大大增强地方文化软实力。加强非物质文化遗产保护弘扬，石望镇梁镇南将军府炮会和陂面镇重阳圩分别升级为广东省和阳江市级非物质文化遗产项目。完善以市镇村为重点的普惠型公共文化服务体系，继续推进市图书馆、文化总馆分馆（试点）建设工作，确定岗美、河口、春湾、马水、陂面五个镇为分馆，每个分馆下设 3 个基层服务点，形成以市图书馆为龙头，以镇（街道）文化分馆为枢纽，以村（社区）文化服务点为基础的三级公共文化服务网络。新建村级文化室 41 间，送戏下乡 968 场，放映农村公益电影 3708 场，公共图书馆、文化馆、美术馆、文化站免费向社会开放。全民健身十分活跃。参加体育竞技成绩优异。培育发展乡村生态旅游业、根雕雅石会展业和编织类旅游工业品制造业，加快文化体制改革步伐，积极发展广播电视事业。2013 年 1 月 1 日至 2016 年 5 月 31 日，阳春广播电台开设一档具有地方特色的节目《阳春话话阳春》，主播用阳春地方方言，将老区的经济社会变化，风土人情介绍给听众，共播出 1115 期，受到老区人民的喜爱。至 2017 年底，阳春老区已实现广播电视"户户通"。自然村落历史人文普查工作扎实开展。第一次全国可移动文物普查工作全面完成。档案工作迎来新局面，规划建设新档案馆工作已正式启动。

二、教育事业取得新突破

充分发挥科教对经济社会发展的先导作用，把科技进步和创新作为加快转变经济发展方式的重要支撑，突出"科技第一生产力、教育第一基础、人才第一资源"，增强科技创新能力，提高教育发展水平，壮大人才队伍，通过科技进步、教育固本、人才支撑，加快把发展转到依靠科技进步、劳动者素质提高和管理创新的轨道上来。

加快教育事业发展，基本实现全国中小学互联网接入率达到 100% 目标，全市中小学均具备多媒体教学条件。加快村级公办幼儿园建设，学前教育三年毛入园率达 93.8%；义务教育均衡优质发展，全面落实就近免试入学制度；进一步优化城区教育资源，兴建华南师范大学附属阳春学校、春州小学、兴华小学，春城一小文塔分校开学，德恒实验学校落成开学（其中，华南师范大学附属阳春学校，德恒实验学校为民办学校），推动教育多元化发展。完成岗美、石望等老区镇学校布局调整，16 个镇（街道）教育创强任务全面完成，成功创建省教育强市，通过国家义务教育发展基本均衡市督导验收。2017 年教育事业取得新突破。小学、初中阶段教育实现均衡发展，在校学生数为：小学 85256 人，初中 28743 人，高中中职 26075 人。高考本科上线率刷新历史纪录，大专院校录取 5980 人，1 人被清华大学录取。

三、医疗卫生造福老区人民

党的十八大以来，累计投入资金 2.6 亿元，新建医院综合大楼 18 幢。一批市级医院大楼、镇级卫生院综合楼投入使用。2013 年将阳春市口腔医院综合大楼建设列入"十大民生工程"之一，建筑面积 5300 平方米综合大楼于 2015 年 9 月 20 日落成启用；阳春市妇幼保健院儿科综合大楼，占地 2243 平方米，楼高 16 层，使用面积 29468 平方米，设置床位 450 张，于 2016 年 4 月 20 日落成启用。医疗卫生设施加快建设，市第三人民医院、市公共卫生医院动工兴建，市人民医院新住院大楼等项目有序推进。顺利通过省卫生城市复审。中医药服务体系不断完善，全市所有镇卫生院、社区卫生服务中心均建有中医馆，荣获"全国农村中医药工作先进单位"称号，全市组建 129 个家庭医生团队开展家庭医生签约服务工作，常住人口签约率 54.5%，重点人群签约率 63.9%。实行"科教兴医"，多渠道提高医护人员专业水平。在全市普及"全国亿万农民健康促进行动"，基层医疗服务能力排在全省前列。

推进城乡建设，塑造城市形象

　　党的十八大以来，阳春老区以大手笔推动城乡建设。集聚要素，促城乡区域加快协调发展。按照"科学规划、分步实施、创新经营、快速发展"的城建思路，以经营城市为突破口，以完善设施为切入点实行以城养城、以城兴城、以城建城，以大气魄拉开市区框架，以大手笔加强中心镇建设，以大成效加快交通、电力、水利等基础设施建设，促进人口集中、产业集聚、功能集成，提升品位与优势，形成相适应的辐射带动能力，为实现区域发展大推进提供有力支撑，为加快阳春发展大跨越构筑全新载体。

　　实施点轴发展模式，加快城乡协调发展。综合考虑各地资源禀赋、区位条件和经济社会发展水平等因素，进一步完善区域发展思路。按照"二轴、三带、六点"的发展布局，实施"点轴结合、带状推进、辐射带动"，以省道 113 线、春南大道为主轴线，串连市区和春湾镇、合水镇、潭水镇、八甲镇、岗美镇六点，打造新型工业化推进带、第三产业发展带、绿色观光产业带，辐射带动其他区域发展。工业发展主体功能区以新型工业化为发展导向，以园区、基地为载体，打造重要经济增长极，中部、东部发展特种钢、电子电器、机械制造、医药等主导产业，南部发展钢铁、有色金属、五金加工、机械装备，北部发展水泥产业。西部粮食生产主体功能区以农业为主导产业，积极发展特色农业、生态农业、观光农业、休闲农业，加快发展现代旅游业，适度发展针织、建筑材料、手工艺品生产及机械装配。西部、南部、北部旅游生态主体功能区以现代旅游业和休闲观光农业为主导产业，立足区域内旅游资源丰富这一优势，通过合理规划、市场运作、综合开发，将旅游业培育成经济发展新的增长极，形成大旅游格局。

加快城镇化进程，加强规划、建设和管理，不断优化城乡发展环境，创建省级园林城市。打造"一江两岸"魅力风情长廊、河东商贸中心和现代化商住旅游文化区、河西现代商住区"三大板块"，重点完善春南、春北大道和阳春大道出口、环城"两大路网"，建好漠阳江四桥（新吉大桥）、五桥（鱼王石大桥）"两大桥梁"，建设东湖生态公园、沙岗公园、大华岭公园、文塔和旗岭特色公园"五大公园"，规划建设好城市标志性文化建筑、市体育运动中心、市文化艺术活动中心等公共设施，绿化、亮化、净化、美化市区。

城市品位不断提升。加大对新型城镇化建设投入，成功创建省园林城市。市区规划建设投入大手笔。完成城市总体规划、市区总体规划修编，阳春大道二期、漠阳江五桥（鱼王石大桥）建成通车，市区一环路、"五横三纵"主干路网基本形成，广州至湛江高速铁路客运专线阳春段全长33.54公里，其中途径春湾镇12.28公里/合水镇12.47公里/春城街道8.79公里。在革命老区蟠龙村建设"阳春东站"，市成立广州至湛江客运专线阳春段项目建设指挥部。市区框架拉大至50平方公里，城市综合功能日趋完善，城市管理全面加强。基础设施建设迈出大步伐。罗阳高速公路阳春段、汕湛高速公路阳春段全线通车，中阳高速公路阳春段正在动工建设，分别完成省道、县道改造升级187公里和85公里，新建农村硬底化公路750公里。电力、水利、通信等一大批工程项目相继建成，全市各项基础设施不断完善。镇村建设水平实现大提升。深入实施主体功能区发展战略，镇街总体规划加快修编完善街道行政区域划分和中心镇"九个一"工程全面完成，春湾镇列入全国重点镇，全市城镇化率由 2011 年的 42% 提高至 46.6%。

第四节 新农村建设欣欣向荣

一、脱贫攻坚，成绩显著

新时期脱贫攻坚扎实推进，实施"六个精准"扶贫。严格落实"一把手"扶贫责任制，提升贫困村基础设施和基本公共服务水平。因地制宜，分类实施发展生产、就业扶持、医疗救助、教育扶贫、低保兜底等精准扶贫措施，确保 2018 年全面实现贫困人口全部脱贫、贫困村全部出列。全市共有省定贫困村 55 个，其中省直单位定点帮扶 7 个，珠海市对口帮扶 44 个，阳江市和阳春市各帮扶 2 个。至 2017 年底全市累计筹集各级财政扶贫资金 2.33 亿元，实际使用资金 2.03 亿元。成功打造规模化产业基地 49 个，举办珠海帮扶阳春精准扶贫成果展和阳春特色旅游及农产品展销会，建立产供销对接有效机制，辐射带动贫困户发展增收；与企业合作建设总容量为 200 兆瓦的马水镇石箓铜矿区光伏扶贫电站、陂面镇硫铁矿区光伏扶贫电站和黑石岗硫铁矿区光伏扶贫电站项目。同时，建设陂面镇南河、春湾镇大垌、河西街道崆峒、圭岗镇山塘、马水镇马水等村级光伏扶贫项目，使全市有劳动能力贫困户至少拥有一个资产收益项目，顺利通过年度扶贫成效考核。认真落实中央、省委关于扶贫开发的系列决策部署，不断创新扶贫开发思路，大力推进脱贫攻坚和省定贫困村创建新农村示范村工作。全市 55 个省定贫困村共有 915 条 20 户以上自然村，全部成立村民理事会，下拨创建新农村示范村建设省财政资金5.1亿元，组织群众筹集"三清理三拆除三整治"资金867.7万元，基本完成工作任务。

2017年共有1.4万相对贫困人口落实相关政策并实现脱贫，超额完成上级下达的1.3万人年度脱贫任务。

二、解决饮水难，建设宜居村

新农村建设以民生为切入点，解决农村生产生活困难，创造老区人民宜居宜业环境。为老区人民解决饮水难问题，按"农村饮水困难工程建设""农村饮水安全工程建设"和"阳春市村村通自来水工程"三个阶段进行，通过镇级水厂扩网或者引山坑水建设联村供水管网等方式建设，逐步解决阳春市农村人口饮用水的问题。阳春市有老区村的15个镇（街道）149条行政村中有49条百分百供水，部分通自来水的有79条，未通自来水的有21条。其中2000年至2005年农村饮水困难工程共建设6宗；2007年至2012年农村饮水安全工程共建设27宗，总投资16372.4万元，建设总规模65205吨/日，共解决36.5万人的饮水安全问题。2016年至2017年阳春市村村通自来水工程一期工程共建设15宗，总投资6543万元，建设总规模54100吨/日，共解决20.8万人的饮水安全问题。2018年提出村村通建设方案，正在进行实施，该工程完成后，全市农村人口可以实现行政村村村通自来水覆盖率达到95%，农村自来水普及率达到91%，农村生活饮用水水质合格率达到90%以上。

以危房改造为突破口，对全市农村危房、泥砖房排查，作出规划安排，向村民公示，分批实施，2013年至2017年共安排资金6657万元，完成了15108户危房改造，昔日随处可见的泥砖房，随着新农村的建设已经不复存在。农村居住环境日益改善，村民文明素质明显提升。创建文明村活动普遍开展。革命老区村的合水镇高河村、岗美镇轮塘村被评为"全国文明村"。

在省定51条贫困村的915条自然村开展新农村示范村建设，列入市"十件民生大事"。落实层级责任制，做到事事有人抓、有人管。抓好村村通自来水，村道硬底化、垃圾收运处理、污水处理和标准化公厕等项目建设。示范村的文化室达到有综合文化活动室、有阅览室（含图书阅览和电子阅览）、有文体活动广场、有宣传橱窗或阅报栏、有文体器材。贯彻实施乡村振兴战略，2018年底前实现县城乡村建设规划全覆盖，2020年实现村庄规划全覆盖。

党的建设全面加强，老区发展坚强保障

第五节

阳春革命老区的发展，坚持以党的十八大精神为指引，紧紧依靠党的领导，依靠人民群众的支持，坚持做到铭记光辉历史，传承红色基因，激励广大党员干部不忘初心、奋发有为建设好阳春革命老区。

一、铭记光辉历史，传承红色基因

市委、市政府十分重视老区建设工作，遵照习近平总书记在建军 90 周年前夕参观中国军事博物馆时要求全党、全军都要铭记光辉历史、传承红色基因的指示，在全市范围内挖掘和抢救战争年代革命旧址、革命遗址及革命先烈遗物，做好修缮修复和保护工作。建立教育基地，让党员干部、青少年得到红色教育、心灵洗礼、素质提升。

在春城革命根据地建设中共广南分委、广南军分委、中共阳春县委、县人民民主政府纪念园。纪念园于 2017 年 8 月 1 日落成。规划中共广南分委、广南军分委、中共阳春县委、县人民民主政府成立遗址修缮，该工程正在进行中。已修缮好阳春农村第一个先农乡党支部旧址，设置 100 多平方米的课堂，省委宣传部确定为"红色讲习所"。2017 年 10 月 22 日又修缮好"广东人民抗日解放军第六团"成立旧址。先后修建好河口镇革命烈士纪念碑、春湾山中间村烈士纪念碑、岗美轮塘烈士墓、圭岗大垌韩望

生烈士墓等 10 多处。

铭记革命先烈的光辉事迹，把先烈精神作为教育后代的生动教材。韩望生烈士是辽东人，参加辽沈战役，在战斗中提升为连长，南下解放阳春后留下协助剿匪。韩望生接到命令后，当天晚上率领连队从三甲古山村连夜出发，经过永宁镇跨入云雾山脉，走羊肠小道、深山老林，赶到圭岗与信宜边缘地剿匪，在战斗中身负重伤，回程路上不治，光荣牺牲，葬在圭岗大塱村。老区人民始终不忘这位身经百战、伤痕累累的战斗英雄。当地群众、学生每年清明都为韩望生连长扫墓。2019 年清明节前又将烈士墓修缮得更庄严、更有气势，体现了老区人民永远不会忘记革命先烈付出生命的光辉精神。将光辉精神一代一代传下去，发扬光大，激发老区人民投入建设社会主义现代化伟大事业中来。

"铭记光辉历史、传承红色基因"，首先从青少年抓起。为把红色基因传承下去，为使红色基因不失传，市老促会在市委、市政府高度重视和大力支持下，搜集、编写、制作阳春革命历史图片，在全市中学、小学的图书馆、会议室永久展示。学校根据课堂安排，集中上课讲解，特别对入校新生进行第一课教育。使广大青少年得到启迪，知道今天的幸福生活来之不易，把红色基因印在每一个青少年脑海里，使广大青少年明白今天伟大的中华人民共和国是从全国革命老区走过来的，牢记革命老区精神，要好好学习，从小激发对老区、对红色传统的感情，把革命烈士伟大精神弘扬光大，把学到科学文化知识投入到建设革命老区中去。

在革命老区村，结合美丽乡村建设，在文化室悬挂全市革命历史图片。启迪群众知道过去历史，牢记自己是革命老区后代。老一辈老区人民能够在战争年代为建立新中国贡献一切力量，前辈做到的，后人能传承，把这种精神转变成为动力，在建设中国特色社会主义新时代，建设美满幸福新农村作出更大贡献。

　　岗美镇潭簕村是 2018 年省委组织部确定的"红色村党建示范村"，市委、市府十分重视红色村的建设，投入 1500 万元建设包括红色展馆、红色长廊、红色舞台、党旗广场、停车场等总面积 6350 平方米的红色党建文化主题公园，提炼红色文化符号运用于景观小品设计中，并设置战争场景微缩景观，当地革命先烈塑像、纪念塔、纪念亭等构筑物，强化红色文化氛围，打造成为红色文化宣教区。保持修复铺仔寨交通联络站旧址和铺仔寨流动收税点遗址，建设"红色一条街"，做好规划，按照"修旧如旧"的原则，把潭簕古圩打造成"红色一条街"，重现潭簕古圩原有繁荣景象。挖掘整理出一批红色革命史料，开展红色故事征集，对老战士、老干部、老党员和亲历者进行采访，编写《潭簕红色村故事》，挑选红色后代做讲解员讲好革命故事。注重党史研究成果转化，运用"互联网＋"手段，制作红色文化宣传片，推进一批有阳春特色的红色文化作品。建设一个有规模红色旅游村，吸引广大市民和游客云集，宣传潭簕村战争年代光辉业绩和贡献，传承红色基因使革命老区精神永远在漠江红色土地上传播。激励阳春老区人民加倍努力，团结一致，在以习近平同志为核心的党中央领导下，在建设中国特色社会主义新时代更加奋发有为。

二、全面加强党的建设

　　为老区发展提供坚强政治保证，突出抓学习提素质。坚持以各级党委中心组为龙头，以党校为阵地，以干部大规模培训为载体，切实加强党员干部的学习教育，强化干部队伍的综合素质。坚持以上率下、动真碰硬，深入开展党的群众路线教育实践"三严三实""两学一做""治庸治懒治散""工作落实年"等一系列专题学习教育。在党的群众路线教育实践活动中，结合实际创新开展"五到"活动，市级班子成员共收集各种意见建议 320 多条，帮助基层群众解决诉求和困难 180 多件；市委班子成员带头坚决反对形式主义、官僚主义、享乐主义和奢靡之风，深入整改"四风"等方面突出问题 13 个，修订或新建市委工作规章制度 22 项，有力带动全市干部队伍思想政治明显加强、工作能力明显提升、服务作风明显改进。

突出抓基层打基础。加大党委书记抓基层党建、领导干部驻点直联群众、整顿软弱涣散党组织、基层治理等工作力度。其中，在领导干部驻点直联群众工作中，全市驻点团队共走访群众 26.5 万户，化解矛盾纠纷 1800 多件；在整顿软弱涣散的党组织工作中，突出整顿农村社会矛盾最突出、历史遗留问题最迫切、基层组织建设最薄弱的村（社区），通过市委班子挂钩负责、镇级党委协调管理、整顿对象自我落实。推动软弱涣散的基层党组织得到不同程度转化提升，同时，切实加强基层干部培训，着力打造基层党建品牌，"大学生村官"工程、"春苗"工程、"技能村官"工程、"阳光财务"工程和"双创双争"活动取得实效，机关、学校、国企、"两新"组织等领域党建全面加强。

突出抓导向强队伍。严格按照"信念坚定、为民服务、勤政务实、敢于担当、清正廉洁"20 字好干部标准，坚持从急难险重任务、重大项目建设、基层一线工作中选人用人，牢固树立"德才兼备、崇尚实干、注重实绩、重视基层"的用人导向。严格执行《党政领导干部选拔任用工作条例》，认真落实市委常委会干部任免事项投票表决办法，做到公开公平公正选人用人，着力选好配强各级领导班子，确保最能干的干部重用到关键部门、最优秀的干部提拔到重要岗位。2012 年阳春市被评为全省提高选人用人公信度示范县，2016 年镇级换届新进班子成员中属基层一线或有基层工作经历的干部占 87%。同时，在全省县级地区首创"人才服务集中代办制度切实加大招才引智工作力度，共选拔出市管拔尖人才 46 人，为各项事业发展提供智力支撑。

突出抓党风促廉政。认真履行党风廉政建设党委主体责任，把任务横向分解到各班子成员，纵向落实到各基层党组织，使党风廉政建设层层有责任、人人有担子。全面贯彻中央八项规定，持之以恒纠正"四风"，不断改进机关作风，深入开展党纪政纪法纪培训，切实加强党员干部纪律教育，强化领导干部权力制约监督，注重从源头上防治腐败问题。2014 年开始一律不准新购买公务用车，一律严禁新建或高级装修楼堂馆所，压减"三公"经费开支，降低公务活动成本。以铁的手腕惩治歪风邪气，用硬的腰杆弘扬清风正气。

市委始终坚持总揽全局、协调各方，管全局、管方向、管政策。加强党领导经济社会工作的制度化、法治化、专业化建设，完善党委研究经济社会发展战略、定期分析经济形势、研究重大方针政策的工作机制，健全决策咨询机制，切实提高各级党委和领导班子领导经济社会发展的能力。加强党的领导，凝聚各方力量，不断巩固和发展团结民主、干事创业的良好局面。鼓舞老区人民与时俱进，求真务实，开拓创新，奋勇前行，把阳春革命老区早日建成小康社会。

附　录

附录一 革命旧址

中共先农乡党支部旧址

广东人民抗日解放军第六团成立旧址

春湾银行旧址

阳春蟠龙观音山医疗站旧址

中共阳春县委成立旧址

中共两阳特派员李信工作居住地旧址

中共阳春县委联络站旧址——永生堂

中共广南分委、广南军委成立旧址

粤中区第一个县级人民政权——阳春县人民民主政府成立遗址

岗美潭簕铺仔寨交通联络站旧址

牛山岭革命烈士纪念碑（为纪念在马头山战斗中牺牲的烈士而建）

中共阳春分委旧址——
屯堡小学

邓水生故居

严中孚烈士故居

郑宏璋故居

附录二

革命文物

陈必灿遗书（部分）

陈必灿烈士证

1937 年 8 月 24 日复刊的《阳春日报》

《阳春日报》关于青年群阳春分社成立
的报道

《阳春日报》关于救亡宣传活动的报道

《阳春日报》关于前线慰问团的报道

《阳春日报》上的悬赏布告

中共广南分委、广南军分委成立的通知

关于成立广阳支队的通知

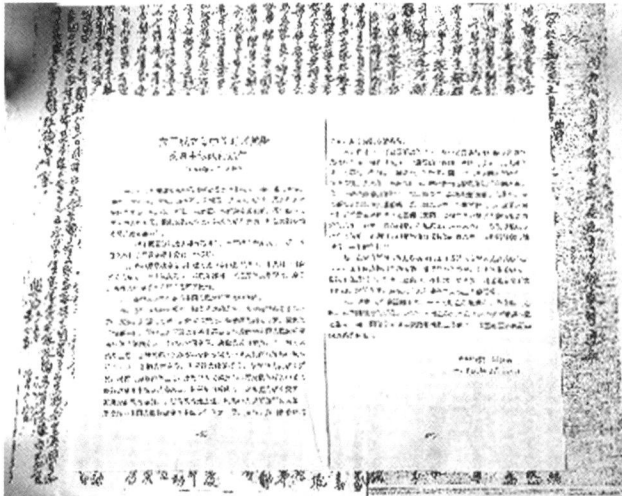

粤中分委、军分委发出的《关于成立粤中临时区党委和粤中纵队的通知》

报纸报道春湾解放的消息

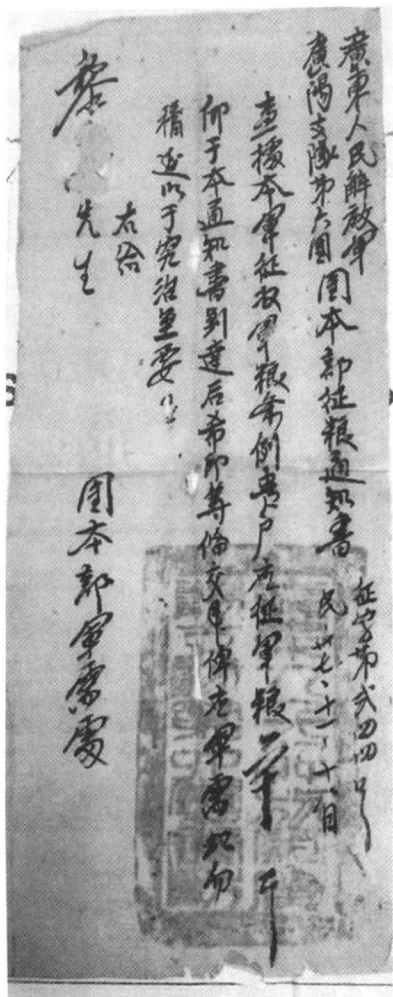

征粮通知书

粤中《人民报》报道粤中纵队成立

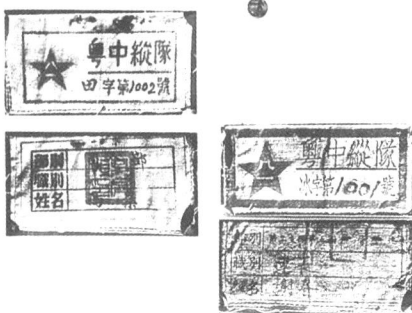

粤中纵队指战员佩戴的胸章

关金券

六〇炮

我地嘅队伍好似一条龙

（粤中纵队队歌，广州方言）

作词：符公望
作曲：郭 杰

1=G 2/4

（5̣ 5̣ 1 | 5 - | 5 6 3 | 2 - | 5 5̣ 3 | 2 5 |

6 3̣2 | 1 -) | 5̣ 5̣ 1 | 5̣ 5̣ | 5.6 5̣ 3 | 2 - |
我 地 嘅 队 伍 好 似 一 条 龙，

5̣ 5̣ 3 | 2.3 3̣2 1 | 6̣.2 7̣ 6̣ | 5̣ - | 5̣ 5̣ 6̣ | 1.2 3 5 |
飞 到 西 来 又 到 东。 一 飞 飞 到

6̣.5 3̣2 | 3 - | 5̣ 5̣ 3 | 2.3 3̣2 1 | 3.5 7̣ 6̣ | 5̣ - |
平 阳 地， 一 飞 飞 到 大 山 中。

5̣ 5̣ 1 | 5̣ 5̣ | 5.6 5̣ 3 | 2 - | 5 5̣ 3 | 2.3 3̣2 1 |
我 地 嘅 队 伍 好 似 一 条 龙， 打 仗 场 场

6̣.2 7̣ 6̣ | 5̣ - | 5 0 1 0 | 2 0 3 0 | 6̣.5 3̣2 | 3 - |
立 大 功， 包 围 敌 人 好 似 铁 桶，

5̣ 5̣ 3 | 2.3 3̣2 1 | 3.5 7̣ 6̣ | 5 - | 5̣ 5̣ 1 | 5̣ 5̣ |
消 灭 蒋 军 快 如 风。 我 地 嘅 队 伍

5.6 5̣ 3 | 2 - | 5 5̣ 3 | 2.3 3̣2 1 | 6̣.2 7̣ 6̣ | 5̣ - |
好 似 一 条 龙， 乘 龙 都 系 靠 民 众，

5̣ 1 | 2 3 | 6̣.5 3̣2 | 3 - | 5 5̣ 3 | 2 3 2 1 |
要 为 人 民 多 努 力。 解 放 全 国

2.3 5 6 | 1 - ‖
直 到 广 东。

第1页

先农中心小学校歌

（创作于1939年）

郑宏璋 词
李希果 曲

1=F 2/4

3 3̣2 | 1 5 | 3 3̣2 | 1 1 0 | 2 2 1 | 2 1 2 | 5 5.6 | 5 0 |
这儿是 我们 集合的 地方， 我们 就在 这儿 手拉着手.

3 3.5 | 3 3 0 | 2 2.3 | 2 2 0 | 1 5 | 1 2 | 5 4 5̂6 5 |
紧张的 生活， 紧张的 学习， 锻炼 头脑， 锻炼 身体.

5 5 6 | 5 3.2 | 1 1 0 | 2 2 3 | 2 1.6 | 5 5 0 | 1 1 2 | 3 3.2 |
为了儿 童们的 将来， 为了 新中国的 前途， 我们要 坚定地

5 5 5 0 | 6 5 3 | 2 2 0 | 6 5 3 | 2 3̂1 | 1 - ‖
站 起来。 英勇地 战斗， 英勇地 战 斗!

革命歌曲

革命人物

　　严中孚（1905—1927），男，阳春县交简乡下中村（今阳春市石望镇交明村委会下中村）人。1925 年参加共产主义青年团，1926 年转为中国共产党党员。他团结在广州读书的两阳（阳江、阳春）学生 20 多人成立"两阳革命青年社"，后发展到 50 多人，作为党的外围群众组织，定期组织学习马列主义理论，发展团员、党员。1926 年秋，严中孚于省立第一中学高中毕业，中共党组织安排他在广州从事工人运动，负责铁路、纺织工会工作，并为党筹集经费。1927 年 8 月初，由于叛徒出卖，国民党政府军警包围了他在广州的住所。他迅速烧毁中共党组织的名单和秘密文件，并开枪抵抗，终因寡不敌众而被捕。被捕后受尽酷刑，坚贞不屈，保守机密，从而保护了中共党组织和两阳革命青年社不受敌人破坏，8 月 13 日被杀害于广州红花岗。

严中孚妻子霍惠贞照片

　　严中孚的革命伴侣霍惠贞在严中孚被围捕时，机智避险，并产下烈士遗腹子，在后来的革命岁月里成为一名革命母亲。

陈必灿，阳春县潭簕乡走马坡村（今阳春市岗美镇那漠村委会走马坡村）人。1925年，陈必灿于阳江县立中学毕业，后参加中国共产党，被党组织派回阳江从事党务工作和工人运动，任国民党一区党部常委。1927年4月，陈必灿在阳江被国民党反动派逮捕，1928年9月5日被杀害于广州。

廖绍琏（1901—1986），阳春县河口乡肖背迳村（今阳春市河口镇石河村委会石迳村）人。1927年加入中国共产党，同年参加广州起义。抗日战争爆发后，与徐高爵筹组"大中文化社"，投身抗日救亡工作。1939年至1949年，先后任阳江县抗日动员委员会干事、阳春县参议会秘书等职。

吴铎民（1900—1928），阳江县城西乡华龙村人，广州农民运动讲习所第五期乙班学员，任中共阳江县支部委员。1927年，吴铎民以农民运动特派员身份被派到阳春，筹备阳春农会。同年，吴铎民、廖绍琏成立济难会，组织发动群众支援省港大罢工后返回广州的失业工人。4月，吴铎民在阳江被国民党反动派逮捕，1928年9月5日被杀害于广州。

谭作舟（1903—1928），阳江县雅韶乡（今阳江市阳东区雅韶镇）人。1924年负笈广州，后回阳江雅韶乡建立农民协会，1925年参加广州农民运动讲习所第五期乙班学习（期间参加中国共产党），毕业后由国民党

中央农民部派回阳江工作，任两阳农民运动办事处主任。1926 年 5 月，任中共阳江县支部委员，补选为国民党阳江县党部执行委员。1927 年 4 月，谭作舟在阳江被国民党反动派逮捕，1928 年 9 月 5 日被杀害于广州。

章沛，中共党员，1919 年 4 月出生于广州。曾任中共阳春小组组长等职。新中国成立以后曾任全国政协第六届、第七届委员，广东省社会科学院研究员，华南师范大学教授，广东省哲学学会第二届副会长等职。

叶镜澄，中共党员，1910 年出生于增城。1937 年 10 月，受中共广州市外县工作委员会委派来到阳春，以国民党阳春县抗敌后援会干事身份开展党的工作。

刘文昭（1915—1991），出生于广东阳春。1936 年 12 月加入中国共产党。曾任中共阳春小组组长、中共阳春县特别支部委员、中共春城支部书记。1941 年脱离党组织。

黄云（1921—2011），原名黄昌燨，广东阳春人，1938年8月参加中国共产党。曾任广东人民抗日解放军第一团副政委兼政治部主任、第六团团长，中共阳春县委书记，华东党校组织科科长，华东革命大学学部委员、教育科长，阳春县人民民主政府县长等职。新中国成立后，曾任中共广西壮族自治区副书记、自治区顾问委员会主任等职。

林举铨（1915—1952），男，阳春岗美人，1938年11月加入中国共产党。曾任中共春城支部书记，后经中共中区特委批准加入国民党，在国民党内曾任县级要职，长期从事党的统战工作。新中国成立后，曾任阳春县人民法院院长，县政府办公室主任，粤中专员公署财委秘书。

郑宏璋（1911—1983），广东阳春人。1939年8月加入中国共产党，曾任中共阳春县特别支部组织委员、中共阳春分委书记、广东人民抗日解放军第六团政委、中共台山县委组织部部长等职。新中国成立后，曾任中共中央党校科学社会主义教研室主任、教授等职。

伍伯坚，1922 年出生，广东台山人，1939 年加入中国共产党。曾任中共两阳工委委员、宣传部部长兼阳春特派员，中共阳春县委委员、宣传部部长，中共罗定县特派员，中国人民解放军粤中纵队第四支队十四团政治处主任等职。新中国成立后，曾任广东省劳动学会副会长等职。

谢立全（1917—1973），江西兴国人。1929 年参加中国工农红军，1931 年加入中国共产党，1934 年参加长征。1940 年从延安派到广东工作，曾任南（海）番（禺）中（山）顺（德）中心县委委员，广东人民抗日解放军代司令员，华东野战军第六纵队第 16 师政委、第三野战军第 30 军政委等职。新中国成立后，曾任中国人民解放军海军学院院长等职。1955 年，被授予少将军衔。

罗范群（1917—1994），广东梅县人，1934 年秋就读于广州中山大学，1936 年 9 月加入中国共产党。历任中共中山大学学生支部书记，中共广州市委书记，中共珠江三角洲中心县委书记，广东人民抗日解放军政委，华北军政大学政治部副部长、教育部副部长等职。新中国成立以后，曾任广东省委常委等职。

刘田夫（1908—2002），四川广安人，1934 年加入中国共产党。曾任中共广东西江特委书记、中共中区特委书记、广东人民抗日解放军政治部主任、中国人民解放军两广纵队政治部副主任等职。新中国成立后，曾任广东省省长等职。

郑锦波（1915—2015），广东恩平人，1936 年加入中国共产党。曾任中共恩平县工委书记，中共台山县委书记，中共中区副特派员，中共阳（阳春、阳江）茂（名）电（白）信（宜）地委书记，中共广阳（恩平、阳春、阳江、新兴和开平西部）地委书记，中国人民解放军粤中纵队第二支队司令员兼政委，中共粤中临时区党委委员等职。新中国成立后曾任中国人民解放军总政治部广州联络局副局长、政治委员（大校）等职。

陈明江，1916 年出生，广西防城人。曾任中共新鹤县工委书记，中共新会县委书记，新鹤人民抗日游击大队队长兼政委，广东人民抗日解放军第二团政委，中共两阳特派员兼阳春县委书记、阳春县特派员，十万山区地委书记，四属军政委员会副主任等职。新中国成立后，曾任武汉钢铁公司党委副书记等职。

李信（1919—2012），广东番禺人。1937 年 2 月参加革命工作，1938 年 5 月加入中国共产党。曾任中共连阳中心县委书记，中共小北江地区副特派员，中共阳春特派员，中共两阳特派员兼漠东县工委书记、漠南县工委书记，高阳地委委员等职。新中国成立后，曾任广州市政协常委等职。

左起谢创、吴有恒、冯燊、欧初

　　谢创（1905—1995），广东开平人。1932年加入中国共产党。曾任中共开平县委书记，中共东江前方特委书记，中共珠江三角洲工委委员，中共粤中区特委书记，中共广南分委常委，中共粤中临时区党委常委、中国人民解放军粤中纵队副政委兼政治部主任等职。新中国成立后，曾任广州市政协副主席等职。

吴有恒（1913—1994），广东恩平人。
1936 年 9 月加入中国共产党，曾任中共香
港市工委书记、市委书记，中共广州市委学
生工委书记，中共粤东南特委组织部部长，
中共广东省委港澳地区特派员，中共南路副
特派员、特派员，中共粤桂边地委副书记、
粤桂边人民解放军代司令员、副政委，中共
广南分委常委、军分委第一副主席，中共粤中临时区党委常委、
中国人民解放军粤中纵队司令员等职。新中国成立后，曾任广东
省第六届人大常委会副主任等职。

冯燊（1898—1970），广东恩平人，抗
日战争、解放战争时期江门五邑、粤中党组
织主要领导人。1925 年 7 月加入中国共产
党。曾任全国海员总工会组织部部长、全国
总工会执行局社会救济部副部长、中共粤中
特委副书记、中共西江特委书记、中共香港
市委书记、粤桂边区党委委员、中共广南分
委书记、广南军分委主席、中共粤中分委书记、粤中军分委主席、
粤中临时区党委书记、中国人民解放军粤中纵队政委等职。新中
国成立以后，曾任广东省政协副主席等职。

欧初（1921—2017），广东中山人。
1938 年参加广东青年抗日先锋队，1939 年
加入中国共产党，中山人民抗日义勇大队和
五桂山抗日根据地的创建人之一，曾任广东
人民抗日游击队珠江纵队第一支队队长，中

共粤桂边地委常委兼宣传部部长，粤桂边人民解放军政治部主任，粤桂边人民解放军东征支队司令员兼政委，中共广南分委常委、军分委第二副主席，中共粤中临时区党委常委、中国人民解放军粤中纵队副司令员等职。新中国成立后，曾任广州市人大常委会主任等职。

容忍之，男，广东新会人。曾任中共春城区委书记。新中国成立后，曾任新会县粮食局局长，新会县委委员，新会县政协副主席。

陈钧，男，广东新会人。曾任中共阳春春南区委书记。新中国成立后，曾任阳春县委委员、宣传部部长，湛江市《每日新闻报》总编辑，湛江市教育局局长，湛江市副市长。

陈运福，男，1929 年出生，阳春春城人，1946 年 3 月加入中国共产党。曾任中共阳春蟠龙支部书记，中共阳春春中区委委员，中共阳春春中区委书记。新中国成立后，曾任阳春县委副书记，阳春县人民政府县长。

陈池，男，1928 年出生，阳春春城人。1945 年 4 月加入中国共产党。长期担任西山区党组织负责人，曾任广东人民解放军广阳支队第六团五台连指导员。新中国成立后，曾任广东省总工会科长、广东省财贸工会副主席。

吴桐（1920—2003），广东东莞人，1939 年 10 月加入中国共产党。曾任中区武装负责人、中国人民解放军粤中第四支队副司令员、中国人民解放军粤中纵队第六支队司令员等职。新中国成立后，曾任南海舰队榆林基地参谋长等职。

谢永宽，原名谢锡爵，男，广东开平人。1938 年加入中国共产党。曾任中共北江特委委员，粤北路东地工委书记，中共中区特派员，中国人民解放军滨海总队政治委员，中共粤中临时区党委委员。

姚立尹，1922 年出生，广东阳江人，1945 年 2 月加入中国共产党。曾任两阳武装工作委员会领导成员（代号"夜"）、广东人民解放军广阳支队漠南独立大队大队长、阳江县人民民主政府县长等职。新中国成立后，曾任湛江市人大常委会主任等职。

陈庚（1926—2004），广东阳春人。曾任两阳武装工作委员会领导成员（代号"归"）、阳春县人民民主政府第一副县长、广东人民解放军广阳支队第六团政治处主任等职。新中国成立后，曾任梅州市交通局副局长等职。

罗杰（1925—2018），阳春河朗人。1939 年加入中国共产党，曾任云（浮）阳（春）边西山特区工委书记、云（浮）罗（定）阳（春）郁（南）边区办事处主任、中国人民解放军粤中纵队第四支队三团政治处副主任等职。新中国成立后，曾任广东省人大常委会委员等职。

曾昭常（1919—1952），广东阳春人，1939年加入中国共产党。曾任阳春县军事管制委员会委员等职。新中国成立后，曾任广东省总工会粤中办事处秘书兼财务审计等职。

陈枫（1926—2003），广东新会人。曾任两阳武装工作委员会领导成员（代号"人"）、阳春县人民民主政府副县长等职。新中国成立后，曾任广东省农垦总局副局长等职。

黎新培，1921年出生，广东阳春河口金堡人。1945年5月加入中国共产党，曾任中共春城中等学校学生工作支部书记、中共五区区委书记、中共金横区委副书记兼副区长、金横区中队指导员、金横区民兵总队总队长等职。新中国成立后，曾任阳春县人大常委会副主任等职。

　　鲁焰（1923—2003），原名鲁焕英，女，阳春春城人，1939 年 9 月加入中国共产党。曾任中共阳春妇女支部书记、新兴宠峒村交通站站长等职。新中国成立后，曾任佛山市第一人民医院副院长等职。

附录四 **革命先烈**[①]

（一）大革命和土地革命战争时期

严中孚，阳春石望交明人，中共党员，1927 年 8 月在广州被杀害，时年 22 岁。

颜永富，阳春松柏大塘人，中共党员，1927 年 12 月在广州起义中负伤后牺牲。

吴铎民，阳江人，中共党员，1928 年 9 月在广州被杀害，时年 25 岁。

陈必灿，阳春岗美那漠人，中共党员，1928 年 9 月在广州被杀害，时年 21 岁。

（二）抗日战争时期

林启荣，阳春春城街道人，中共党员，抗日自卫队政训员，1945 年 1 月在恩平县武装起义中牺牲，时年 27 岁。

黄选盛，阳春岗美麦垌人，抗日游击大队军事负责人，1945 年 3 月在阳春城东郊被杀害，时年 37 岁。

韦越，阳春春城七星人，战士，1945 年 3 月在阳春城被杀害，时年 28 岁。

李德胜，南海人，中队长，1945 年 3 月在阳春七星岭战斗中

---

① 英烈皆经阳江市民政局认可，烈士名单资料来源于《阳江史志》（2011 年 8 月）。

牺牲，时年 35 岁。

李宗望，阳春岗美岗北人，中共党员，司务长，1945 年 4 月在阳春城东郊被杀害，时年 42 岁。

梁平，中山人，战士，1945 年 4 月在攻打国民党阳春春湾区署战斗中牺牲。

（三）解放战争时期

陈朝积（陈志），阳春春城七星人，中共党员，副排长，1945 年 10 月在恩平垌底战斗中牺牲，时年 22 岁。

苏成富，阳春春城七星人，副班长，1945 年 10 月在恩平垌底战斗中牺牲，时年 27 岁。

陈良，中山人，曾参加阳春武装斗争，连长，1945 年 10 月在恩平垌底战斗中牺牲。

黄强，中山人，战士，1946 年 4 月在阳春蟠龙病逝。

程明，中山人，1946 年 8 月在攻打国民党阳春潭簕乡公所战斗中牺牲，时年 20 岁。

伍沃（伍煜），中山人，曾参加阳春武装斗争，战士，1946 年 10 月在阳江麻汕牛场袭击电船战斗中牺牲，时年 21 岁。

梁浓（梁容），阳春春城蟠龙人，战士，1946 年 10 月在阳江麻汕牛场袭击电船战斗中牺牲。

郭金祥，中山人，曾参加阳春武装斗争，战士，1946 年 10 月在阳江麻汕牛场袭击电船战斗中被俘，后遭杀害。

欧景云，阳春春城蟠龙人，战士，1946 年 10 月在阳江牛场袭击电船战斗中被俘，后遭杀害。

黄行（黄世权），阳春合水高河人，中共党员，西山区党组织负责人，1946 年五六月间奉命北撤，后在香港病故，时年 24 岁。

何英许（何杏金），阳春岗美黄村人，武工队员，1947 年

6 月被捕押解高州，后遭杀害，时年 23 岁。

陈权勋（陈权芬），阳春岗美潭簕人，武工队员，1947 年 6 月在石湾仔被捕，后在阳江被杀害。

梁容（梁世芳），阳江人，曾参加阳春武装斗争，武工队员，1947 年 7 月在阳江牛场河口炸国民党电船时牺牲，时年 39 岁。

洪杏水，阳江人，曾参加阳春武装斗争，通讯员，1947 年 10 月被杀害，时年 20 岁。

黄思浩，阳春岗美那旦人，武工队员，1947 年 11 月在博基塘被捕，后在阳江被杀害。

周刘建（刘建），阳春春城七星人，战士，1947 年在阳江双捷牛暗埗战斗中牺牲，时年 21 岁。

谭留，中山人，战士，1947 年在阳春茶园被杀害。

黄众喜，阳春人，战士，1947 年被捕遭杀害。

陈文震（陈文进），四会人，武工队员，1947 年在阳春河朗战斗中牺牲。

罗光，阳春春城金坪人，中共党员，农会会长，1948 年 2 月在阳春金坪被杀害，时年 29 岁。

李孟全，阳春岗美岗北人，武工队员，1948 年 3 月在阳春城被杀害，时年 31 岁。

李孔义（李黄肖），阳春岗美岗北人，武工队员，1948 年 3 月在阳春城被杀害，时年 19 岁。

马益初，阳春人，战士，1948 年 4 月在阳江桐油与敌作战中牺牲，时年 22 岁。

朱旺，阳江人，曾参加阳春武装斗争，武工队员，1948 年 4 月在阳江大八太峒战斗中牺牲，时年 21 岁。

林举杰（林振杰），阳春岗美河邦人，战士，1948 年 4 月在阳春城被杀害，时年 21 岁。

黄流生（洪流生），阳江人，战士，1948 年 5 月在阳春合水平南黄村垌战斗中牺牲，时年 23 岁。

杨继生（杨计生），阳春永宁棠梨人，战士，1948 年 5 月在阳春松柏老鸦翼战斗中牺牲，时年 31 岁。

黄基标（黄基），阳江人，曾参加阳春武装斗争，战士，1948 年 6 月在阳江大八牛角垌战斗中牺牲，时年 25 岁。

麦英（海仔），电白人，曾参加阳春武装斗争，战士，1948 年 6 月在阳春轮水四屋塘村战斗中牺牲。

梁祥（梁礼康），新会人，中共党员，中队长，1948 年 7 月在阳春河朗马头山战斗中牺牲，时年 26 岁。

黄琪，中山人，班长，1948 年 7 月在阳春河朗马头山战斗中牺牲。

陈安（黄安），遂溪人，班长，1948 年 7 月在阳春河朗马头山战斗中牺牲。

梁初（陈初），新会人，战士，1948 年 7 月在马头山战斗中牺牲。

莫培坤（莫培均），阳春春湾大垌人，交通站站长，1948 年 6 月在阳春春湾新龙圩战斗中牺牲，时年 45 岁。

成伙庆，阳春春湾马狮田人，战士，1948 年 6 月在恩平牛江渡战斗中牺牲，时年 25 岁。

朱尚普，阳春岗美轮塘人，战士，1948 年 7 月在阳春茶园被杀害，时年 35 岁。

余水石，阳春春湾山中间人，战士，1948 年 7 月在阳春山中间长地头被杀害，时年 21 岁。

张陈生，阳春春湾山中间人，战士，1948 年 7 月在阳春山中间长地头被杀害，时年 18 岁。

薛贻普，阳春春城蟠龙人，交通站负责人，1948 年 7 月在阳春蟠龙牺牲，时年 23 岁。

林润，阳春岗美河邦人，战士，1948 年 7 月在阳春林田战斗中牺牲，时年 19 岁。

盘彰连，阳春春湾人，战士，1948 年 7 月在恩平塘底执行任务时被杀害，时年 36 岁。

盘金发，阳春春湾人，战士，1948 年 7 月在恩平塘底执行任务时被杀害，时年 40 岁。

盘壬庆，阳春春湾人，战士，1948 年 7 月在恩平塘底执行任务时被杀害，时年 28 岁。

朱木水，阳春岗美轮塘人，战士，1948 年 7 月在阳春岗美轮水被杀害，时年 53 岁。

邓水生（昌潘），阳春春城七星人，中共党员，交通站站长，1948 年 9 月在阳春平山坡被杀害，时年 34 岁。

林荣波，阳春岗美河邦人，战士，1948 年 9 月在阳春城塔脚被杀害。

雷寿年，阳春河朗新阳人，战士，1948 年 9 月在罗定狱中牺牲，时年 20 岁。

廖北松（廖柏松），阳春河口石河人，武工队员，1948 年 9 月在阳江程村被杀害，时年 30 岁。

李仲明，阳江人，曾参加阳春武装斗争，战士，1948 年 9 月隐蔽治病，后病故。

梁生，遂溪人，曾参加阳春武装斗争，战士，1948 年 9 月隐蔽治病，后病故。

黄华进，阳江人，曾参加阳春武装斗争，交通员，1948 年 9 月在恩平清湾被捕遭杀害。

黄扬，阳江人，曾参加阳春武装斗争，交通员，1948 年 9 月在恩平清湾被捕遭杀害。

梁生，阳江人，曾参加阳春武装斗争，交通员，1948 年 9 月在恩平清湾被捕遭杀害。

郭一（郭民），阳春春湾马狮田人，中共党员，交通站站长，1948 年秋在阳春春湾城峒岭被杀害，时年 38 岁。

黎万益，阳江人，曾参加阳春武装斗争，战士，1948 年 10 月在阳江捷轮东山战斗中牺牲，时年 20 岁。

许趁（许衬），阳江人，曾参加阳春武装斗争，战士，1948 年 10 月在阳江捷轮东山战斗中牺牲，时年 42 岁。

黄敬，遂溪人，曾参加阳春武装斗争，战士，1948 年 10 月在阳江珠环平天顶战斗中牺牲。

肖金生，阳春春湾新村人，交通员，1948 年 10 月被捕后遭杀害，时年 28 岁。

盘彰华，阳春春湾人，战士，1948 年 10 月在阳春茶园规模峒突围战斗中牺牲，时年 30 岁。

谭宏庭，阳春春城高朗人，战士，1948 年 10 月在阳春城塔脚被杀害。

刘孟浩，阳江人，曾参加阳春武装斗争，武工队员，1948 年 10 月在阳江麻汕大狗背战斗中牺牲，时年 38 岁。

盘尚初，阳春岗美轮岗人，战士，1948 年 11 月在阳江狱中牺牲，时年 22 岁。

黄昌镰（黄番来），阳春岗美黄村人，通讯员，1948 年 11 月在阳春新圩被杀害，时年 39 岁。

廖正来，阳春河口石河人，战士，1948 年 11 月在阳春金堡肖背迳大山脚战斗中牺牲，时年 28 岁。

梁寮（梁德忠），新兴人，曾参加阳春武装斗争，战士，中共党员，区委委员兼区中队指导员，1948 年 11 月在阳江大八牛角峒战斗中牺牲，时年 21 岁。

钟三，阳春合水平中人，战士，1948 年在春湾城垌岭被杀害，时年 18 岁。

黄逢生，阳春岗美河邦人，战士，1948 年在新兴城战斗中牺牲。

黄瑶初，阳春岗美黄村人，战士，1948 年被捕后遭杀害，时年 42 岁。

陈昌慕，阳春人，1948 年在阳春下灯枧病故。

郑玉施，阳春岗美黄村人，战士，1948 年被捕，因被敌人折磨而牺牲。

李佑，阳春春城金坪人，战士，1948 年在阳春城篱竹山被杀害。

黎仁康，阳江人，曾参加阳春武装斗争，战士，1948 年执行任务时被捕，后在阳江大八圩被杀害，时年 35 岁。

杨德州，湛江人，曾参加阳春武装斗争，战士，在阳春春湾马狮田牺牲。

吴忠，湛江人，曾参加阳春武装斗争，战士，在阳春蟠龙观音山医疗站病故。

王桥，遂溪人，曾参加阳春武装斗争，战士，在阳江珠环后背大山战斗中牺牲。

林景，遂溪人，曾参加阳春武装斗争，战士，在恩平战斗中牺牲。

亚安，遂溪人，曾参加阳春武装斗争，战士，在罗定平塘白石岭战斗中牺牲。

亚盛，遂溪人，曾参加阳春武装斗争，战士，在阳春蟠龙火烧岭病故。

周寿，遂溪人，曾参加阳春武装斗争，战士，在阳春蟠龙火烧岭病故。

黎德时，阳春人，1949 年 1 月被捕，在狱中被折磨致重伤而牺牲，时年 46 岁。

梁洪驹，阳春人，战士，1949 年 1 月在天津战役中牺牲，时年 18 岁。

欧昌基，阳江人，曾参加阳春武装斗争，战士，1949 年 2 月在阳江大八庙山屋背战斗中牺牲。

雷林，阳春人，战士，1949 年 2 月在新兴连州战斗中牺牲。

吴友，云浮人，战士，1949 年 3 月在阳春圭岗战斗中牺牲。

黄昌骥，阳江人，曾参加阳春武装斗争，战士，1949 年 4 月在阳江塘坪地豆岗战斗中牺牲。

吴尤钦，阳春圭岗那柳人，战士，1949 年被杀害。

杨计富，阳春永宁庙龙人，战士，1949 年 5 月在信宜清水山口被杀害，时年 32 岁。

莫南仔，阳春合水营讯人，战士，1948 年 5 月被捕遭杀害，时年 37 岁。

黎仁海，阳春三甲长沙人，战士，1949 年 5 月在信宜茂门战斗中牺牲，时年 16 岁。

杨十四（杨明初），阳春永宁双南人，战士，1949 年 5 月在信宜茂门战斗中牺牲，时年 32 岁。

杨才焱，阳春永宁棠梨人，战士，1949 年 5 月在信宜茂门战斗中牺牲，时年 18 岁。

杨才焜（杨胜初），阳春永宁庙龙人，中共党员，指导员，1949 年 5 月在信宜茂门战斗中牺牲，时年 41 岁。

杨才镜，阳春永宁棠梨人，事务长，1949 年 5 月在信宜茂门战斗中牺牲，时年 39 岁。

杨才宦，阳春永宁棠梨人，战士，1949 年 5 月在信宜茂门战斗中牺牲，时年 20 岁。

王德贵，阳春永宁棠梨人，战士，1949 年 5 月在信宜茂门战斗中牺牲，时年 25 岁。

韦荣汉（韦亚海），阳春河口蝉石人，战士，1949 年 5 月在阳春河口圩战斗中牺牲，时年 23 岁。

罗杏扶（罗运符），阳春河口石河人，战士，1949 年 5 月在阳春河口圩战斗中负伤后牺牲，时年 26 岁。

张杏忠，阳春河口石河人，战士，1949 年 5 月在阳春河口圩战斗中负伤后牺牲，时年 21 岁。

欧聚繁（欧珍），阳春岗美那排人，班长，1949 年 6 月在阳江塘坪战斗中牺牲，时年 29 岁。

陈老鲁（陈六），阳春三甲丰垌人，战士，1949 年 6 月在信宜下定战斗中牺牲，时年 31 岁。

龙显贵（龙亚来），阳春双滘永水人，战士，1949 年 6 月在阳春双滘被杀害，时年 21 岁。

谭植，台山人，曾参加阳春武装斗争，战士，1949 年 7 月在恩平塅底镶盖山战斗中牺牲，时年 17 岁。

周道生，阳春春城七星人，战士，1949 年 7 月在阳江织篑青草渡收税时被敌军袭击牺牲，时年 23 岁。

张德贤，阳春河口龙门人，民兵，1949 年 7 月被捕，后在阳春龙门圩洗脚塘被杀害，时年 26 岁。

张水生，阳春河口龙门人，民兵，1949 年 7 月被捕，后在阳春龙门圩洗脚塘被杀害，时年 38 岁。

张伙明，阳春河口龙门人，民兵，1949 年 7 月被捕，后在阳春龙门圩洗脚塘被杀害，时年 38 岁。

张德新，阳春河口龙门人，民兵，1949 年 7 月被捕，后在阳春龙门圩洗脚塘被杀害，时年 29 岁。

杨才计（杨亚计），阳春永宁双南人，战士，1949 年 7 月在信宜合水崩沙湾被杀害，时年 31 岁。

韦玉生，阳春三甲长沙人，战士，1949 年 7 月在信宜合水崩沙湾被杀害，时年 24 岁。

韦木生，阳春三甲长沙人，战士，1949 年 7 月在信宜合水崩沙湾被杀害，时年 17 岁。

韦荣珍，阳春三甲长沙人，战士，1949 年 7 月在信宜合水崩沙湾被杀害，时年 26 岁。

韦业枢，阳春三甲长沙人，战士，1949 年 7 月在信宜合水崩沙湾被杀害，时年 27 岁。

龙炳珍，阳春石望人，副班长，1949 年 7 月在罗定船步战斗中牺牲，时年 29 岁。

陈焕，阳春岗美潭簕人，交通站站长，1949 年 7 月在阳春潭簕牺牲，时年 42 岁。

王昭焕，阳春双滘寨吉人，战士，1949 年 7 月在阳春双滘棉地窝战斗中牺牲，时年 39 岁。

冯水木，阳春春城三湖人，武工队员，1942 年 7 月在阳春城北北牲河被杀害，时年 18 岁。

罗家培（罗均），阳春合水竹园人，战士，1949 年 7 月在恩平上阳村东坑战斗中牺牲，时年 27 岁。

黄众许，阳春岗美轮源人，通讯员，1949 年 7 月被杀害，时年 38 岁。

黄基（黄英基），阳江人，战士，1949 年 7 月在阳春风门坳战斗中牺牲。

彭元汉，阳春人，战士，1949 年 7 月在湖北宜昌镜山战斗中牺牲，时年 27 岁。

高建芬（高逢先），阳春春湾车田人，战士，1949 年 8 月在阳春那乌平地林被杀害，时年 22 岁。

赖朝业，阳春春城头堡人，交通员，1949 年 8 月在阳春烟墩坡被杀害，时年 25 岁。

杨棉牛，阳春春城黎湖人，战士，1949 年 8 月在阳春蟠扶乡公所战斗中牺牲，时年 17 岁。

盘全发，阳春人，武工队员，1949 年 7 月被杀害，时年 41 岁。

韦荣辉（韦章水），阳春三甲长沙人，战士，1949 年 9 月在阳春长沙被杀害，时年 27 岁。

李东林，阳春松柏云容人，战士，1949 年 9 月在云浮双富南浦战斗中牺牲，时年 22 岁。

黄齐高，阳春岗美那排人，中共党员，班长，1949 年 9 月在云浮双富南浦战斗中牺牲，时年 18 岁。

黎华修（黎修华），阳江人，曾参加阳春武装斗争，战士，1949 年被捕，后被杀害，时年 40 岁。

钟景宏，阳春春城蟠龙人，中共党员，区委委员，1949 年 9 月在阳江城被杀害，时年 23 岁。

林冬（林卓达），阳春岗美荔朗人，武工队员，1949 年 9 月在阳江城被杀害，时年 22 岁。

黎道雄，阳春岗美人，武工队员，1949 年 9 月在阳江城被杀害，时年 22 岁。

陈世伦（黄世伦），阳江人，曾参加阳春武装斗争，武工队员，1949 年 9 月在阳江塘坪被杀害，时年 34 岁。

欧华贵，阳江人，1949 年 9 月在阳江塘坪被杀害，时年 19 岁。

林浩，阳江人，班长，1949 年 10 月在阳春麦垌战斗中牺牲。

梁金海，战士，1949 年 10 月在阳春马岭伏击战中牺牲。

黄发海，阳春人，1949 年 10 月中旬被杀害，时年 26 岁。

　　黄河，阳春河朗中联人，战士，1949 年在阳春春湾乌绸塘被杀害，时年 19 岁。

　　黄生，电白人，1949 年在阳春八甲茅子坪村牺牲。

　　张家祥，阳江人，曾参加阳春武装斗争，战士，1949 年牺牲，时年 21 岁。

　　谢杏伙，阳春岗美轮塘人，战士，1949 年在部队病故。

　　严水，阳春春湾人，战士，在云浮麻塘圩牺牲。

附录五 大事记（1922—1949）

1922—1927 年

1922 年，春北阳三乡林丛郁、青山乡罗扬清到广州的广东大学读书，1923 年，林丛郁成为广东"新学生社"的骨干之一，1924 年，林、罗二人加入社会主义青年团，1925 年转为共产党员。1925 年秋，中共广州党组织派罗、林往第四军国民革命军第四军南征南路军阀邓本殷政治部工作，林丛郁任政治部秘书，罗扬清任党务科长。1926 年秋，第四军回师北伐，林丛郁任第四军二十五师政治部秘书，1927 年 8 月 1 日参加南昌起义。

1925 年 12 月 8 日，共产党员谭作舟、吴铎民（均是阳江人）在广州农民运动讲习所第五届学习班结业，由国民党中央农民部派回两阳工作。1927 年春，吴铎民在阳春开展工作，设农运办事处于春城西门街外忠烈祠，并成立济难会，发动群众献捐，支援省港大罢工回广州的失业工人生活。1927 年 6 月，吴铎民在阳春被国民党逮捕押往广州南石头监狱，后和谭作舟等同志一起被杀害于红花岗。

1925 年，严中孚（春北交简下中村人，大革命时期在广东省立第一中学读书，是学生会领袖）参加共产主义青年团，1926 年转为共产党员，他团结在广州读书的两阳学生 20 多人，成立"两阳革命青年社"作为党的外围组织，通过青年社教育考察，1926

年吸收阳春籍学生廖绍琏、颜永富等五人为共青团员。后于 1927 年 3 月由严中孚、陈勋荣介绍廖绍琏、颜永富转为党员。1926 年秋，严中孚于省立第一中学毕业，党派他在广州市从事工人运动，负责铁路工会、纺织工会工作。1927 年 8 月初，严在广州市南关石基里住处被捕，8 月 13 日在红花岗就义。

阳春籍党员陈必灿 1927 年 4 月在阳江被捕，1928 年 9 月在黄花岗英勇就义。

1927 年 12 月 11 日夜，广州起义，廖绍琏和阳春籍的"两阳革命青年社"成员颜永富、严式泮、梁澄林、莫益志等五人于广州惠爱路榨粉街成立宣传小组，参加起义，廖绍琏任组长，开展宣传工作。广州起义失败后，廖绍琏逃往香港秘密返阳春金堡家乡，后继续进行革命工作。颜永富受重伤，由战友护送回家，因缺医少药不久牺牲。

1928—1936 年

1931 年"九一八"事变后，刘文昭、郑宏璋、黄云等一批阳春籍具有抗日救国革命思想的青年学生心向共产党，寻找共产党的组织。

1936 年，刘文昭积极参加抗日救亡宣传工作，容兆麟介绍刘文昭参加中国青年同盟。12 月，刘文昭由叶镜澄介绍加入中国共产党。

1937 年

"七七"事变后，同为阳春籍学生的中共党员刘文昭和"广东青年群社"社员林举铨、李丽华先后还乡。10 月，中共广州市外县工委派党员章沛、叶镜澄到阳春和刘文昭一起，开展抗日救亡工作，建立阳春地方中共党组织。

10 月 16 日，章沛、叶镜澄、刘文昭三人组成阳春县第一个地方党小组——中共阳春小组，章沛任组长，直接受中共广州市外县工委领导。外县工委通过统战关系，安插章沛、叶镜澄任阳春县抗敌御侮救亡委员会委员，以公开的社会职务掩护党的秘密工作。

10 月 21 日，抗日救亡委员会决定成立救亡剧团（后改为宣传工作团）推举林举铨、章沛、叶镜澄负责。工作团下设总务组、宣传组、墙报组、舞蹈组等，均为党小组和进步青年掌握，抗日救亡宣传活动迅速开展。

11 月 15、16 两日，两阳中学战时乡村服务团派 6 个队 60 余人从阳江到达阳春，其中第十六队队长是郑英昌，十七队队长是汤立骅，二十队队长是黄云。各队下乡宣传，历时一个多月，对推动阳春青年参加救亡活动起了积极作用。结束后，黄云等回县城参加"青年群"阳春分社筹建工作。

1938 年

1 月 15 日，在中共阳春小组的策划和推动下，广东省青年群众文化研究社阳春分社（简称青年群阳春分社）宣布正式成立。该社设干事会，章沛为干事长，刘文昭、叶镜澄为干事，党小组深入阳春中学进行工作，抗日歌声响彻校园，学生积极参加"青年群社"活动。3 月初，阳春中学学生、附城社会知青、小学教师共 300 多人参加社的活动，附城、石菉等乡还成立了基层组织。

2 月，中共阳春小组通过抗日宣传运动的考察，选定黄云、林举铨、李丽华为建党对象，选送《论政党》《辩证唯物论教程》《国家与革命》《政治经济学》《大众哲学》等理论书籍给他们学习。

8 月，刘文昭根据黄云的要求和其在抗日宣传工作的积极表现，介绍他参加中国共产党。10、11 月间，刘文昭和黄云又先后介绍林举铨、李丽华入党。重建党小组。

11 月某圩日下午，三架日本飞机第一次轰炸春城河堤，伤亡数人，群众对日本帝国主义的罪行，更加仇恨。

1939 年

3 月，中共中区特委委员张靖宇（原是中共广州市委宣传部部长）到两阳工作。4 月，中共两阳工委建立，书记张靖宇，副书记陈奇略，委员林元熙、陈玉泉、林明通。张靖宇负责派章沛到阳春，黄文康到阳江建立党的组织和建立青年群社。1938 年 10 月 18 日中共广州市委撤离广州，市委书记罗范群和张靖宇到西南特委（后改设中区特委）工作，陈奇略是两阳中学在校学生，因两中即将迁上阳春，工委派陈奇略先到阳春了解党组织情况，与刘文昭、黄云在青年群社干事宿舍会面，筹建中共阳春特别支部。

4 月，中共阳春特支和两中支部、春城支部同时建立，书记陈奇略（兼），特支委员刘文昭、林良荣、黄云。两中支部组织委员林良荣、宣传委员陈萼。春城支部组织委员刘文昭，宣传委员黄云。

5 月，中共两阳工委在阳江城召开第一次工委扩大会议，会议主要研究应付反动逆流，决定把工作重点从城市转到农村，在农村发展党组织。

7 月 17 日，阳春县抗日动员委员会组织战时工作团，中共组织决定派一批党员和青年群社积极分子报名参加考试。最后录取30 余人，分三个队，第一队队长黄云，第二队队长黄登高，第三队队长黄士兴，三个队队长均为共产党员，各队分别到各区圩镇、农村，进行抗日宣传，演出话剧《死里求生》《张家店》，演唱抗日救亡歌曲，并到农民家中讲解抗日道理。

9月，两阳中学从春城迁往松柏乡开学，中共两阳工委副书记陈奇略随校往松柏乡读书，仍负责阳春党组织的工作。春城党支部由林举铨任书记，刘文昭、李丽华为委员。两阳中学在阳春开学期间党员发展到20多人，于是调整了支部领导成员，林良荣为书记，黄登高为副书记。

9月下旬，为了加强统战工作，经中区特委批准，林举铨、李丽华两人加入国民党，林举铨到国民党阳春县党部、李丽华到国民党阳春妇委会工作，以便在国民党上层"长期隐蔽"进行活动，争取国民党上层人物支持抗日。11月间，党组织调林举铨到韶关参加省委举办的学习班学习，春城党支部改由刘文昭任书记。

9月间，因日军飞机到处狂轰滥炸中小城镇，阳春中学迁往三甲圩附近的石咀村。中学党组织由李希果、罗杰负责，党组织活动很活跃，在学校组织歌咏队、戏剧队到三甲圩及附近村庄演出，开展抗日宣传活动；教育团结同学，掀起学习进步书刊热潮，积极培养建党对象。

下半年，中共两阳工委书记张靖宇与其妻周志筠（党员）几次到阳春检查工作和调查研究，了解党员情况和地理形势。通过和党员群众交谈，得知阳春的东山蟠龙、先农、轮溪等乡靠近恩平县的塱底和阳江的大八、珠环连成一片山区，可以开辟东山根据地。党员郑宏璋、朱尚绚已在先农、轮溪乡扎下根，蟠龙工作急需派人去开辟，同时西山"云浮飞地"和春南三甲、八甲、龙门、金堡至阳江县横山塘口又是一个连片山区；春湾北连云雾山脉，向西通罗定、广西，都需派党员开展工作。张靖宇将计划向中区特委作了汇报。

1940 年

2月，中共两阳工委决定，调整阳春特支领导成员，陈奇略兼任书记，特支委是刘文昭、郑宏璋、黄云。陈奇略因事未到任，派林克代理书记。特支委贯彻深入扎根农村方针，积极发展农村党员，先后在先农乡发展周道恒、邓水生、邓伙来（后脱党）、邓泰升和岗美乡李宗檄（后脱党）等多人入党。3月建立先农乡党支部，周道庄为书记。同时建立岗美党小组。

4月8日上午，日军飞机一架，轰炸阳春县合水圩和春城，这是敌机第二次滥炸，死伤无辜群众多人。

7月1日，中共春城支部，妇女党支部、春中党支部为纪念中国共产党生日，联合在春城福田车站秘密集会庆祝。到会的党员有刘文昭、黄云、林举铨、罗杰、林启荣、李希果、汤立骅、曾昭常等12人。会议由特支委刘文昭主持，黄云宣讲共产党员修养，林举铨讲抗日战争形势，李希果讲红军二万五千里长征的故事。会议强调党员要加强革命理论学习，注意思想修养，增强党性，坚定革命意志，坚持革命气节。这是阳春党组织第一次集会纪念党的生日活动。

8月，中共两阳特派员调陈奇略到阳春先农乡屯堡小学以教书作掩护，负责阳春党组织的领导工作，林克调走，刘文昭到中区特委学习班学习。根据上级决定，中共阳春特支改为中共阳春分委（县委），书记陈奇略，组织委员郑宏璋，宣传委员陈国璋。3人均在先农乡以教师职业作掩护工作。郑宏璋任屯堡小学校长。黄云到中心小学任教，任党支部书记。梁文坚到上瑶小学任教，负责妇女工作。乡、保政权也由党员掌握，屯堡小学成为分委机关所在地，先农乡成为分委可靠的工作基地。

1941 年

3月3日，日军入侵阳江城，中共两阳特派员计划组织两阳武装，中共阳春县分委在先农乡秘密组织了30多人的武装。黄云从春湾赶回先农，并布置两阳中学党支部准备在日军到来时，即在春北山区发动抗日武装斗争。分委研究，如日军入侵阳春，则由郑宏璋向西山发展，黄云向东山发展，组织武装斗争。

9月，中共阳春县分委为加强对青年、妇女工作的领导，经中共两阳特派员决定，增加黄云为分委青年委员，梁文坚为妇女工作指导员。

1942 年

7月，中共中区特委派周天行为中共恩阳特派员，对组织进行审查整顿。周天行采用个别谈话，调查研究，弄清阳春党组织情况，向特委作了汇报，认为阳春党组织是比较好的，领导机关是可靠的。阳春县分委由郑宏璋代书记，陈国璋负责组织，黄云负责宣传。

8月，中共恩阳特派员周天行根据形势发展需要，安排廖绍琏、庞瑞芳、廖正纪回阳春家乡金堡工作，建立中共金堡支部，廖绍琏为书记。

9月，中共恩阳特派员周天行审查整顿阳春党组织后，作出决策：为了以后阳春东山蟠龙建立抗日革命根据地，派黄云第二次入蟠龙中心小学任教，开展党的工作，并从阳江抽调党员陈中福（当时叫陈树德）和刚在阳春中学毕业的党员陈兆生（陈明）到蟠龙沉涌小学校任教，加强蟠龙党组织的工作，并抓紧对当地有威信的建党对象严仕铭教育培养。

1943 年

下半年，中共中区特委安排一批党员来阳春任教师和其他职业，进行隐蔽。如原新兴县委书记谢洪照夫妇到先农乡中心小学任教，阳江党员莫维、黄碧珠、陈佩瑜到潭水等地小学任教，张素荷（张健）到阳春图书馆做管理员。

11 月，中区特委改为特派员制，特派员李国霖，副特派员周天行、郑锦波。

1944 年

3 月，中共中区特派员抽调第二批党员曾昭常、张素荷、韦汉扬（韦克）、李宗望 4 人到珠江三角洲参加抗日游击队。

7 月，中共中区特派员根据形势发展和武装斗争需要，进行个别审查，分批恢复地方党员的组织生活，派谢洪照任中共两阳党组织指导员，负责恢复两阳党的组织生活和筹备建立两阳武装斗争工作。

10 月，中共中区特派员第三批抽调阳春籍在两阳中学读书的党员陈明、陈庚、范林到高明参加抗日游击部队。

10 月，根据上级指示，两阳党组织着手组织武装，阳春党组织从南在乡柑子山小学抽调党员罗杰到先农乡屯堡，协助谢洪照搞武装起义筹备工作。黄选盛是蟠扶乡田寮村的农民，是舞狮班的武术教打师，在党组织领导人郑宏璋、谢洪照等同志的教育下，他决心领头组织抗日游击部队，奔走于本县蟠扶、轮溪，阳江县双捷、珠环、大八和恩平县的青湾。

同月，陈国璋和梁文坚到阳江县塘口、旧仓、冲口、桐油等地筹建队伍，建立河口大有年店交通站。

1945 年

2 月下旬，广东人民抗日解放军进入阳春北部茶园乡，与土霸黄兰芗的自卫队遭遇，将其击败。司令部发出通知筹建第六团，以雄狮队部分队伍为骨干，团长霍文，政委黄云。霍文因焦山战斗负伤未回部队。

2月，广东人民抗日解放军政治部主任刘田夫因脚伤，到先农乡三岗村地下党员黄其邦家里掩蔽治疗。

3月18日，发生七星岭战斗。代司令员谢立全亲率李德胜中队进行战斗，解放军攻占制高点，敌军溃退狂奔。解放军追敌至云灵山脚下马鞍山村，毙伤敌十余人，敌县自卫中队长陈兆云被打伤牙骨。冲锋时，解放军中队长李德胜英勇牺牲。

3月18日，在先农乡沙塘岗村宣布正式成立广东人民抗日解放军第六团，任命黄云为团长，郑宏璋为政委，陈国璋为政治处主任。六团是两阳地方部队，由司令部在雄狮队抽调一批军政干部和两个班老战士为骨干，吸收当地新参加的战士编入连队。20日，六团第一连在先农乡土地面村组成，连长陈超，副连长冯锦，指导员邓启祥。

3月21日凌晨，国民党阳春县政府用重金从阳江雇来的挺进第二大队，企图包围解放军司令部驻地岗腰梅子根村。他们自岗美圩开进先农乡犁壁坑，企图抢占白石岭，为解放军驻龙塘村的六团第一连阻击。经激烈战斗后，解放军开展政治攻势，同意双方停火，国民党阳春当局企图破产。

3月下旬，司令部派参谋室代主任郭大同为军事指挥和六团政委郑宏璋率领原第一连挺进漠南，连同陈国璋、梁文坚在阳江县织箦冲口、旧仓、桐油等地与秘密组织起来蒸樟木油的30多人会合，后吸收一批农民积极分子参队，组成六团第二连，连长陈良，副连长陈朝波，指导员姚立尹。梁文坚为宣传队长。国民党顽固派调动地方团队追袭司令部，解放军转入八甲大山仙家洞，劈木开路，从上从下双突破敌军包围，转移回漠东山区休整。

3月下旬，六团建立后，一批先农、轮溪、蟠龙等地的农民积极分子参加部队，在组建第一连时，同时组建直属队（金星队），严仕铭为队长，邓英年为指导员。部队攻下合水圩后，合水平坦乡有一批人先后参军，与直属队改编为六团第一连（警卫连），原第一连改为第二连，原第二连改为第三连。

4 月，广东人民抗日解放军一团和六团在恩阳边境经两个多月的工作，决定调集兵力把阳春境内（除县城外）沿江各区署所在圩镇全都攻下来，打击国民党顽固派气焰，开粮仓济贫，发动群众，解决解放军给养问题。

4 月 24 日夜，广东人民抗日解放军一团、四团、五团、六团共 700 余人，在代司令员谢立全的指挥下，从岑洞、马狮田远途奔袭春湾镇，俘国民党阳春第三区署警察中队、联防自卫队、银行武警等 30 多人，毙敌 3 人，活捉巡官陆兆祖，缴获长短枪 50 余支，弹药一批，缴获国民党广东省银行春湾办事处金库中纸币 400 包，共 5700 多万元、港币 58 万元、金银首饰一批和其余已贬值纸币和小面额纸币一批。春湾战斗，在经济上解决了部队的给养和地方党组织的活动经费，帮助当地群众生产度荒；在政治上，解放军打出了士气，威震粤中，使国民党顽固派当局在政治经济上陷入了困境。

4 月 28 日，六团两个连共百余人，在司令部参谋室代主任郭大同和六团政委郑宏璋的率领下，从先农乡板桥岭出发，攻下岗美圩国民党第六区署。国民党六区联防自卫队逃往漠阳江西边，解放军打开凉水井粮仓，分粮 1000 多担给群众度荒。

5 月 4 日，广东人民抗日解放军第一团两个连和第六团直属队共 200 余人，在代司令员谢立全和六团团长黄云的率领下，攻打国民党第二区署所在地合水圩。由于解放军打下春湾的声势影响，合水的联防自卫队和平坦、南在两乡的自卫队不敢抵抗，狼狈逃窜，解放军打开粮仓分发 1000 多担谷给群众度春荒。

5 月 6 日凌晨 3 时，六团派出小分队 10 余人，摸黑袭击国民党古良税捐处，俘税收人员 10 多人，缴获全部枪支和税款。

5月，中共中区特委根据形势的发展，派司徒卓任两阳特派员，负责两阳地下党工作，伍伯坚负责阳春地下党工作。6月，中区特委决定成立中共两阳工作委员会，司徒文为书记，司徒卓为副书记兼组织部长，伍伯坚为委员、宣传部长，负责阳春党组织的工作。

8月，广东人民抗日解放军奉中共广东区党委指示，执行中共中央战略部署，开赴粤北准备和从延安南下的八路军三五九旅王震部队会师，开辟五岭根据地。

12月，根据特委指示，为适应部队分散掩蔽的新形势，统一领导部队和地方党组织的工作，建立中共阳春县委，黄云为书记，伍伯坚为委员、宣传部长，李重民为委员、组织部长。并在蟠龙观音山村召开了第一次县委会议，贯彻分散活动和"长期隐蔽"的方针。

同月，曹广、郑国强、李培、周胜四人在云浮"飞地"河连乡塘虱氹山洞，被敌包围。四人冲出重围后，转移到恩阳边境与马平等人会合，组成小股武装，以阳春那乌乡马狮田为据点，活动于恩阳边境，并在墩顶村郭一家设立交通站。

冬，在春城工作的县委委员、宣传部长伍伯坚，对知识分子开展工作，通过贫苦出身的知识分子刘奇出面成立春城镇教育会，以此来保护教师权益，团结联络小学教师。经过教育考察培养，于1946年1月吸收刘奇入党。

1946 年

3月间，先后吸收阳春中学学生梁德忠、黄兴炽，师范学生陈洪、陈运福等入党，中、师两校学生运动蓬勃发展。

3月，中共中区特委都骑办事处派陈明江担任中共两阳特派员兼阳春县委书记；黄云任县委副书记，直接管部队；李重民任县委委员、组织部长，负责春南片工作；伍伯坚任县委委员、宣传部长，负责春城和春北片工作。

3 月，共产党员曾昭常主动把分家的家产春城"永生堂"药店献给党组织，由党组织经营作为县委的活动场所，收入作为党组织经费开支，药店资产时值白银 2000 元。

3 月，中共阳春县委在合水南在乡河塘村召开县委第二次会议。出席会议的有陈明江、黄云、李重民、伍伯坚，列席会议的有陈庚、严仕铭。传达中区特委指示，继续贯彻"掩蔽精干、积蓄力量、长期埋伏、等待时机"的方针。

4 月初，黄云根据县委河塘村会议精神部署工作：一，派陈庚到阳江织篸鸡笼笃，把赵荣、姚立尹带到这一带分散掩蔽的武装人员 30 多人集结组成武工队，在牛岭召开党员大会，成立中共临时党支部，陈庚任书记，姚立尹、冯超、梁福生、冯锦任支委。后队伍回阳春先农、轮溪乡活动，由李重民、伍伯坚直接联系。姚立尹带领小部队伍，仍留在漠南活动。二，派黎光、黄行入西山以教师职业进行掩护，开辟新区，培养积极分子，发展党组织。

4 月初，县委在陈明江住处高坡村召开了第三次会议。李重民、伍伯坚出席了会议，着重研究春城学生工作和强调农村党员要做好群众工作，培养积极分子，发展党员。

5 月初，陈庚、姚立尹武工队由赵荣率领，袭击国民党古良税捐处，缴枪一支及纸币和物资一批。

5 月初，黄云接到上级通知北撤指示，转台山广海赴香港参加北撤。此后邓泰威、陈明、周扩源、黄杰、周道泽、严仕铭、郑雄、邓太升、郑宏湘也分批到香港参加北撤。

5 月，原中共五县边委直辖的边区大队一部分武装队伍，由马平、曹广、陈枫率领从春北转到蟠龙活动。

6 月，中区和各县党委改为特派员制后，陈明江为中共阳春县特派员。

1947 年

8 月，谢永宽派李信陪同中共中区副特派员林华康（负责恩阳地区工作）往香港向中共香港分局汇报，听取了分局对整风传达及关于"实行小搞"的指示。中区特委任命李信为中共两阳特派员。

10 月，李信在蟠龙大寨积崇小学与马平、陈庚、姚立尹、曹广、陈枫等人会见，传达了中共香港分局"实行小搞，准备大搞"的方针，对地方党组织和武装斗争实行统一领导。

10 月，中共阳春组织通知复员回乡的岗美潭簕乡河政朗村党小组负责人林方归队，并先后带领林润、林儒逊、林强等党员和积极分子 22 人参加漠南姚立尹领导的武工队，活动于潭簕、金旦、龙门、河口的曲水、蝉石、黄强、清溪一带。

11 月，春北阳三乡雷之楠带领十多人参加云浮人民自卫大队；同时地方党员罗增贤收集长短枪十多支交给该队，武装力量大大加强。

入秋，中共两阳特派员李信，布置各地党组织发展党员和青年民主同盟盟员后，即起草农救会章程，决定在游击区及有条件的村庄成立农民生产自救会，开展反"三征"斗争。11 月间各地陆续发展党组织和建立农民生产自救会。

12 月 4 日，两阳武装部队智取马水乡公所。两阳武工委集结武装队伍 50 余人，分成三个小分队。战斗解决后，立即破仓分粮八百担。

12 月，漠南武工队由陈励率领 5 人，第三次攻打古良税捐处，缴获长枪 12 支，子弹 1200 发。

12 月 24 日，漠南武工队在姚立尹率领下，乘国民党乡长韦鼎贵返家之机，攻打河口乡公所。乡兵慑于武工队威势，不敢抵抗。武工队最后缴获长枪 5 支，发动曲水、蝉石、黄蕈等地群众百余人，破仓分粮 200 多担。

1948 年

1 月，"彭湃队"攻打国民党龙门乡公所。

2 月，中共两阳特派员李信，在先农乡七星岭半山腰潘一家中召开两阳武装负责同志会议，参加会议的有马平、曹广、姚立尹、杨飞等，主要是研究"大搞"问题，由杨飞传达中共香港分局开展"大搞"方针精神，使干部思想大为振奋。会后派杨飞到珠环大八区工作。

2 月，国民党县保警两个中队进入蟠龙扫荡，武装主力部队早已撤退。27 日晚，蟠龙农救会会长、共产党员罗光返家取衣物时，被埋伏的敌人逮捕，同时敌人还逮捕群众几十人。后群众被释放，罗光被杀害。

3 月初，漠南武工队派周文奏、韦汉威组织发动金旦乡肖背适村和附近村庄青年农民廖正来等 20 多人集体参队，声势浩大，对漠南地区震动很大。

3 月 20 日，漠南彭湃队在屋背涌村伏击，俘国民党龙门乡长曾繁桑和乡兵数人，缴驳壳枪两支、长枪数支。

3 月，云浮人民自卫大队西山武工队袭击北河乡双王布朗村，活捉国民党圭岗警察所指导员、特务林泽丰，没收稻谷 50 多担和物资一批。

3 月，春北武工队和云浮人民自卫大队西山武工队联合行动，袭击国民党青山乡公所，破仓分粮 300 多担，给群众解决春荒，武工队威信大大提高。

3 月，从香港回来的梁昌东、陈亮明被派到漠东地区工作，加强了领导力量。

3月，在春中区南在乡留垌、茶河一带活动的黎光武工队，由于不断扩大队伍，两阳武装决定以此队为基础，组建漠西中队，黎光为中队长，阮明为副中队长，杨超为指导员，陈冬为副指导员。中队挺进西山那柳、大河一带开辟新区。

3、4月间，漠东地区武装力量连续攻克一些国民党乡公所和联防队据点，缴获大批枪支弹药。

4月，吴有恒从中共香港分局回到粤中，后到春北，在那乌乡木楼村附近的狮岗盎村，召开两阳武装负责人会议，传达香港分局"大搞"的指示，布置开展更大规模的武装斗争。会议开了两天，后转移到恩平青湾继续举行，并布置成立两阳总队，下辖漠东独立大队、漠南独立大队、西山大队，会后抽调大八、春中、春南三个区中队部分人员增强漠东独立大队主力连队，是时两阳武装力量迅速扩大到400多人。

4月，中共粤桂边区党委副书记冯燊，由香港乘船到三埠转阳江城，中共两阳特派员李信奉命前往江城迎接并汇报情况。后冯燊等回到织篢交通站，由漠南独立大队政委赵荣率警卫人员接入漠南游击区，冯燊向漠南部队指战员传达了中共香港分局关于"粉碎蒋宋进攻计划，迎接南征大军的指示信"精神，并作了调查，听取了漠南贯彻执行"大搞"的做法汇报，对漠南的行动、做法很满意。后冯燊由漠南独立大队护送到漠阳江边，再由漠东独立大队派廖德"小鬼班"接入漠东游击区。冯燊还向李信传达：一，中共香港分局决定成立中共粤桂边区党委，梁广任书记，冯燊任副书记，领导西江南岸高鹤至十万大山地区的武装斗争。二，建立中共粤桂边区党委广南分委，下辖两个地委：一是中区地委（新、高、鹤、台、开、恩、兴、赤），二是高阳地委（两阳、三罗、茂电信等县）。冯燊经轮水入蟠龙后，再召开漠东独立大队军政干部会议，反复传达"粉碎蒋宋进攻计划，迎接南征大军的指示信"精神，争取华南彻底解放，使到会干部对开展"大搞"充满信心。

4月初，南路东征部队一个整编团（三个营八个连）800余人，在中共粤桂边地委委员兼部队政治部主任欧初和团长黄飞、政委罗明的率领下，于4月5日从遂溪出发东征。

5月11日夜间，微雨天漆黑，陈庚和春北武工队带引东征部队第二营绕过敌军驻地东进。因敌军控制船只封锁漠阳江，武工队从春湾圩以南的河仔口徒涉漠阳江，经那乌乡进入恩阳边境，5月13日与郑锦波的直属队会师，敌人追截落空。东征部队的到来，促进了两阳武装斗争的发展，壮大了人民武装力量，给两阳党组织和武装输送了一批骨干。

5月底，中共广南临时分委和临时司令部在蟠龙召开会议，参加会议的有冯燊、吴有恒、谢创、欧初等。

6月11日，中共广南分委和军分委发出通知，宣布中共广南分委和军分委正式成立。分委以冯燊为书记，谢创、吴有恒、欧初为常务委员，分委下设军分委，指挥全区军事。军分委以冯燊为主席，吴有恒为第一副主席，欧初为第二副主席。军分委对外不公开，原广南人民解放军司令部撤销。军分委以下设若干地委和工委。通知同时公布两个支队：一是广东人民解放军广阳支队，郑锦波任支队司令员兼政委；二是广东人民解放军三罗支队，李镇靖任支队司令员，吴桐任副司令员，唐章任政委。

6月，中共广南分委为了加强两阳工作的领导，决定成立中共漠东县工委和中共漠南县工委，李信兼任漠东和漠南县工委书记。吴子仁、马平为漠东县工委委员，赵荣、姚立尹为漠南县工委委员。漠东县工委辖春北、春中、春南、春城、河西和阳江县珠环、大八、塘坪、恩平县青湾等地区。漠南县工委辖潭水、河口、新圩、潭篑以南至阳江县漠阳江之西南部地区。

7 月中旬，中共广南分委根据三罗总队主力离开西山地区后的形势，派陈汉源到西山传达指示：成立云阳边西山特区工委，罗杰为书记，管全面；朱开为武装委员，管部队；罗钊为组织委员，管民运。此时，中共漠东县工委和六团派陈亮明、陈池再率原西山大队骨干 10 多人重返西山地区，下半年与三罗部队一起活动。

8 月 18 日（农历七月十四日）凌晨，国民党阳春县保警中队包围先农乡七星沙田垌村，交通站长共产党员邓水生被捕。邓水生于 9 月 2 日在先农乡平山坡英勇就义。后先农乡交通站由苏同负责。

8 月，国民党岗美潭簕乡乡长黄大波和副乡长林举才，带领乡兵捕捉游击队员家属，漠南武工队在林方的率领下，于河政朗村边路竹园设伏，击毙副乡长林举才，并出报告公布其罪行。乡长黄大波慑于武工队威势，被迫释放被捕家属。

9 月下旬，漠南独立大队与六团在蟠扶乡林田会合，李信与中共漠东和漠南县工委共同研究，为加强领导力量，集中对付敌人清剿，粉碎宋子文"第二期绥靖计划"；决定将六团和漠南独立大队集中一起活动，成立两阳武装临时指挥部，赵荣任指挥，姚立尹任副指挥，李信为政委，吴子仁为副政委。

10 月 8 日，中共广南分委决定在所辖区建立如下机构：阳茂电信地委（简称高阳地委），郑锦波为书记，王国强、李信为委员，辖两阳茂电信全境，云浮的西山、恩平西部。同时成立阳茂电信武装工作委员会，由郑锦波、王国强、黄东明组成。三罗地工委，唐章为书记。新恩开中心县委，陈明江为书记。滨海地工委，黄玲（黄文康）为书记。新鹤地工委，周炳光（周天行）为书记。

10 月下旬，高阳支队率领六团主力和漠南独立大队集中春北地区马狮田休整，进行整军，反对官僚主义、命令主义和军阀作风，总结反清剿战斗的经验教训。整训结束后，广南军分委司令部和高阳支队司令部决定：将漠南独立大队主力和东征部队第六连上调，留下一个加强排，配备轻机枪 3 挺，由赵荣、姚立尹率领于 11 月返回漠南地区坚持活动。

10 月底，中共广南分委决定，为适应全国革命胜利形势的需要及贯彻中共香港分局的指示，举办"组织员训练班"（代号"铁索桥"），容海云为班主任。该班始于新兴低村，结束于阳春县蟠龙，阳春县派陈运福参加。是时，分局决定公开部队党组织，工作重点是面向民兵、农会等群众组织，积极教育和放手吸收新党员，扩大党员队伍。

12 月，根据中共香港分局指示，中共广南分委决定撤销高阳地委，原茂电信归回南路领导（原高明地委委员王国强及信宜武工队梁甫、罗强等一批骨干于 10 月份已先后离开阳春蟠龙、轮水返回茂电信地区开展斗争），设立广阳地委，辖新兴、恩平、阳江、阳春全境和云浮县的西山。郑锦波为书记，杨子江、吴枫、郑鼎诺、李信为委员。加强广阳支队领导，郑锦波为支队司令员兼政委，杨子江为副司令员，吴枫为政治部主任，下辖五团、六团、七团和漠南独立大队及直属队陕西连。

12 月下旬，中共广南分委书记兼军分委主席冯燊和党分委常委、军分委第一副主席吴有恒率主力部队到富林，与曹广率领的六团主力会合，又与三罗总队主力会师。部队浩浩荡荡，声威大震，阳春河朗、云浮富林、罗定平塘等地驻敌，闻风逃匿。解放军队伍 1000 多人从云雾山进抵罗定、郁南至广西边界，一连拔掉敌据点多处，敌闻风丧胆。部队经十多天的游击作战，扩大影响后回师富林，在金鸡圩开大会，宣布成立三罗支队和第三团，麦长龙为团长兼政委。接着整编所辖部队，云北部队编为第一营；南区部队编为第二营，雷之楠为营长，罗杰为教导员。同时成立云罗阳郁边区办事处,罗杰为主任,韦敬文、陈家志、陈云、黄平为副主任。他们常带武工队活动于石望、交简、阳三、中南、北河等乡,领导群众反三征斗争。

12 月,阳春条件具备,经中共粤中区委批准成立阳春县人民民主政府,县长黄云、副县长陈庚、陈枫。

12 月底,漠阳江牛暗埠税站、春北石壁和茶园山中间等税站,都用阳春县人民民主政府税票征收税款和军粮。人民政府威望很高,收到税款和军粮不少,仅牛暗埠税站,平时每天能收白银二三百元,圩日能收到白银 500 多元,大米 2500 多斤,成为六团部队给养的重要来源,并上缴百分之四十给支队司令部。

1949 年

1 月,中共阳春县委贯彻中共广南分委和中共广阳地委指示,主动进攻,开辟新区。

2 月 13 日,在阳春县人民民主政府副县长兼六团政治处主任陈庚的具体布置下,由中共地下党员陈永溪和春南区中队长朱存做发动工作,乘国民党金旦乡乡长换人之机,发动副乡长韦士桓、乡队副洪铁杰率职员乡兵 30 多人,携长短枪 30 多支起义,参加六团春南区中队。

2 月,中共广南分委和广阳地委根据中共香港分局指示精神,广南军分委抽调原东征部队大部组建独立第一团(独一团);广阳支队从各团主力抽调力量和原直属队陕西连扩编组建钢铁营,六团主力南海连也于 3 月初上调钢铁营,跟着六团也从各区队抽调人员,组建主力连(太行连)。

2 月,经中共广南分委决定,由于三罗支队在阳春北部和西山地区活动的朱开、罗杰部调往西江南岸开辟云浮北部及郁南等新区,阳春北部及西山地区交回阳春县委领导;中共三罗地工委西山特区工委委员兼武工队长罗钊奉命把西山属下武工队、交通站、民兵、农会等组织和活动地区移交给阳春县委和第六团领导。六团政治处副主任陈亮明及中共西山区部支部负责人陈池带领武工队接收西山特区工委属下的工作。

5月下旬，中共阳春县委为便于分区领导，决定撤销地跨阳春、阳江两县的中共东南区委建制，建立春南、春中、春北3个区委机构：刘奇为春南区委书记，陈洪、朱存为委员；马洪为春中区委书记，严仕郁为委员兼区办事处主任；陈冬为春北区委书记，钟景宏为委员。

6月2日，中共春北区委组织平坦起义，参加起义的有国民党平坦乡联防队陈启绕等30多人，高北乡自卫队陈杏祥等乡公所10多人，驻湾口县界维持自卫队吕宗宪等30多人，另外，合水小学教师林业萱、林川、陈鸿郁、李郁灿等8人，黎新恺也发动平坦、南在乡农民和合水圩居民30多人同时参队。最后在平坦乡鱼塘村担沙朗集队宣布起义。起义前，广阳支队司令部和六团领导亲自布置和参与起义准备工作，支队主力钢铁营及新兴七团一部和六团领导吴子仁、曹广、陈庚、陈枫率主力部队到平坦乡陵朗村接应。起义队伍转移到恩平那吉整编为张家口营辖两个连，直属广阳支队领导，陈启绕为营长，吕士德为副营长，郑文为教导员，吕宗宪为第一连连长，陈杏祥为第二连连长。这次起义，对阳春国民党当局震动很大，县长邓飞鹏为了镇压其内部军政人员起义，将陈启绕的父亲陈昆南扣押后杀害。

7月，潭簕铺仔寨交通站站长陈焕、交通员陈全与扫荡敌人相遇，陈焕被迫跳河逃走后被打死，陈全被捕。在河口圩敌人用严刑拷问陈全，陈不暴露解放军情况。后敌决定用船将陈全解回那旦枪毙，至那旦渡口时已深夜，陈乘守敌暗睡之机跳水逃脱。

10月21日，南下大军第四兵团右路军四十师、四十一师、三十八师在春湾集结赴阳江白沙与国民党反动派残部开战。一二九团抵春湾，日夜兼程，水陆并进，22日（农历九月初一），于傍晚分别从旧电灯局河埠头和官亭口登陆进城，是夜全县城解放。23日凌晨，大军仍水陆并进南下，陆路军队于上午在先农乡七星至岗美轮水之间，将广东省保警冯思轼加强营1000多人全部缴械交六团处理。水路军队于下午抵潭簕时与八团相遇，误会接火一小时之久，经联系后于傍晚在潭簕圩与八团会师，由八团团长兼政委赵荣率一部作向导，向阳江双捷、草朗、白沙进军，切断白沙以西的江电公路，并直插罗琴山、程村一带，截击逃敌。

10月21—23日，六团及各区中队，先后分别进入各区圩镇和春城，与南下大军会师，将敌散兵缴械。23日早上，中共阳春县委和六团主力部队进入春城。阳春县人民民主政府、县军事管制委员会均进入春城接管有关单位，张贴报告，开始办公，紧张地投入支前工作。并组织800艘船只、8万担粮食送往前线。

12月26日，中国人民解放军第四野战军三六六部队，粤中军分区第十九团、第二十团、第六团进入西山地区剿匪。阳春县副县长陈枫和十九团团长黄东明率部配合四野部队一个营从春城出发进剿松柏乡、北河乡、三洞乡股匪；中共阳春县委书记兼六团政委吴孑仁和副县长陈庚分别率六团配合二十团进剿永宁、圭岗三垌和八甲王其标、谢清泉、蓝香池三股土匪。三路大军会剿，叶匪帮土崩瓦解，叶肇、李鸿万等匪首化装逃往海外。西山地区被叶匪盘踞51天。12月中旬，西山全境解放。1950年元旦，原粤中纵队第二支队第六团在圭岗圩改编为粤中军分区阳春县大队，部分主力上调粤中军分区十九团。1951年开展清匪反霸运动，解放军将王其标、谢清泉、游大煜等残余匪徒全部肃清。至此阳春县人民武装力量全部肃清国民党残匪及地方土霸的反动武装。

老区发展结硕果，光辉史册耀阳春。编纂《阳春市革命老区发展史》，历经一年多，终于完成了。

阳春市委、市政府领导高度重视，充分发挥阳春市老区建设促进会的指导作用，在主编、执行主编的带领下，编纂人员热情高涨，经常放弃节假日休息，挑灯夜战，抢时间、保质量，在全体同志的共同努力下，及时完成了中国老促会下达的编纂《阳春市革命老区发展史》的任务。

各部门通力合作，为该书的编纂工作作出贡献：从党史办、扶贫办等单位抽调22人，专门从事资料搜集、梳理工作，为书稿编纂提供了基础条件；植兰裕、龙敏、蓝军等摄影家为该书提供照片，使《阳春市革命老区发展史》图文并茂。

史可明志。书中翔实的史料，展示了阳春的革命老区阔步前进的记录，充分体现了传承红色基因、加快绿色发展这条主线。《阳春市革命老区发展史》的编纂，对推动革命老区的建设和发展具有深远的历史意义和现实意义。这是一部极为宝贵的精神财富，它将激励阳春百万人民在中国特色社会主义的新时代，紧密团结在以习近平同志为核心的党中央周围，为全面建成小康社会而努力奋斗！

由于时间紧迫，历史跨度大，史料采集难度大，在编纂过程中难免有缺点和不足之处，望社会各界多多谅解。

　　谨对所有支持和帮助《阳春市革命老区发展史》编纂工作的领导、单位和个人致以衷心的感谢!

《阳春市革命老区发展史》编委会办公室

2019 年 5 月